„In der Beschränkung zeigt sich erst der Meister,
und das Gesetz nur kann uns Freiheit geben.“

Johann Wolfgang von Goethe

Schriften zum Strafrecht und Strafprozeßrecht

Herausgegeben von Manfred Maiwald

Band 53

PETER LANG
Frankfurt am Main · Berlin · Bern · Bruxelles · New York · Oxford · Wien

Gabriele Rose

Grenzen der journalistischen Recherche im Strafrecht und Strafverfahrensrecht

PETER LANG
Europäischer Verlag der Wissenschaften

Die Deutsche Bibliothek - CIP-Einheitsaufnahme

Rose, Gabriele:

Grenzen der journalistischen Recherche im Strafrecht und Strafverfahrensrecht / Gabriele Rose. - Frankfurt am Main ; Berlin ; Bern ; Bruxelles ; New York ; Oxford ; Wien : Lang, 2001
(Schriften zum Strafrecht und Strafprozeßrecht ; Bd. 53)
Zugl.: Greifswald, Univ., Diss., 2000
ISBN 3-631-36876-3

9
ISSN 0938-6181
ISBN 3-631-36876-3

Vorwort

Die Rechts- und Staatswissenschaftliche Fakultät der Ernst-Moritz-Arndt-Universität Greifswald hat diese Arbeit im Sommersemester 2000 als Dissertation angenommen.
Rechtsprechung und Schrifttum konnten bis zur Drucklegung im Dezember 2000 berücksichtigt werden.

Mein Dank gilt allen, die mich bei meinen Bemühungen unterstützt haben: in erster Linie meinem verehrten Lehrer Prof. Dr. Jürgen Regge, der die Entstehung der Arbeit mit Güte und Teilnahme begleitet hat und mir an seinem Lehrstuhl eine fachlich wie menschlich stets wohlwollende Förderung zuteil werden ließ; sodann Prof. Dr. Wolfgang Joecks für die rasche Erstellung des Zweitgutachtens und die stetige Motivation zur Erstellung der Arbeit sowie Prof. Dr. Manfred Maiwald für die Aufnahme in seine Reihe „Schriften zum Strafrecht und Strafprozessrecht".

Danken möchte ich außerdem Frank Schiwek für die unermüdliche Hilfestellung bei den Formatierungsarbeiten und schließlich Dirk Gerstenberg und Tanja-Isabel Budde für Lektüre- und Korrekturarbeiten.

Gabriele Rose — Greifswald, im Dezember 2000

Meinen Eltern

Inhaltsverzeichnis

1. Abschnitt: Einleitung, Problemstellung und aktueller Forschungsstand

Die Presse ist in unserer modernen Informationsgesellschaft nicht wegzudenken. Journalisten recherchieren und berichten. Sie sind unabhängig und in den meisten Fällen um die Wahrheit bemüht. Bei der Suche nach der vermeintlichen Wahrheit dringen sie in Bereiche vor, die der Einzelne nicht oder nur ungern der Öffentlichkeit preisgeben will. So wenig erfreulich die Presse für den Betroffenen auch sein mag, sie ist ebenso unverzichtbar für die Gesellschaft[1]. Daß das Bedürfnis nach Information die Rechte des Einzelnen nicht ohne weiteres verdrängen kann, ist evident. Weit weniger klar ist, wie bei einer Kollision der Pressefreiheit mit den Rechten des Einzelnen zu verfahren ist.

Zahlreiche Beiträge in Rechtsprechung und Literatur haben als Anknüpfungspunkt die Berichterstattung durch Medien. Dabei geht es zumeist um die Kollision der Pressefreiheit mit dem Persönlichkeitsrecht des durch die Berichterstattung Betroffenen. Die Betroffenheit in der eigenen Person kann aber auch schon früher erfolgen: zum Zeitpunkt der journalistischen Recherche. Anknüpfungspunkt der vorliegenden Arbeit ist nur die journalistische Recherche. Gemeint ist damit die mögliche Kenntnisnahme von einem Ereignis über die eigentliche Recherchehandlung bis hin zum Rechercheergebnis. Das daraus entwickelte Presseprodukt ist nicht mehr Erörterungsgegenstand.

Die journalistische Recherche ist auch nur insoweit Gegenstand der Betrachtung als es dabei um Printmedien geht. Die sog. neuen Medien, wie Telekommunikations- und Onlinedienste, bedürfen gesonderter Aufmerksamkeit[2]. Eine Erörterung ihrer Belange würde den Rahmen der Arbeit sprengen. Deshalb bleiben sie außer Betracht.

Wissenschaftliche Untersuchungen befassen sich vorwiegend mit öffentlich-rechtlichen Aspekten der Recherchefreiheit. So setzt sich beispielsweise *Wente*[3] mit Grundlagen und Grenzen der Recherche im Verfassungsrecht und einfachen Recht auseinander. *Schröer-Schallenberg*[4] befaßt sich mit dem öffentlich-rechtlichen Informationsanspruch der Presse.

Berührungspunkte während der journalistischen Recherche bietet aber auch das Strafrecht. Das materielle Strafrecht setzt der journalistischen Recherche ebenso wie das Strafverfahrensrecht Grenzen.

---

1 Diese doppelte Bedeutung der Presse sieht *Roxin*, Strafprozeß und Medien, S. 97 ff, auch für das Strafverfahren.

2 Vgl. dazu Schreiner, Pressestrafrecht und elektronische Publikationen, Dissertation 1998.

3 *Wente*, Das Recht der journalistischen Recherche, Dissertation 1987.

4 *Schröer-Schallenber*, Informationsansprüche der Presse gegenüber Behörden, Dissertation 1987.

Untersuchungen zur Reichweite der Pressefreiheit im Strafrecht sind, wenn überhaupt, nur fragmentarisch und lückenhaft[5] vorhanden. Eine umfassende Erklärung findet der interessierte Journalist auch durch eine Gesamtschau der Veröffentlichungen nicht. Anliegen dieser Arbeit ist es, die Grenzen der Recherchefreiheit im Strafrecht und Strafverfahrensrecht aufzuzeigen.

Will man die effektive Reichweite von Rechten ermitteln, ist es zunächst erforderlich, ihren Inhalt zu definieren. Was Gegenstand der Ermittlungsfreiheit ist, soll in einem ersten Teil dargelegt werden. Danach wird aufgezeigt werden, welchen allgemeinen Grenzen die Recherchefreiheit unterliegt.

Sodann wird die Bedeutung des Strafgesetzbuchs für die journalistische Recherche untersucht. Schließlich werden die Beschränkungen dargestellt, die das Strafverfahrensrecht für die journalistische Recherche setzt.

---

5 *Wente* geht bei seiner Darstellung lediglich auf die §§ 123, 201, 202 und 202 a StGB ein. Den Vorschriften zur Durchsuchung und Beschlagnahme widmet *Wente* nur beschränkte Aufmerksamkeit. Einzelne Abhandlungen befassen sich mit Ausschnitten aus dem Strafverfahrensrecht. So geht beispielsweise *Holtmeier* lediglich darauf ein, wie selbst recherchiertes Material im Strafverfahren geschützt wird.

2. Abschnitt: Allgemeine Grundlagen der journalistischen Recherche

1. Teil: Entwicklung und Bedeutung der Pressefreiheit

A. Ein kurzer historischer Überblick

Die Freiheit der Presse ist für den freiheitlich demokratischen Staat schlechthin konstituierend[6]. Mit dieser Bewertung unterstreicht das *Bundesverfassungsgericht* die herausragende Bedeutung, die der Presse heute im staatlichen und gesellschaftlichen Bereich zukommt.

Eine derartige Bedeutung hatte die Presse aber nicht immer. Es bedurfte einiger Entwicklung, um zu dem heutigen Stand zu gelangen.

Die liberale Bewegung des 19. Jahrhunderts bereitete der Pressefreiheit den Weg. Art. 18 der Bundesakte von 1818 kündigte bereits den Schutz der Freiheit der Presse an. Einige Verfassungen der Einzelstaaten garantierten die Pressefreiheit schon, wie z.B. die württembergische Verfassung von 1819. Das Bundespreßgesetz vom 20. September 1819 setzte diese Garantien aber wieder außer Kraft, indem es eine Zensur aller Druckwerke unter 20 Bogen vorsah. Diese Restriktionen wurden dann wiederum durch Bundesbeschluß vom 3. März 1848 suspendiert. Ein Jahr später wurde in der Paulskirchenverfassung mit Art. IV § 143 das Verbot der Vor- und Nachzensur proklamiert:

> Paulskirchenverfassung 1849
>
> Abschn. VI Art. IV § 143 lautet:
>
> „Jeder Deutsche hat das Recht, durch Wort, Schrift, Druck und bildliche Darstellung seine Meinung frei zu äußern. Die Preßfreiheit darf unter keinen Umständen und in keiner Weise durch vorbeugende Maßregeln, namentlich Zensur, Konzessionen, Sicherheitsbestellungen, Staatsauflagen, Beschränkungen der Druckereien oder des Buchhandels, Postverbote oder andere Hemmungen des freien Verkehrs beschränkt, suspendiert oder aufgehoben werden.
>
> Über Preßvergehen, welche von Amts wegen verfolgt werden, wird durch Schwurgerichte geurteilt.
>
> Ein Preßgesetz wird vom Reiche erlassen.“

---

6 *BVerfGE* 10, 118, 121.

Am 7. Mai 1874 trat dann das „Reichspreßgesetz“ in Kraft. Es manifestierte eine einfachgesetzliche Garantie der Pressefreiheit. Wesentliche positive Errungenschaft war die Aufhebung der Zensur und der sonstigen gegen die Presse gerichteten Präventivmaßnahmen. Obwohl es Liberalisierungstendenzen enthielt, machte das Gesetz auch deutlich, daß der Gesetzgeber nach wie vor von einer prinzipiellen Gefährlichkeit der Presse für den Staat und die Gesellschaft ausging und diese durch das Gesetz in Schranken zu halten suchte[7].

Die Weimarer Reichsverfassung enthielt zwar mit Art. 118 Abs. 1 Satz 1 WRV ein Zensurverbot und die Garantie der Meinungsfreiheit.

> Art. 118 der Weimarer Reichsverfassung von 1919 lautet:
>
> „Jeder Deutsche hat das Recht, innerhalb der Schranken der allgemeinen Gesetze seine Meinung durch Wort, Schrift, Druck, Bild oder in sonstiger Weise frei zu äußern. An diesem Recht darf ihn kein Arbeits- oder Anstellungsverhältnis hindern, und niemand darf ihn benachteiligen, wenn er von dem Recht Gebrauch macht.
>
> Eine Zensur findet nicht statt, doch können für Lichtspiele durch Gesetz abweichende Regelungen getroffen werden. Auch sind zur Bekämpfung der Schund- und Schmutzliteratur sowie zum Schutze der Jugend bei öffentlichen Schaustellungen und Darbietungen gesetzliche Maßnahmen zulässig.“

Eine besondere Informations- und förmliche Pressefreiheit garantierte das Gesetz aber nicht. Seine positive Bedeutung für die Freiheit der Presse war trotz des Wortlauts auch deshalb gering, weil Art. 48 Abs. 2 Satz 2 WRV und die „Gesetzgebung zum Schutze der Republik“ Eingriffe in die Pressefreiheit gestatteten.

Die Anerkennung der Bedeutung der Presse für die Öffentlichkeit erfolgte nicht in der Fortsetzung einer liberalen Tradition[8], sondern durch das Reichsschriftleitergesetz von 1933[9]. § 1 des Schriftleitergesetzes bezeichnete die Mitwirkung der Presse als „vom Staat durch dieses Gesetz geregelte öffentliche Aufgabe[10]“. Tatsächlich beseitigte der nationalsozialistische Gesetzgeber die

---

7 Vgl. *Koszyk*, S. 162 ff.; 180 f.; 184 ff.; 198 f.

8 Vgl. dazu *Bullinger*, AfP 1995, 644 f.

9 RGBl. I, S. 713.

10 RGBl. I, S. 713

Pressefreiheit, war sie doch nur frei innerhalb des nationalsozialistischen Rahmens und wurde so zum Werkzeug von Regierung und Partei[11].

Mit dem Ende der Diktatur Hitlers fanden die Alliierten fast die gesamte Presse zur NSDAP gehörig vor. Um einer Wiederbelebung des nationalsozialistischen Gedankenguts entgegenzuwirken, bauten die westlichen Besatzungsmächte die Presse im Rahmen eines Lizensierungssystems wieder auf. Nur die Lizenzträger hatten das Recht, Zeitungen und Zeitschriften zu publizieren.

Im Sommer 1949 ging das Lizensierungssystem zu Ende und der Aufbau der Pressefreiheit fiel in die Hände der Bundesrepublik mit ihren Ländern[12].

In der ehemaligen DDR legte Art. 27 Abs. 2 der DDR-Verfassung fest, daß die Freiheit der Presse gewährleistet wird. Frei war sie aber nur insoweit als sie dem Sozialismus diente und ihn nicht in Frage stellte.

In der Bundesrepublik wurden der Presse mit Art. 5 GG formelle und materielle Freiheiten gewährt. Diese gelten seit dem 3. Oktober 1990 auch für die neuen Länder der Bundesrepublik[13]. Mit Art. 75 Nr. 2 GG erhielt der Bund die Rahmengesetzgebung für die Presse. Jegliches Bemühen um eine einheitliche gesetzliche Kodifizierung war aber bislang vergeblich. Statt dessen wurden in den Ländern nach einem einheitlichen Modellentwurf Pressegesetze verabschiedet[14].

B. Konsequenzen für Grenzen der journalistischen Recherche

Die tatsächliche Bedeutung der Presse für unsere Gesellschaft ist in den letzten fünfzig Jahren nachhaltig gestiegen. In gleichem Maße gewachsen ist der Schutz, den die Freiheit der Presse durch Gesetz und Rechtsprechung erfährt. Alle rechtlichen und gesellschaftlichen Regungen, die die Freiheit der Presse berühren, wurden und werden nicht nur von deutschen Publizisten mit Mißtrauen und Wachsamkeit begleitet.

Daß die Erfahrungen aus der Vergangenheit es empfehlen, auf der Suche nach staatlichen Kontrollmechanismen für die Presse möglichst behutsam zu verfahren, ist evident. Jedoch darf die Presse nicht nur als Opfer staatlicher Macht verstanden und ihre Aktivitäten dürfen nicht kritiklos hingenommen werden. Die Pressefreiheit gibt dem Einzelnen zwar die Möglichkeit, sich ständig und umfassend auf allen Lebensgebieten zu unterrichten, sich als lebendiges Glied der Gemeinschaft zu empfinden und sich als freie Persönlichkeit zu entfalten[15]. Daß die Entfaltungsmöglichkeiten gerade

---

11 Vgl. RGBl. I, S. 713 vom 4.10.1933.

12 In diesen galt partiell das Reichspreßgesetz als Landesrecht weiter, vgl. *BVerfGE* 7, 29.

13 Vgl. Art. 4 des Einigungsvertrags von 1990, BGBl. II, S. 889.

14 Text des Modellentwurfs abgedruckt in AfP 1963, 329 ff.

15 *BVerfGE* 27, 71, 81.

derjenigen Personen, die Gegenstand der Berichterstattung sind, häufig äußerst gering sind, zeigen die in letzter Zeit nicht selten vorkommenden Schadenersatzprozesse der in das Licht der Öffentlichkeit gerückten Personen. Derartige Prozesse finden aber erst statt, wenn das journalistische Produkt bereits der Öffentlichkeit zugänglich gemacht wurde. Eine Verletzung der Persönlichkeitsrechte des Betroffenen ist zu diesem Zeitpunkt schon erfolgt.

Die Gerichte billigen den Opfern als Ausgleich immer höhere Entschädigungen zu, die teilweise schon präventiven Charakter zeigen. Ob das Zivilrecht eine solche Prävention leisten kann, ist aber mehr als fraglich. Anknüpfungspunkt für einen vorherigen Schutz kann zwar das Privatrecht und insbesondere das Zivilprozeßrecht sein, das aber nur im Hinblick auf die erfolgte Veröffentlichung. Um dem Gedanken der Prävention tatsächlich Rechnung zu tragen, bedarf es eines früheren Ansatzpunktes: es ist die Recherche des Journalisten[16].

Daß schon dort anzusetzen ist, ergibt sich aus den Möglichkeiten, die die Presse hat, um auf den Einzelnen einzuwirken. Schon während der Recherche dringt der Journalist in Bereiche vor, die zur Persönlichkeitssphäre des Einzelnen zu rechnen sind.

Nicht jeder Journalist wird diese Grenzen zugunsten einer erfolgreichen Recherche überschreiten. Auf der anderen Seite gibt es jedoch auch Journalisten, die ihren persönlichen beruflichen Erfolg als eigentliches Ziel sehen und die Wahrheit ebenso dem Erfolg opfern wie die Individualität eines Einzelnen, und dies schon im Zuge der Recherche.

2. Teil: Verfassungsrechtliche Grundlagen der Recherchefreiheit

A. Die Bedeutung von Art. 5 GG insgesamt

Um aufzeigen zu können, welche Grenzen das Strafrecht den Vertretern der Presse bei ihrer journalistischen Recherche setzt, ist zunächst zu klären, wie weit der Schutz der Freiheit der Presse reicht. Er ist in vielen einfachgesetzlichen Regelungen zu finden. Ausgangspunkt dieser Regelungen, und damit auch der anzustellenden Überlegungen ist aber immer die in der Verfassung verankerte Freiheit aus Art. 5 Abs. 1 GG.

Obwohl seit 1949 der Normtext derselbe ist, hat sich vor dem Hintergrund der gewandelten tatsächlichen Verhältnisse der normative Inhalt von Art. 5 Abs. 1 GG nachhaltig verändert. Für kaum einen Artikel des Grundgesetzes gilt das Diktum von *Rudolf Smend* mehr, dem zufolge das Grundgesetz so gilt, wie das *Bundesverfassungsgericht* es auslegt[17].

---

[16] Für eine Bemühung des Strafrechts als präventiven Schutz: *Prinz* NJW 1996, 953, 954 f.

[17] *Smend*, Staatrechtliche Abhandlungen, S. 581 f.

Die Verfassung manifestiert mit Art. 5 Abs. 1 GG die Meinungsfreiheit. Diese häufig zu findende Formulierung ist zu pauschal, gebietet doch schon der Wortlaut des Art. 5 Abs. 1 GG eine weitaus differenziertere Betrachtungsweise. Bestrebungen, dem Grundrecht eine einheitliche Bezeichnung zu geben, wie beispielsweise *Löffler* es mit dem Stichwort „Kommunikationsfreiheit[18]" versucht, können allenfalls damit begründet werden, daß das Grundrecht in einer Diskussion leichter zu benennen ist, dies jedoch nur, wenn das Grundrecht in seiner Bedeutung insgesamt zur Debatte steht und nicht nur ein einzelnes der enthaltenen Rechte gemeint ist.

Art. 5 Abs. 1 GG enthält insgesamt fünf Rechte: die Freiheit der Meinungsäußerung, der Information, der Presse, der Rundfunk- sowie der Filmberichterstattung. Bedeutung für die journalistische Recherche hat neben der Pressefreiheit aus Art. 5 Abs. 1 S. 2, 1. Alt. GG die Informationsfreiheit aus Art. 5 Abs. 1 S. 1, 2. Halbsatz GG.

B. Die Pressefreiheit aus Art. 5 Abs. 1 Satz 2, 1. Alt. GG

I. Schutz der journalistischen Recherche

Das eigentliche Grundrecht der Presse ist in Art. 5 Abs. 1 S. 2, 1. Alt. GG enthalten, die Pressefreiheit. Der Begriff der Presse umfaßt zunächst alle zur Verbreitung bestimmten einmaligen oder periodischen Druckerzeugnisse[19]. Darüber hinaus werden auch alle sonstigen Informationsträger, die nicht unter den Film- und Rundfunkbegriff fallen, von der Pressefreiheit erfaßt[20]. Mit dieser Definition stellt sich unweigerlich die Frage, welche Verbindung zur journalistischen Recherche besteht, erfaßt diese Begriffsbestimmung doch eher das Ergebnis der Recherchetätigkeit als die vorangehende Ermittlung.

Die durch Art. 5 Abs. 1 S. 2, 1. Alt. GG geschützte Freiheit der Presse ist jedoch weit gesteckt: Der Schutz reicht nicht nur vom Herstellen bestimmter Druckerzeugnisse und Informationsträger bis zu deren Vertrieb, sondern umfaßt auch die Beschaffung der Nachricht bis zu deren Verbreitung[21] Während bei der Verbreitung auch rechtswidrige Nachrichten geschützt sind, gilt dies nicht für die Recherche. Die rechtswidrige Recherche unterfällt nicht dem Schutz der grundgesetzlichen Pressefreiheit[22]. Wann eine Recherche rechtswidrig ist, wird im einzelnen zu klären sein.

---

18 *Löffler/Ricker*, 6. Kap. Rn. 8.

19 Maunz/Dürig-*Herzog*, Art. 5 Abs. I, II, Rn. 129 Fn. 3.

20 *Von Mangoldt/Klein/Starck*, Art. 5 Rn. 59.

21 *BVerfGE* 10, 118, 121; 77, 346, 354. Dieser weite Pressebegriff wird den Begriffsbestimmungen in den Landesgesetzen im wesentlichen gerecht, vgl. nur den Wortlaut von § 3 LPG Mecklenburg-Vorpommern.

22 *BVerfGE* 66, 116 ff. „Wallraff".

II. Schutz externer Hilfstätigkeiten

Für die Arbeit des recherchierenden Journalisten notwendig ist nicht selten die Unterstützung durch externe Unternehmen, die Informationen liefern. Sie sind nicht in die Struktur des Presseunternehmens eingegliedert, sondern arbeiten von diesem unabhängig. In welchem Umfang Art. 5 Abs. 1 S. 2, 1. Alt. GG derartige presseexterne Hilfsfunktionen schützt, wird uneinheitlich beurteilt.

Das *Bundesverfassungsgericht* will nur unter bestimmten Voraussetzungen presseexterne Hilfstätigkeiten in den Schutzbereich des Art. 5 Abs. 1 S. 2 GG einbeziehen. Erforderlich sei ein ausreichender Inhaltsbezug zur freien Meinungsbildung. Dieser sei gegeben, wenn eine selbständig ausgeübte, nicht die Herstellung von Presseerzeugnissen betreffende Hilfstätigkeit pressebezogen sei und in enger organisatorischer Bindung an die Presse erfolge. Darüber hinaus müsse die Tätigkeit für das Funktionieren der freien Presse notwendig sein, und die staatliche Regulierung dieser Tätigkeit müsse sich zugleich einschränkend auf die Meinungsverbreitung auswirken[23]. Werden diese Voraussetzungen nicht erfüllt, so sei ein grundrechtlicher Schutz dieser Tätigkeit regelmäßig durch Art. 12 GG ausreichend erfüllt[24].

Einzelne Vertreter der Literatur lehnen eine solche Beschränkung ab. *Wendt* verlangt, daß auch presseexterne Hilfsfunktionen unter den Schutz des Art. 5 GG gestellt werden. Dies würde sich aus dem Erfordernis eines umfassenden Schutzes der Presse ergeben[25]. Auch *Löffler* verlangt einen Schutz der Hilfsunternehmen durch die Verfassung. Das ergebe sich bereits aus § 7 Abs. 2 LPG, wonach Korrespondenzmaterial, das die Presse von den sog. presseredaktionellen Hilfsunternehmen, wie Nachrichtenagenturen, Pressekorrespondenten oder Materndiensten erhält, mit Druckwerken begrifflich gleichstellt wird[26].

Die Anforderungen, die das *Bundesverfassungsgericht* an eine Einbeziehung der presseexternen Hilfstätigkeiten in den Schutzbereich von Art. 5 GG stellt, sind angemessen. Für eine unbeschränkte Einbeziehung der Hilfstätigkeiten spricht zwar die durch das *Bundesverfassungsgericht* selbst vorgenommene Begriffsbestimmung der Presse, wonach von der Beschaffung bis zur Verbreitung der Information ein umfassender Schutz durch die Pressefreiheit des Grundgesetzes gewährleistet sein soll. Wenn Vertreter der Literatur in diesem Sinne eine Einbeziehung sämtlicher presseexterner Hilfsfunktionen in den Schutzbereich des Art. 5 Abs. 1 GG befürworten, kann dies aber nur erfolgen,

---

23 *BVerfGE* 77, 346, 354 f.

24 *BVerfGE* 77, 346, 354 f.

25 So von Münch/Kunig-*Wendt*, Art. 5 Rn. 33; dem zustimmend: *Löffler*, Presserecht I, 3. Auflage, § 2 LPG Rn. 42 und Löffler-*Sedelmeier*, Presserecht, 4. Auflage, § 7 LPG Rn. 41.

26 Löffler-*Sedelmeier*, § 7 LPG Rn. 41.

soweit ein Bezug zur Pressetätigkeit an sich besteht. Gerade in diesem Sinne ist auch die Entscheidung des *Bundesverfassungsgerichts* zu verstehen, wonach bei eben einem solchem Bezug auch die presseexterne Tätigkeit vom Schutz des Art. 5 Abs. 1 S. 2 GG erfaßt sein soll. Würde man auf eine derartige Beschränkung verzichten, bedeutete dies mit geringem Begründungsaufwand die Pressefreiheit auch bei fernliegenden Hilfstätigkeiten zu strapazieren. Der Schutzbereich der Pressefreiheit würde konturenlos und bei einer großzügigen Auslegung mehr und mehr zu einer allgemeinen Handlungsfreiheit werden. Ausreichenden Schutz erfahren die beauftragten Wirtschaftsunternehmen durch Art. 12 GG und § 7 Abs. 2 LPG.

III. Personeller Schutzbereich der Pressefreiheit

Ebenso wie der sachliche Anwendungsbereich des Art. 5 GG weit gesteckt ist, ist der personelle Schutzbereich sehr umfassend. Grundrechtsberechtigt sind alle im Pressewesen tätigen Personen und Unternehmen von der Erstellung des Presseprodukts bis zu dessen Vertrieb[27].

Die Formulierung „jeder“ macht deutlich, daß die Meinungs- und Pressefreiheit nicht nur jedem Deutschen, sondern auch jedem Ausländer zustehen. In der Bundesrepublik genießt somit die Auslandspresse dieselben Rechte wie die inländische Presse[28].

Inwieweit die Rechte aus Art. 5 Abs. 1 GG neben natürlichen auch juristischen Personen zustehen, ergibt sich aus Art. 19 Abs. 3 GG. Die Anwendbarkeit der Pressefreiheit auf juristische Personen ist danach zu bejahen, wenn sie ihrem Wesen nach auf sie anwendbar ist. Dies wurde im Falle des „Südkuriers“ vom *Bundesverfassungsgericht* für inländische juristische Personen bejaht[29]. Der „Südkurier“ wurde als Zeitungsverlag in der Rechtsform einer inländischen juristischen Person betrieben.

Unklar bleibt, ob dies gleichermaßen für ausländische juristische Personen gilt. Das hängt grundsätzlich davon ab, wie man den Wortlaut des Art. 19 Abs. 3 GG versteht. Das *Bundesverfassungsgericht* und ihm folgend ein großer Teil der Literatur sieht in dem Wortlaut des Art. 19 Abs. 3 GG eine eindeutige Beschränkung auf inländische juristische Personen[30]. Dagegen wendet *Hendrichs* ein, der Normtext sei nicht eindeutig. Klarheit hätte die Formulierung gebracht, wenn den inländischen juristische Personen ein „nur“ vorangestellt worden wäre[31]. Dieses Argument kann nicht treffen. Die Verfasser

27 *BVerfGE* 20, 162, 175.

28 Von Mangoldt/Klein/Starck, Art. 5 Rn. 164.

29 *BVerfGE* 21, 271, 277/278 „Südkurier“.

30 *BVerfGE* 21, 207, 208 f.; Maunz/Dürig-*Herzog*, Art. 19 Rn. 30.; von Münch/Kunig-*Krebs*, Art. 19 Rn. 40; *Kunig* Jura 1995, 589, 593.

31 Von Münch/Kunig-*Hendrichs*, 3. Auflage, Art. 19 Rn. 33.

des Grundgesetzes waren sich der unterschiedlichen personellen Wirkungen der einzelnen Grundrechte bewußt. Wenn sie anstelle der allgemeineren Formulierung „juristische Personen" die Bezeichnung „inländische juristische Personen" gewählt haben, zeigt das, daß sie sich mit der Problematik auseinandergesetzt und sich gegen eine Einbeziehung ausländischer juristischer Personen entschieden haben.

Der personelle Schutzbereich der Pressefreiheit erfaßt damit natürliche Personen, unabhängig davon, welcher Nationalität sie sind. Juristische Personen genießen dagegen den grundrechtlichen Schutz nur, wenn sie juristische Personen nach deutschem Recht sind.

IV. Art und Umfang der Gewährleistung der Recherchefreiheit

1. Schutz der Recherche gegen staatliche Eingriffe

Grundrechte und insbesondere die Freiheitsrechte sind als Abwehrrechte gegen den Staat konzipiert. Dort, wo sie Freiheiten garantieren, ist die Befugnis des Staates zu Eingriffen begrenzt[32]. Der einzelne kann in seinem status negativus[33] frei vom Staat seine Individualität ausleben. Der sachliche Schutzbereich des Art. 5 Abs. 1 S. 2, 1. Alt. GG erfaßt die Informationsbeschaffung durch die Presse. Die Pressefreiheit bietet also grundsätzlich ein negatorisches subjektiv-öffentliches Recht gegen staatliche Eingriffe bei der Ermittlung von Informationen.

2. Gewährt die Pressefreiheit einen Anspruch auf Information?

Trotz der Konzeption der Grundrechte als Abwehrrechte sehen einige Vertreter der Literatur, wie *Degenhart* und *Groß*, in den subjektiv-rechtlichen Gewährleistungen des Art. 5 Abs. 1 S. 2, 1. Alt. GG einen unmittelbaren Anspruch auf Erteilung von Information zugunsten der Presse verankert[34]. Die grundrechtlich verbürgte Pressefreiheit müsse zeitgemäß ausgelegt und der Dynamik der Verfassungswirklichkeit angepaßt werden. Die Presse habe in einer Demokratie die „öffentliche Aufgabe", durch Nachrichten und Kommentare die Bevölkerung zu befähigen, ihre staatsbürgerlichen Rechte sachgerecht wahrzunehmen. Das könne sie nur, wenn sie einen derartigen Anspruch habe[35]. Denn lediglich wenn die Presse ihrerseits vom Staat unterrichtet werde, könne sie der verfassungsrechtlichen Vorgabe aus Art. 5 GG gerecht werden[36].

---

32 *Von Mangoldt/Klein/Starck*, Art. 1 Abs. 3 GG Rn. 110 ff.

33 *Jellinek*, S. 87, 94 ff.

34 BK-*Degenhart*, Art. 5 Rn. 322; *Groß*, Presserecht, S. 225, Rn. 398.

35 *Groß*, Presserecht, S. 225, Rn. 398.

36 *Staggat*, S. 123.

Ob über die Abwehr von staatlichen Eingriffen hinaus ein Anspruch auf Informationserteilung aus Art. 5 Abs. 1 S. 2, 1. Alt. GG ableitbar ist, erscheint zweifelhaft. Ein derartiger status positivus bezeichnet den Zustand, in dem der Einzelne seine Freiheit nicht ohne den Staat haben kann, sondern für die Erhaltung und Schaffung seiner Existenz auf staatliche Vorkehrungen angewiesen ist[37]. Für einen aus dem status positivus resultierenden originären Leistungsanspruch aus Grundrechten sind enge Voraussetzungen zu erfüllen.

Geht man von den üblichen Voraussetzungen eines subjektiven öffentlichen Rechts aus, müßte die Norm die gewünschte Rechtsfolge, nämlich Erteilung von Information, vorsehen. Darüber hinaus müßte sie neben dem Schutz der Allgemeinheit auch diesem Individualinteresse zu dienen bestimmt sein und dem Einzelnen die Befugnis einräumen, diese Verpflichtung durchzusetzen[38]. Schon an der ersten Voraussetzung fehlt es bei Art. 5 Abs. 1 S. 2, 1. Alt. GG, so daß die Anspruchsqualität hinsichtlich der Erteilung von Informationen danach zu verneinen ist.

Die Grundrechte fungieren nur ausnahmsweise und unter engen Voraussetzungen als Leistungsrechte. Dies wird in den beiden Entscheidungen zur Sicherung des Existenzminimums und zur Privatschulsubventionierung[39] deutlich. Voraussetzung für einen originären Leistungsanspruch aus der Verfassung ist danach, daß das Freiheitsrecht eine für den Staat verbindliche objektive Wertaussage trifft, der soziale Rechtsstaat eine Garantenpflicht begründet und eine Eilsituation gegeben ist, die es rechtfertigt, ohne Abwarten auf den Gesetzgeber die für die Grundrechtsverwirklichung unerläßliche Leistung zu erbringen. Mag man in Art. 5 GG noch eine versteckte Wertaussage zugunsten der Erteilungspflicht sehen, so fehlt es an einer sozialstaatlich begründeten Garantenpflicht genauso wie an einer generellen Eilsituation, so daß ein Leistungsanspruch nicht begründet werden kann.

Daß der Gesetzgeber auch mit Art. 5 Abs. 1 S. 2, 1. Alt. GG im Hinblick auf die Information nur ein Abwehrrecht schaffen wollte, ergibt sich nicht zuletzt daraus, daß die Abwägung der betroffenen privaten und öffentlichen Interessen mit dem Publizitätsinteresse der Presse den Bundes- und Landesgesetzgebern überlassen wurde. Ihnen obliegt es zu regeln, ob und unter welchen Voraussetzungen ein Informationsanspruch der Presse gegen behördliche Stellen besteht[40]. In allen Landespressegesetzen ist für die Presse eine Informationsanspruch verankert[41]. Bei der Geltendmachung ihres

---

37 *Jellinek*, S. 124.

38 *Erichsen*, § 10 II 5, S. 148 f.

39 *BVerwGE* 1, 159, 161; 9, 78, 80; 27, 360, 362; 52, 339, 344; 61, 15, 20; *BverwG* NVwZ 1985, 111; NJW 1985, 339.

40 *BVerwG* NJW 1991, 118; *BVerwGE* 70, 311 ff.

41 Vgl. nur § 4 LPG Nordrhein-Westfalen.

Informationsinteresses ist die Presse auf diesen Anspruch beschränkt. Ein Anspruch auf Information aus Art. 5 Abs. 1 S. 2, 1. Alt. GG selbst besteht nicht. Die Pressefreiheit ist lediglich ein Abwehrrecht gegen den Staat.

3. Die Institution „Freie Presse" und ihre Bedeutung für die Recherche

Über die Gewährung eines subjektiven Rechtes hinaus will Art. 5 Abs. 1 S. 2, 1. Alt. GG auch in Anerkennung der besonderen Bedeutung einer freien Presse die institutionelle Eigenständigkeit der Presse von der Beschaffung der Information bis zu deren Verbreitung absichern[42]. Im Sinne einer objektiven Verbürgung wird das Institut „Freie Presse" garantiert[43].

Aus dieser institutionellen Garantie läßt sich zwar eine Schutzpflicht für die Presse ableiten. Diese vermag aber ebenfalls einen unmittelbaren Anspruch auf Unterstützung der Pressetätigkeit nicht zu begründen. Als klassisches Abwehrrecht gibt die Pressefreiheit nur einen Anspruch darauf, solche Eingriffe zu unterlassen, die die Arbeit der Presse behindern oder das Institut der freien Presse als solches antasten[44].

4. Schützt die Pressefreiheit gegen nichtstaatliche Kräfte?

Zwischen den einzelnen Presseunternehmen besteht ein ständig wachsender wirtschaftlicher Konkurrenzdruck. Nicht selten beeinflussen dritte wirtschaftliche Machtgruppen den Wettbewerb der Presseunternehmen untereinander. Eine solche Beeinflussung kann bereits bei der Recherche einsetzen. Ob gegen derartige nichtstaatliche Kräfte die Pressefreiheit aus Art. 5 Abs. 1 S. 2, 1. Alt. GG als Abwehrrecht fungieren kann, erscheint auf den ersten Blick zweifelhaft.

Grundsätzlich binden die Grundrechte nur die staatliche Gewalt, Art. 1 Abs. 3 GG. Dennoch hat das *Bundesarbeitsgericht* eine unmittelbare Drittwirkung von Grundrechten bejaht. Es begründete seine Entscheidung mit dem Bedeutungswandel der Grundrechte: eine Reihe bedeutsamer Grundrechte seien nicht nur als Freiheitsrechte anzusehen, sondern bildeten auch Ordnungssätze für das soziale Leben, die unmittelbare Bedeutung auch für den privaten Rechtsverkehr der Bürger untereinander haben würden[45].

Für eine solche Sichtweise zur Grundrechtsbindung fehlt eine Rechtfertigung in der Verfassung selbst. Aus dieser lassen sich vielmehr entscheidende Argumente gegen eine unmittelbare Drittwirkung der Grundrechte entnehmen. Zunächst widerspricht sie dem Wortlaut des Art. 1 Abs. 3 GG, der nur die öffentliche Gewalt bindet. Auch aus der Entstehungsgeschichte läßt sich nichts

---

42 *BVerfGE* 10, 118, 121 = JZ 1960, 362.

43 *BVerfGE* 20, 162, 175 f. = JZ 1966, 567.

44 Maunz/Dürig-*Herzog*, Art. 5 GG Rn. 137; *BVerfGE* 80, 133.

45 *BAGE* 1, 185, 193 f.

anderes ermitteln: die Mitglieder des parlamentarischen Rates wollten die Grundrechte im klassischen Sinne gestalten. Sie sahen in den Grundrechten eine Regelung des Verhältnisses des Einzelnen zum Staat[46]. Systematische Überlegungen ergeben nichts anderes. Nur an wenigen Stellen beziehen sich die Grundrechte in ihrer Wirkung ausdrücklich auf Private, wie z.B. in Art. 9 Abs. 3 S. 2 GG oder auch Art. 20 Abs. 4 GG.

Die Grundrechte gelten damit zwar nicht unmittelbar im Privatrecht. Sie prägen es aber. Die mittelbare Drittwirkung der Grundrechte anerkennt das *Bundesverfassungsgericht* in ständiger Rechtsprechung unter breiter Zustimmung in der Lehre[47]. Danach empfangen Gesetzgebung, Verwaltung und Rechtsprechung durch die Grundrechte Richtlinien und Impulse. Auch privatrechtliche Streitigkeiten müßten deshalb im Lichte der Grundrechte beurteilt werden[48].

Das gilt gleichermaßen für Art. 5 Abs. 1 S. 2, 1. Alt. GG. Die Pressefreiheit gewährt nicht nur Schutz gegen Eingriffe seitens des Staates. Sie dient vielmehr in beschränktem Maße auch als Abwehrrecht gegenüber nichtstaatlichen Kräften. Meinungs- und Pressefreiheit wollen die freie geistige Betätigung und den Prozeß der freien Meinungsbildung in der freiheitlichen Demokratie schützen. Sie dienen nicht der Garantie wirtschaftlicher Interessen. Aus diesem Grunde richtet sich der grundrechtliche Schutz der Unabhängigkeit von Presseorganen und der Schutz des Instituts der freien Presse auch gegen Eingriffe wirtschaftlicher Machtgruppen, die mit unangemessenen Mitteln auf die Gestaltung und Verbreitung von Presseerzeugnissen einwirken[49]. Das Ziel der Pressefreiheit, die Bildung einer freien öffentlichen Meinung zu erleichtern und zu gewährleisten, erfordert deshalb den Schutz der Presse gegenüber Versuchen, den Wettbewerb der Meinungen durch wirtschaftliche Druckmittel auszuschalten[50].

5. Die innere Pressefreiheit und ihre Bedeutung für die Recherche

Unter dem Stichwort der inneren Pressefreiheit wird diskutiert, welche Konsequenzen sich aus der weiten personellen Schutzbereichsbestimmung für die im Pressewesen tätigen Personen ergeben[51]. Der Begriff der inneren Pressefreiheit ist mehrdeutig. Gegenstand der inneren Pressefreiheit ist zum einen die

---

46 Anlage zum stenographischen Bericht der 9. Sitzung des Parlamentarischen Rates am 6.5.1949, S. 6.

47 *BVerfGE* 7, 198, 205 f.; 73, 261, 269; zur Literatur vgl. nur *Pieroth/Schlink* Rn. 181 mwN.

48 *BVerfGE* 7, 198, 205 f.; 73, 261, 269.

49 *BVerfGE* 25, 256, 268 „Blinkfüer-Fall“.

50 *BVerfGE* 25, 256, 268 „Blinkfüer-Fall“.

51 *Liesegang*, JuS 1975, 215, 215.

Sicherung eines vielfältigen Beitrags der periodischen Presse[52]. Innere Pressefreiheit bedeutet aber gleichermaßen, und darauf liegt der Schwerpunkt, die Sicherung der Freiheit der Journalisten und Redakteure, um den Zeitungsredaktionen eine mehr oder weniger große Unabhängigkeit gegenüber dem Verleger einzuräumen[53]. Mit dieser Freiheit kollidiert jedoch nicht selten die Grundsatz- und Richtlinienkompetenz des Verlegers oder Chefredakteurs gegenüber Redakteuren und Journalisten und betrifft so die journalistische Recherche. Ob gegen solche Weisungsbefugnisse Art. 5 Abs. 1 S. 2, 1. Alt. GG in Form einer inneren Pressefreiheit Schutz gewähren kann, ist zweifelhaft.

Mayer-Maly sieht im Grundgesetz keinerlei Aussage positiver oder negativer Art hinsichtlich der inneren Pressefreiheit. Das Grundgesetz sei in dieser Hinsicht neutral[54]. Dagegen nimmt u.a. *Forsthoff* an, die innere Pressefreiheit verstoße als Eingriff in die dem Verleger gewährte Pressefreiheit gegen Art. 5 Abs. 1 S. 2 GG[55]. Demgegenüber wollen *Ziegler* und andere auch die innere Pressefreiheit aus dem Grundgesetz ableiten. Als Begründung dafür wählen sie alternativ oder kumulativ die Pressefreiheit, die Informationsfreiheit oder das Demokratiegebot[56].

Das *Bundesverfassungsgericht* schließlich hat offengelassen, ob die Statuierung einer inneren Pressefreiheit verfassungsrechtlich zulässig wäre[57].

Die Gewährleistung einer inneren Pressefreiheit durch Art. 5 Abs. 1 S. 2, 1. Alt. GG hängt davon ab, wie weit der Grundrechtsschutz in die Binnenstruktur der Presseunternehmen dringt. Das *Bundesverfassungsgericht* hat zwar die privatwirtschaftliche Struktur der Presse als durch die Pressefreiheit geschützte Institution anerkannt[58]. Eine unbeschränkte Geltung der Pressefreiheit auch innerhalb der privatwirtschaftlichen Struktur folgt daraus aber nicht ohne weiteres. Vielmehr ist zu beachten, daß der Verleger das wirtschaftliche Risiko für das Presseprodukt und damit für die Existenz des Presseunternehmens trägt. Um dem wirtschaftlichen Risiko erfolgreich zu begegnen, ist es für den Verleger erforderlich, das Presseprodukt seiner eigenen Meinung entsprechend zu gestalten. Das kann er jedoch nur, wenn er gegenüber seinen Redakteuren und Journalisten Unabhängigkeit genießt. Darüber hinaus ist die Schutzrichtung des Grundrechts der Pressefreiheit zu beachten: zwar werden auch Redakteure und Journalisten durch die Pressefreiheit geschützt. Der Schutz richtet sich jedoch in erster Linie gegen Eingriffe, die von staatlicher Seite drohen. Diese Vorausset-

---

52 Von Münch/Kunig-*Wendt*, Art. 5 GG Rn. 39.

53 *Liesegang* JuS 1975, 215, 215.

54 *Mayer-Maly* DB 1971, 335, 337.

55 *Forsthoff*, S. 34; *Kull* AfP 1970, 906, 909 und 911; *Weber*, S. 57 ff.

56 *Ziegler* DÖV 1971, 654 ff.

57 *BVerfGE* 52, 283, 297.

58 *BVerfGE* 20, 162, 175.

zung ist durch Ausübung der Weisungskompetenz durch den verantwortlichen Redakteur aber nicht gegeben. Ebensowenig ist in einem solchen Fall die Institution der freien Presse an sich betroffen. An einen Schutz gegenüber nichtstaatlichen Eingriffen ist also ebensowenig zu denken[59].

Eine innere Pressefreiheit läßt sich aus Art. 5 Abs. 1 S. 2, 1. Alt. GG nicht ableiten.

V. Zusammenfassung

Die Pressefreiheit aus Art. 5 Abs. 1 S. 2, 1. Alt. GG schützt die Recherche des Journalisten in erster Linie vor staatlichen Eingriffen. In beschränktem Maße dient sie auch zur Abwehr nichtstaatlicher Eingriffe, wenn durch wirtschaftliche Druckmittel der Wettbewerb der Meinungen ausgeschaltet würde.

Einen Anspruch auf Information enthält das Grundrecht nicht. Unterstützende Hilfstätigkeiten von außen, durch die der Journalist Informationen erlangt, erfaßt die Pressefreiheit nur, wenn ein ausreichender Bezug zur freien Meinungsbildung besteht.

Trotz des weiten Schutzbereichs umfaßt Art. 5 Abs. 1 S. 2 GG nicht die innere Pressefreiheit.

C. Die Informationsfreiheit des Art. 5 Abs. 1 S. 1, 2. Halbsatz GG

I. Beschränkung der Presse auf „allgemein zugängliche Quellen“?

Eine weitere Grundlage für die Freiheit der journalistischen Recherche ist die Informationsfreiheit aus Art. 5 Abs. 1 S. 1, 2. Halbsatz GG. Deren sachlicher Schutzbereich gewährleistet die ungehinderte Unterrichtung aus allgemein zugänglichen Quellen.

Informationsquelle ist jeder denkbare Träger von Informationen, bis hin zum Gegenstand der Information selbst[60]. Allgemein zugänglich ist eine Informationsquelle, wenn sie technisch geeignet und bestimmt ist, der Allgemeinheit, d.h. einem individuell nicht bestimmbaren Personenkreis, Informationen zu verschaffen[61]. Maßgebend ist in diesem Zusammenhang die tatsächliche, nicht die rechtliche Eignung[62]. Allgemein zugängliche Quellen sind in erster Linie Presse, Hörfunk und Fernsehen.

Erstrebt der Einzelne Informationen aus Quellen, die nicht allgemein zugänglich sind, so bedarf es einer besonderen gesetzlichen Regelung wie sie z.B. in § 29 VwVfG mit dem Recht zur Akteneinsicht durch Beteiligte vorgesehen ist.

---

59 *BVerfGE* 25, 256, 268 „Blinkfüer“.

60 Maunz/Dürig-*Herzog*, Art. 5 I, II Rn. 87; von Münch/Kunig-*Wendt*, Art. 5 Rn. 22.

61 *BVerfGE* 27, 71, 83; 90, 27, 32.

62 *BVerfGE* 27, 71, 83 ff.

Eine derartige Beschränkung auf „allgemein zugängliche Quellen" lehnt *Löffler*[63] für die Presse ab. Er weist u.a. auf die Rechtsprechung des *Bundesverfassungsgerichts*[64] zur öffentlichen Aufgabe der Presse hin, die in einer zuverlässigen und umfassenden Informationspflicht gegenüber der Öffentlichkeit liege. Dieser könne nur nachgekommen werden, wenn es für die Presse eine Beschränkung auf allgemein zugängliche Quellen nicht geben würde[65]. Eine Konkretisierung seiner Sichtweise sei in dem landespresserechtlichen Informationsanspruch gegenüber Behörden zu sehen[66].

Löffler geht mit seiner Ausdehnung des Schutzbereichs über den Wortlaut des Art. 5 Abs. 1 S. 1, 2. Halbsatz GG hinaus. Ein Bedürfnis dafür besteht nicht. Mit der Formulierung als „Jedermann"-Recht macht der Gesetzgeber deutlich, daß dieses Recht ohne Rücksicht auf die Person gelten soll. Es kann aber auch für alle nur im gleichen Umfang gelten. Die Beschränkung des Informationsrechts auf allgemein zugängliche Quellen ist Ergebnis einer Abwägung zwischen einem umfassenden Recht des Einzelnen auf Information und den Belangen derer, die durch die Information berührt werden[67]. Daß die Beschränkung der Informationsfreiheit auf allgemein zugängliche Quellen ohne Ausnahme gelten muß, ergibt zudem das Nebeneinander von Informations- und Pressefreiheit.

Gewährt die Informationsfreiheit eine Information nur aus allgemein zugänglichen Quellen, so mag für die Pressefreiheit etwas anderes gelten. Die Verfasser des Grundgesetzes haben erkannt, daß das Informationsbedürfnis des Einzelnen anders motiviert ist als das der Presse und haben dies mit der Konstituierung der Pressefreiheit neben der Informationsfreiheit berücksichtigt.

Der von *Löffler* herangezogene Informationsanspruch der Presse aus den Landespressegesetzen stellt zwar eine Konkretisierung des besonderen Informationsbedürfnisses der Presse dar. Die positive Regelung des Informationsanspruchs ist aber zugleich eine erweiternde Ausnahme der Informationsfreiheit, die ebenso wie § 29 VwVfG für den Bürger, bestimmte Voraussetzungen an die Informationserteilung gegenüber der Presse knüpft.

Auch die Vertreter der Presse sind damit jedenfalls im Rahmen der Informationsfreiheit auf allgemein zugängliche Quellen beschränkt.

---

63 *Löffler/Ricker*, 7. Kap. Rn. 8.

64 *BVerfGE* 20, 162, 174 f.

65 *Löffler/Ricker*, 7. Kap. Rn. 8.

66 *Löffler/Ricker*, 7. Kap. Rn. 8.

67 Anders als in der Bundesrepublik haben eine Reihe anderer Staaten ihren Bürgern einen eigenen Anspruch auf Einsicht in alle behördlichen Akten eingeräumt, ohne daß es einer spezialgesetzlichen Regelung bedürfte, z.B. die USA: „Freedom of Information Act" von 1967.

II. Personeller Schutzbereich der Informationsfreiheit

Die Informationsfreiheit des Art. 5 Abs. 1 S. 1 GG ist ein sog. „Jedermann"-Recht. Sie gewährt nicht nur dem Einzelnen sondern auch der Presse Grundrechtsschutz[68]. Anders als die Pressefreiheit bietet die Informationsfreiheit keine institutionelle Garantie für die Presse. Im übrigen ergeben sich jedoch gegenüber dem personellen Schutzbereich der Pressefreiheit keine Besonderheiten, insbesondere sind neben den im Pressewesen tätigen natürlichen Personen auch inländische juristische Personen geschützt.

III. Die Informationsfreiheit als Leistungsrecht?

Die Gewährleistung des Grundrechts der Informationsfreiheit folgt allgemeinen Grundsätzen. Jeder hat das Recht, sich aus allgemein zugänglichen Quellen zu informieren. Dieser positive Schutz der Informationsfreiheit beinhaltet jedoch keine Verpflichtung seitens des Staates, die notwendigen Voraussetzungen zu schaffen und dem Informationssuchenden die Informationen zu präsentieren[69]. Die Informationsfreiheit ist vielmehr entsprechend der grundsätzlichen Konzeption der Grundrechte ein Abwehrrecht gegen den Staat[70]. Der Informationssuchende und damit auch die Presse, darf an der Unterrichtung aus allgemein zugänglichen Quellen nicht gehindert werden.

D. Verhältnis von Presse- und Informationsfreiheit

Sowohl die Informationsfreiheit als auch die eigentliche Pressefreiheit schützen die journalistische Recherche. In welchem Verhältnis die Informationsfreiheit und die Pressefreiheit zueinander stehen, ist nicht eindeutig.

Nach *Herzog* stellt die Pressefreiheit gegenüber der Informationsfreiheit ein Spezialgrundrecht dar, das das allgemeinere Grundrecht verdränge[71].

Löffler vertritt dagegen eine kumulative Lösung. Er sieht die Pressefreiheit als das allgemeinere Grundrecht an, das die Informationsfreiheit mit einschließe. Zur Meinungs- und Informationsfreiheit würden kumulativ wichtige Ergänzungen und Verstärkungen hinzutreten, die erst in ihrer Gesamtheit das Grundrecht der Pressefreiheit ergeben würden[72].

Für die kumulative Lösung spricht die überragende Bedeutung, die der Presse durch das *Bundesverfassungsgericht* gegeben wurde[73]. Die Freiheit der Presse ist notwendige Voraussetzung und Grundlage für die Freiheit der Information

68 *Löffler/Ricker*, Kap. 7 Rn. 8.

69 *VGH München*, NJW 1992, 929, 930.

70 Von Münch/Kunig-*Wendt*, Art. 5 Rn. 28.

71 Maunz/Dürig-*Herzog*, Art. 5 Rn 153.

72 *Löffler/Ricker*, 6. Kap., Rn. 9.

73 *BVerfGE* 10, 118, 121.

und damit für die freie Meinungsbildung. Erst durch den Schutz der Pressetätigkeit ist die Freiheit der Information und die Bildung einer freien Meinung möglich. Andererseits kann aber auch die Presse nicht ohne die Informations- und Meinungsfreiheit existieren, denn erst die Möglichkeit einer freien Meinungsbildung fördert ein Bedürfnis nach Information und damit das Erfordernis einer freien Presse. Der Schutz der Presse und so der journalistischen Ermittlungsfreiheit erfolgt damit nicht nur durch die Pressefreiheit *oder* die Informationsfreiheit. Wird der Journalist in seiner Tätigkeit beeinträchtigt, ist vielmehr eine umfassende Wertung anhand beider Grundrechte geboten.

3. Abschnitt: Allgemeine Grenzen der Recherchefreiheit

1. Teil: Das Zensurverbot aus Art. 5 Abs. 1 S. 3 GG

Welchen Geltungsbereich die Pressefreiheit aus Art. 5 Abs. 1 S. 2 GG hat, kann erst beantwortet werden, wenn die normativen Schranken des Grundrechts feststehen. Verfassungsrechtliche Vorgaben für eine Grenzziehung gibt bereits Art. 5 GG selbst. Ein Eingriff in den Schutzbereich der Pressefreiheit und auch der Informationsfreiheit ist nur insoweit zulässig als der Eingriff keine Zensur im Sinne von Art. 5 Abs. 1 S. 3 GG darstellt.

Das Zensurverbot des Art. 5 Abs. 1 S. 3 GG stellt ein absolutes Verbot aller Beschränkungen der Meinungsfreiheit dar. Keines der in Art. 5 Abs. 2 GG genannten Gesetze darf zu einer Aufweichung des Zensurverbotes führen. Das Zensurverbot ist insoweit also schrankenfest.

Mit der Gesetzesformulierung läßt der Gesetzgeber offen, zu welchem Zeitpunkt eine Zensur verboten sein soll. Betrachtet man lediglich den Wortlaut, so könnte man darauf schließen, daß jegliche Zensur, also Vor- und Nachzensur verboten ist. Wäre auch eine Nachzensur unzulässig, wäre damit jegliche Überprüfung von etwaigen Verletzungen anderer Rechte unmöglich. Die Funktion und Geschichte des Zensurverbotes ergibt deshalb, daß mit Zensur i.S.v. Art. 5 Abs. 1 S. 3 GG nur eine Vorzensur gemeint sein kann[74]. Nur eine Vorzensur fällt dementsprechend unter das Verbot des Art. 5 Abs. 1 S. 3 GG. Nachträgliche Maßnahmen sind hingegen an Art. 5 Abs. 2 GG zu messen[75].

Jede einschränkende Maßnahme von der Herstellung oder Verbreitung eines Geisteswerkes, insbesondere das Abhängigmachen von behördlicher Vorprüfung und der Genehmigung seines Inhalts ist als Zensur anzusehen[76]. Adressat des Zensurverbots ist der Staat als Träger öffentlicher Gewalt[77].

---

74 *BVerfGE* 33, 71 f.; Bonner Kommentar-*Degenhart*, Art. 5 Rn. 29; Maunz/Dürig-*Herzog*, Art. 5 Rn. 298; von Mangoldt/Klein/*Starck*, Art. 5 Rn. 156.

75 *BVerfGE* 33, 71, 72.

76 *BVerfGE* 33, 52, 72; 73, 118, 166.

77 Von Mangoldt/Klein/*Starck*, Art. 5 Rn. 246.

2. Teil: Die Grenzen aus Art. 5 Abs. 2 GG

A. Allgemeine Gesetze

Eine erste Grenze finden die Presse- und die Informationsfreiheit in den allgemeinen Gesetzen, Art. 5 Abs. 2 GG.

Die in Art. 5 Abs. 2 GG gewählte Bezeichnung „allgemeine Gesetze" bedarf einiger Konkretisierung. Nahezu Einigkeit besteht im Hinblick darauf, daß die Einschränkung der Freiheitsgarantie des Art. 5 Abs. 1 GG sowohl durch materielle als auch durch formelle Gesetze erfolgen kann[78].

Das *Bundesverfassungsgericht* hat sich das erste mal im *Lüth-Urteil*[79] mit dem Begriff der allgemeinen Gesetze befaßt. Seitdem versteht es unter allgemeinen Gesetzen in ständiger Rechtsprechung die Gesetze, „die nicht eine Meinung als solche verbieten, die sich nicht gegen die Äußerung einer Meinung als solche richten, die vielmehr dem Schutz eines schlechthin, ohne Rücksicht auf eine bestimmte Meinung, zu schützenden Rechtsguts dienen, dem Schutze eines Gemeinschaftswerts, der gegenüber der Betätigung der Meinungsfreiheit Vorrang hat[80]".

Daß die Normen des Strafgesetzbuchs und des Strafverfahrensrechts nicht eine Meinung als solche verbieten und dem Schutze vorrangiger Gemeinschaftswerte dienen, ist unbestritten. Sie genügen überdies den Anforderungen des Art. 19 GG[81] an ein allgemeines Gesetz, regeln alles Wesentliche[82] selbst und entsprechen dem Verhältnismäßigkeitsgrundsatz[83]. Sie sind allgemeine Gesetze i.S.v. Art. 5 Abs. 2 GG und können so die Pressefreiheit begrenzen.

Aber auch für die Grenzen gibt es Grenzen. Das folgt einmal aus den Strafvorschriften selbst, wie etwa durch die Rechtfertigungsgründe. Die Normen des Strafrechts sind darüber hinaus aber auch verfassungskonform auszulegen und anzuwenden. Die dadurch entstehende Wechselwirkung zwischen dem Grundgesetz und den allgemeinen die Grundrechte einschränkenden Gesetze hat das *Bundesverfassungsgericht* ebenfalls mit dem *Lüth-Urteil* entwickelt. Die Beziehung zwischen dem Grundrecht des Art. 5 Abs. 1 GG und den allgemeinen Gesetzen aus Art. 5 Abs. 2 GG sei nicht als einseitige Beschränkung der Geltungskraft des Grundrechts durch die allgemeinen Gesetze zu verstehen. Denn

78 Von Münch, Art. 5 Rn 49; *von Mangoldt/Klein/Starck*, Art 5 Rn 175 f.; a.A. Maunz/Dürig-*Herzog*, Art. 5 Rn. 246 ff.

79 *BVerfGE* 7, 198 ff.

80 *BVerfGE* 7, 198, 209 f.

81 *BVerfGE* 35, 185, 188; *BVerfGE* 28, 282, 289; 33, 52, 77.

82 *BVerfGE* 61, 260, 275; 88, 103, 116.

83 Vgl. zum den einzelnen Merkmalen der Verhältnismäßigkeit *Pieroth/Schlink*, Rn. 279 ff.

Art. 5 Abs. 1 GG sei für die freiheitlich-demokratische Staatsordnung schlechthin konstituierend. Es ermögliche erst die ständige Auseinandersetzung, den Kampf der Meinungen, der ihr Lebensinhalt ist[84]. Aus diesem Grunde dürfe die in Art. 5 Abs. 2 GG genannte Schranke nicht als einseitige Beschränkung verstanden werden. Zwischen dem Grundrecht und seiner Schranke finde vielmehr eine Wechselwirkung statt: „die allgemeinen Gesetze würden zwar dem Wortlaut nach dem Grundrecht Schranken setzen, müßten ihrerseits aber aus der wertsetzenden Bedeutung dieses Grundrechts im freiheitlich demokratischen Staat ausgelegt und so in ihrer das Grundrecht begrenzenden Weise selbst wieder eingeschränkt werden‘[85]. Auch die Strafvorschriften als Schranken der Pressefreiheit gelten somit nicht schrankenlos. Was das bedeutet, wird im einzelnen geklärt werden.

B. Bestimmungen zum Schutze der Jugend

Art. 5 Abs. 2 GG bestimmt, daß die Rechte aus Absatz 1 ihre Schranken außer in den allgemeinen Gesetzen in den Bestimmungen zum Schutze der Jugend finden.

Die Bestimmungen zum Schutze der Jugend schränken dann die Pressefreiheit und somit die journalistische Recherche ein, wenn sie bestimmt und geeignet sind, die Jugend zu schützen[86], z.B. verbieten §§ 3 und 4 GjS die Verbreitung jugendgefährdender Schriften.

Die Feststellung dieser Tatsache vermag aber für eine Einschränkung der Rechte aus Art. 5 Abs. 1 GG nicht auszureichen. Zusätzlich bedarf es einer materiellen Wertung, ob durch die Regelung des Jugendschutzes zugleich der Bedeutung der in Art. 5 Abs. 1 GG garantierten Rechte hinreichend Rechnung getragen wurde und überdies der rechtsstaatliche Grundsatz der Verhältnismäßigkeit Beachtung gefunden hat[87]. Erst dann ist eine zulässige Einschränkung der Rechte aus Art. 5 Abs. 1 GG zugunsten des Schutzes der Jugend möglich.

C. Das Recht der persönlichen Ehre

Eine weitere Beschränkung der Informations- und Pressefreiheit gibt Art. 5 Abs. 2 GG mit dem Recht der persönlichen Ehre.

---

84 *BVerfGE* 5, 85, 205.

85 *BVerfGE* 7, 198, 208/209.

86 *Bauer*, JZ 1965, 44 ff.

87 *BVerfGE* 77, 346, 356 ff.

Das *Bundesverfassungsgericht* sieht das Recht der persönlichen Ehre nur insoweit als eine die Meinungsfreiheit einengende Schranke, als es gesetzlich normiert ist[88].

Diese einschränkende Betrachtungsweise ist zu begrüßen. Gegen eine Ausweitung der Einschränkungsmöglichkeiten beispielsweise auf Gewohnheitsrecht spricht die Notwendigkeit der Einschränkung eines Grundrechts durch Gesetz oder aufgrund Gesetzes. Gewohnheitsrecht ist insbesondere im Bereich der persönlichen Ehre ständigen Wandlungen unterworfen, also nur wenig bestimmt und kann so den Anforderungen an ein bestimmtes grundrechtseinschränkendes Gesetz nicht genügen. Das Recht der persönlichen Ehre besteht somit nur aus den §§ 185 ff. StGB iVm §§ 374 ff. StPO sowie §§ 823 ff. BGB und dem Recht der Klage auf Unterlassung und Widerruf. Nur aufgrund dieser gesetzlichen Bestimmungen ist eine Einschränkung der journalistischen Recherchefreiheit zugunsten des Rechts der persönliche Ehre möglich.

D. Jugend- und Ehrschutz und „allgemeine Gesetze“

Die Jugend und das Recht der persönlichen Ehre finden ihren Schutz in den allgemeinen Bestimmungen des Zivil- und Strafrechts. Welche besondere Bedeutung der Schutz der Jugend und das Recht der persönlichen Ehre neben den allgemeinen Gesetzen beansprucht, erscheint aus diesem Grunde fraglich. Auch die Bestimmungen zum Schutze der Jugend und das Recht der persönlichen Ehre wollen nicht die Meinungsfreiheit als solche einschränken. Sie sind vielmehr ebenfalls allgemeine Gesetze[89]. Die besondere Nennung des Jugend- und Ehrschutzes unterstreicht lediglich die Bedeutung dieser beiden Rechtsgüter[90].

3. Teil: Grenzziehung durch andere Grundrechte

Die Recherchefreiheit findet ihre Grenze weiter in den übrigen Grundrechten, wie dem allgemeinen Persönlichkeitsrecht aus Art. 1 Abs. 1 iVm 2 Abs. 1 GG, der allgemeinen Handlungsfreiheit gem. Art. 2 Abs. 1 GG, dem Brief- und Postgeheimnis des Art. 10 GG, dem Schutz der Wohnung nach Art. 13 GG usw. Die Schutznormen des Strafgesetzbuchs spiegeln die Grundrechte wider. Wo im einzelnen welches geschützte Rechtsgut der journalistischen Recherchefreiheit Grenzen setzt, wird anhand der strafrechtlichen Normen aufgezeigt werden.

---

88 *BVerfGE* 33, 1, 17.

89 So auch *Löffler/Ricker*, 11. Kap. Rn. 12.

90 *Jarass/Pieroth*, Art. 5 Rn. 50 ff.

4. Abschnitt: Der landesrechtliche Informationsanspruch der Presse

1. Teil: Bedeutung des Informationsanspruchs für die Recherche

Das Grundgesetz hat in Art. 75 Ziffer 2 die Gesetzgebungskompetenz auf dem Gebiet des Presserechts inhaltlich zwischen Bund und Ländern aufgeteilt und den Bund nur zum Erlaß von Rahmenvorschriften über die allgemeinen Rechtsverhältnisse der Presse ermächtigt[91]. Die einzelnen Bundesländer haben von ihrer Gesetzgebungskompetenz Gebrauch gemacht und mit den Landesgesetzen ein Presserecht geschaffen, das nur unwesentliche Abweichungen von Land zu Land enthält.

Die Erlangung von Informationen durch die Presse ist in den Landespressegesetzen positiv geregelt. Anders als Art. 5 Abs. 1 GG sehen diese einen Anspruch auf Informationserteilung ausdrücklich vor:

> § 4 Abs. 1 LPG[92] lautet:
>
> „Die Behörden sind verpflichtet, den Vertretern der Presse die der Erfüllung ihrer öffentlichen Aufgabe dienenden Auskünfte zu erteilen."

Der presserechtliche Auskunftsanspruch gegenüber Behörden soll die Möglichkeit der Nachrichtenbeschaffung und der Erlangung von Informationen aus dem Bereich staatlicher, insbesondere verwaltungsbehördlicher Tätigkeit gewährleisten und dient letztlich der Erfüllung der öffentlichen Aufgabe der Presse[93].

2. Teil: Die Vertreter der Presse als Auskunftsberechtigte

Für die Auskunftsberechtigten[94] bieten die Landespressegesetze unterschiedliche Formulierungen: während in Hessen in § 3 LPG und in Bayern und Mecklenburg-Vorpommern in § 4 LPG von „der Presse" die Rede ist, haben die übrigen Bundesländer den Begriff „Vertreter der Presse" in den Normtext

---

91 Die Beschränkung des Bundes auf eine Rahmengesetzgebung ist durch den Einfluß der Besatzungsmächte entstanden. Diese wollten so das föderalistische Element der Bundesrepublik stärken. Ob dies sinnvoll ist, hat viele Streitfragen ausgelöst und die Schaffung eines bislang vergeblich versuchten bundesdeutschen Presserechtsrahmengesetz erheblich erschwert, vgl. NJW 1972, 1313.

92 § 3 in Hessen, § 5 in Brandenburg.

93 *Löffler/Ricker*, 19. Kap. Rn. 4.

94 Zu den Einzelheiten vgl. *Löffler/Ricker*, 19. Kap. Rn. 3 ff.

aufgenommen. Ein sachlicher Unterschied hinsichtlich der Anspruchsberechtigung besteht trotz der abweichenden Formulierung jedoch nicht. Sinn und Zweck der Vorschrift ist es, die Presse insgesamt bei der Erfüllung ihrer öffentlichen Aufgabe zu unterstützen. Die unterschiedlichen Formulierungen können also nur so verstanden werden, daß Anspruchsinhaber die „Presse" ist und die „Vertreter der Presse" den Anspruch geltend machen[95].

Die weite Fassung des § 4 LPG läßt auch bei der Frage nach der konkreten Anspruchsberechtigung einige Interpretationsmöglichkeiten zu. Es könnte danach jeder anspruchsberechtigt sein, der in irgendeiner Weise mit Publikationen zu tun hat[96]. Bereits der Wortlaut des § 4Abs. 1 LPG verbietet aber eine derart großzügige Auslegung. § 4 Abs. 1 LPG hat nur solche Auskünfte zum Gegenstand, die die Presse bei der Erfüllung ihrer öffentlichen Aufgabe unterstützen. Einen Hinweis auf den Inhalt der öffentliche Aufgabe der Presse gibt § 3 LPG. Danach erfüllt die Presse eine öffentliche Aufgabe, wenn sie in Angelegenheiten von öffentlichem Interesse Nachrichten beschafft und verbreitet, Stellung nimmt, Kritik übt oder auf andere Weise an der Meinungsbildung mitwirkt[97]. Auch mit dieser Formulierung ist der Kreis der Anspruchsberechtigten noch weit gesteckt. Sieht man die Legaldefinition des § 3 LPG aber im Lichte der besonderen Bedeutung des § 4 LPG, verdichtet sich der Kreis der Auskunftsberechtigten. Entscheidend ist zunächst, daß es sich bei § 4 LPG anders als der grundrechtlich verbürgten Pressefreiheit um ein Leistungsrecht handelt. Bei einem Abwehrrecht reicht es aus, den Bereich zu bestimmen, der frei von staatlichen Eingriffen sein soll. Für ein Leistungsrecht kann der so gewonnene sachliche und personelle Schutzbereich nicht ohne weiteres angewendet werden, sondern es bedarf einer Differenzierung, die sich an der Funktion des Leistungsrechts zu orientieren hat. Für die öffentliche Meinungsbildung ist es erforderlich, daß der Öffentlichkeit geistige Inhalte vermittelt werden. Der geistige Inhalt eines Presseprodukts entsteht nicht durch alle an der Meinungsbildung irgendwie beteiligten Personen, wie beispielsweise kaufmännisches oder technisches Personal, sondern nur durch die Personen, die an seiner geistigen Gestaltung beteiligt sind[98].

Das ist zum einen der Verleger, der für den Inhalt der von ihm verlegten Druckschriften zumindest zivilrechtlich verantwortlich ist. Er muß die Möglichkeit haben, die ihm vorgelegten Inhalte nachzurecherchieren, muß also einen Auskunftsanspruch geltend machen können. Gleiches gilt für den Herausgeber, der bei der Auswahl und Gestaltung der zu publizierenden Beiträge mitwirkt.

---

95 *Löffler/Ricker*, 19. Kap. Rn. 3.

96 Löffler-*Wenzel*, § 4 LPG Rn. 36.

97 Diese Formulierung findet sich u.a. in den Landespressegesetzen von Baden-Württemberg, Hamburg, Niedersachsen und Nordrhein-Westfalen.

98 Ebenso *Schröer-Schallenber*, S. 45/46.

Einfluß auf die Gestaltung des geistigen Inhalts nimmt auch der Redakteur. Er ist ebenfalls auskunftsberechtigt nach § 4 LPG[99].

Als erster und unmittelbar mit dem Inhalt des Presseprodukts befaßt ist der recherchierende Journalist. Keine Zweifel ergeben sich hinsichtlich der Anspruchsberechtigung, wenn der Journalist als Arbeitnehmer in einem Presseunternehmen seine Arbeit leistet.

Etwas anderes gilt aber möglicherweise für den sog. freien Journalisten. Hier ist zunächst danach zu unterscheiden, wie er seine Tätigkeit ausübt. Beliefert der Journalist ständig ein oder mehrere Presseunternehmen mit seiner Arbeit, handelt es sich also um einen sog. „festen freien" Mitarbeiter[100], wird die Anspruchsberechtigung aus § 4 LPG allgemein bejaht[101]. Ist der Betreffende nur sporadisch oder nebenberuflich journalistisch tätig, werden daran weitere Voraussetzungen geknüpft. Steht der Journalist nicht in ständiger Beziehung zu einem Presseunternehmen, ist für die Anspruchsberechtigung zumindest erforderlich, daß er sich des Einverständnisses eines Presseorgans für den konkreten Fall versichert. Die Forderung *Schröer-Schallenbergs*, daß ein konkreter Auftrag eines Publikationsorgans erforderlich sei[102], geht aber zu weit. Damit würde demjenigen, der erst durch das fertige Produkt ein Unternehmen zum Kauf überzeugen kann, in der Aufnahme einer journalistischen Tätigkeit gehindert. Der Zugang zum Beruf der Presse unterliegt aber keinerlei Beschränkung. Würde man zur Geltendmachung eines Anspruchs aus § 4 LPG für einen freien Journalisten eine konkrete Auftragsbestätigung fordern, würde § 4 LPG indirekt eine Zugangsbeschränkung darstellen. Eine Legitimation durch eine Redaktion, wie auch das *VG Hannover*[103] sie fordert, braucht also nur ein Einverständnis zur Recherche in einer bestimmten Sache zu enthalten. Unter dieser Voraussetzung ist der freie Mitarbeiter, der nur gelegentlich journalistisch tätig wird, anspruchsberechtigt i.S.v. § 4 LPG.

Festzuhalten bleibt, daß anspruchsberechtigt nach § 4 LPG ist, wer an der geistigen Gestaltung des Inhalts des Presseprodukts mitwirkt. Dies sind neben Redakteur, Verleger und angestellten Journalisten freie Mitarbeiter, soweit sie ständig mit einem Presseunternehmen in Kontakt stehen. Wird der Betreffende nur gelegentlich journalistisch tätig, bedarf es eines Nachweises, daß ein Publikationsorgan mit der Recherche in einer bestimmten Sache durch den freien Journalisten einverstanden ist.

---

99 Löffler-*Wenzel*, § 4 LPG Rn. 42.

100 Löffler-*Wenzel*, § 4 LPG Rn. 43.

101 *Schröer-Schallenber*, S. 55 mwN; Löffler-*Wenzel*, § 4 LPG Rn. 43

102 *Schröer-Schallenber*, S. 55.

103 *VG Hannover*, AfP 1984, 60, 61.

3. Teil: Auskunftsverpflichtete

Auskunftsverpflichtet[104] sind „Behörden". Wer im konkreten Fall Auskunft erteilen muß, hängt in erster Linie von dem verwaltungsrechtlichen Behördenbegriff ab. Nach diesem sind Behörden in den Organismus der Staatsverwaltung eingeordnete organisatorische Einheiten von Personen und sachlichen Mitteln, die mit einer gewissen Selbständigkeit ausgestattet dazu berufen sind, unter öffentlicher Autorität für die Erreichung der Zwecke des Staates oder von ihm geforderter Zwecke tätig zu sein[105]. Es handelt sich dabei um Organe von Körperschaften, Anstalten und Stiftungen des öffentlichen Rechts. Gleichgültig ist, ob die öffentliche Hand sich zur Erfüllung der öffentlichen Aufgabe einer privaten oder öffentlich-rechtlichen Form bedient. In beiden Fällen besteht eine Auskunftspflicht, da eine Flucht in das Privatrecht auch hier unzulässig wäre.

4. Teil: Inhalt und Umfang des Auskunftsanspruchs

A. Information und Auskunft

Liegen die Voraussetzungen des Informationsanspruchs vor, muß die Behörde bezüglich eines bestimmten Sachverhalts Auskunft erteilen. Es handelt sich dabei um eine gebundene Entscheidung[106].

Einheitlich haben die Länder den Anspruch „Informationsrechte der Presse" genannt. Dennoch nennt die Norm auf der Rechtsfolgenseite nicht die Erteilung von Information, sondern von „Auskünften". *Wenzel* sieht in dieser Abweichung lediglich ein Redaktionsversehen[107]. *Sobotta* begreift den Informationsanspruch als das umfassendere Recht, das den Auskunftsanspruch zwar mit einschließe, aber noch darüber hinausgehende Information gewähre[108]. Auch das *Bundesverwaltungsgericht* differenziert: bei der Klage eines Journalisten auf Teilnahme an einer von der Bundesbahn im Rahmen ihrer Öffentlichkeitsarbeit veranstalteten Pressefahrt gab das Gericht der Klage statt. Der Kläger mache einen Informationsanspruch gegen eine Behörde geltend. Er verlange keine Auskunft, sondern beanspruche von der Behörde mit Eigeninformation versehen zu werden[109]. Mit dieser Entscheidung gibt das *Bundesverwaltungsgericht* die Richtung für die Beantwortung der Frage nach dem Unterschied zwischen Information und Auskunft. § 4 Abs. 4 LPG statuiert einen Gleichbehandlungsgrundsatz für die

---

104 Zu den Einzelheiten vgl. *Löffler/Ricker*, 19. Kap. Rn. 10 ff.
105 *BVerfGE* 10, 20, 48.
106 *OVG Münster*, AfP 1985, 305, 306.
107 Löffler-*Wenzel*, § 4 Rn. 77.
108 *Sobotta*, S. 3.; im Ergebnis ebenso *Windsheimer*, S. 143.
109 *BVerwG* NJW 1975, 891, 891/892.

Presse, wenn Behörden von sich aus tätig werden und der Presse Mitteilungen machen. Anders als § 4 Abs. 1 LPG sieht Absatz 4 eine Eigeninitiative der Behörde vor. Eine Auskunftserteilung nach Absatz 1 erfolgt dagegen nur, wenn die Presse sie ausdrücklich begehrt[110]. Informationsansprüche der Presse nach § 4 LPG beinhalten Auskünfte, die nur auf Verlangen der Presse erteilt werden ebenso wie Mitteilungen, die eine Behörde aus eigener Initiative gibt. Damit wird deutlich, daß die unterschiedliche Formulierung in der Überschrift des § 4 LPG und in Absatz 1 kein Redaktionsversehen ist, sondern mit Bedacht gewählt wurde. Der Informationsanspruch der Presse beinhaltet u.a. einen Anspruch auf Auskunftserteilung.

B. Sachgerechte, vollständige und wahre Auskunftserteilung

Der berechtigte Pressevertreter muß sein Auskunftsverlangen auf einen bestimmten Tatsachenkomplex beziehen[111]. Hinsichtlich dieses Komplexes besteht dann ein Anspruch auf sachgerechte, vollständige und wahre Auskunftserteilung[112]. Der Anspruch aus § 4 Abs. 1 LPG verpflichtet die Behörde weder, bekannte Tatsachen zu kommentieren noch muß sie nicht verlangte Auskünfte von sich aus präsentieren.

Die gewährten Auskünfte müssen wahr sein. Nur mittels einer wahren Nachricht kann die Presse ihre öffentliche Aufgabe, die Mitwirkung bei der Meinungsbildung, erfüllen. Wahr ist die Auskunft, wenn sie mit der Wirklichkeit übereinstimmt[113]. Entscheidend ist dabei, wie der Empfänger die Auskunft auffaßt bzw. auffassen konnte. Nicht jede wahre Aussage führt zu einer wahren Auskunft. Diese kann u.U. verfälscht sein, wenn die Auskunft nur unvollständig ist und wesentliche Punkte nicht mitgeteilt werden. Je schwieriger und komplizierter die Materie ist, um so eindeutiger und umfassender muß die Auskunft erteilt werden, um dem Anspruch auf Wahrheit zu genügen[114].

Die Wahrheitspflicht verlangt also zugleich Vollständigkeit[115]. Wann die Auskunft erschöpfend erteilt wurde, richtet sich nach den Umständen des Einzelfalls. Das *VG Berlin* verpflichtete das Bundesamt für Versicherungswesen auf entsprechendes Verlangen die öffentlich bereits gemeldete Anzahl von Beschwerdefällen hinsichtlich der einzelnen Versicherungen aufzuschlüsseln. Die Behörde hatte eingewendet, es könnte dadurch ein schiefes Bild entstehen, da die Anzahl der Beschwerdefälle in Relation zu dem Geschäftsumfang der jeweiligen Versicherung gesehen werden müsse. Diesem Einwand begegnete das

110 *Berg*, JuS 1998, 997, 1000.
111 *Berg*, JuS 1998, 997, 998.
112 *Puppe*, § 4 Rn. 19.
113 *Krieger*, S. 206 f.
114 *BGH* NJW 1970, 1414, 1414.
115 *VG Berlin*, AfP 1994, 175, 178.

VG Berlin mit dem Hinweis, daß dann notfalls weitere Angaben, nämlich zum Geschäftsumfang der einzelnen Unternehmen, erforderlich seien[116].

Grundsätzlich brauchen Tatsachen, von denen ein Behördenmitglied privat Kenntnis erlangt hat, nicht mitgeteilt zu werden. Etwas anderes gilt aber, wenn sich nur aus dem privaten Wissen ergibt, daß die Auskunft falsch ist. Die Auskunft darf dann nicht ohne Einschränkung erteilt werden. Zweifel an der Vollständigkeit oder Wahrheit müssen deutlich gemacht werden.

Die Anforderungen an den Inhalt der Auskunft sind objektiver Natur. Es liegt nicht in der Hand der Behörde, darüber zu entscheiden, inwieweit sie bereit ist, über ihre Tätigkeit Auskunft zu erteilen. Die Auskunft muß objektiv vollständig sein. Ebensowenig sind die subjektiven Vorstellungen des auskunftserteilenden Amtswalters maßgebend[117].

Zusammenfassend ist festzustellen: Die Presse hat ihr Auskunftsverlangen auf einen bestimmten Tatsachenkomplex zu beziehen. Inhalt und Umfang des Auskunftsanspruchs sind einzelfallbezogen. Die Auskunftserteilung unterliegt jedoch allgemeinen Prinzipien: der Wahrheit und Vollständigkeit. Was wahr und vollständig ist, ist objektiv zu bestimmen.

5. Teil: Die Entscheidung der Behörde

§ 4 Abs. 2 LPG begrenzt den Informationsanspruch der Presse in seinem Umfang und seiner Durchsetzbarkeit. Die Vorschrift zählt einzelne Auskunftsverweigerungsgründe auf, wie die Beeinträchtigung eines schwebenden Verfahrens, die Kollision mit den Vorschriften über die Geheimhaltung oder die Verletzung eines öffentlichen oder privaten Interesses. Bei ihrem Vorliegen ist die Behörde nicht automatisch zur Verweigerung der Auskunft berechtigt[118]. Aus der Formulierung „können“ bzw. „darf“ ergibt sich vielmehr, daß der Behörde bei ihrer Entscheidung Ermessen eingeräumt ist[119].

Die Behörde ist verpflichtet, bei ihrer Ermessensausübung eine Güterabwägung zwischen der Pressefreiheit aus Art. 5 Abs. 1 S. 2, 1. Alt. GG und dem entgegenstehenden Interesse aus § 4 Abs. 2 LPG vorzunehmen. Dabei muß sie alle für die Entscheidung relevanten Gesichtspunkte in die Überlegung einbeziehen, Gründe und Gegengründe sachgerecht gegeneinander abwägen und den Verhältnismäßigkeitsgrundsatz beachten. Die richtige Ausübung des Ermessens unterliegt gerichtlicher Kontrolle.

---

116 *VG Berlin*, AfP 1994, 175, 178.

117 *Schröer-Schallenber*, S. 99.

118 Ausnahmen: Nordrhein-Westfalen und Thüringen.

119 *Wente*, S. 147, 163 f.; *Schmidbauer* BayVBl. 1988, 259; OVG Lüneburg DÖD 1991, 209.

A. Auskunftsverweigerung bei Beeinträchtigung eines schwebenden Verfahrens

Eine Auskunftspflicht besteht nach § 4 Abs. 2 Nr. 1 LPG dann nicht, wenn durch die Informationen die sachgemäße Durchführung eines schwebenden Verfahrens vereitelt, erschwert, verzögert oder gefährdet werden könnte. Einige Vertreter der presserechtlichen Literatur bezeichnen die besondere Hervorhebung schwebender Verfahren als bedenklich, da es vor allem die schwebenden Verfahren seien, die öffentliches Interesse hervorrufen und damit die Aufmerksamkeit der Presse finden[120]. Die Beschränkung ist jedoch zugunsten eines fairen Verfahrens und damit des Persönlichkeitsrechts des Betroffenen hinzunehmen.

Bei der Suche nach strafrechtlichen Grenzen für die Recherchetätigkeit kommt hier das Strafverfahren als Verweigerungsgrund in Betracht. Die Formulierung „Durchführung" und „schwebend" ergibt, daß das Verfahren noch nicht abgeschlossen sein darf, um als Verweigerungsgrund zu gelten.

Nur in wenigen Bundesländern bieten die Landespressegesetze selbst eine Definition für den Begriff des Verfahrens. Die Meinungen reichen von einer sehr restriktiven Begriffsbestimmung[121] bis zu einer möglichst jede Art von Verfahren erfassenden Auslegung[122]. Einigkeit besteht aber insoweit, als es sich jedenfalls bei Strafverfahren um Verfahren des § 4 Abs. 2 Nr. 1 LPG handelt.

Die Behörde hat weiter zu prüfen, ob die sachgemäße Durchführung des Verfahrens vereitelt, erschwert, verzögert oder gefährdet werden könnte. Dafür müssen auf der Tatbestandsseite konkrete Hinweise für eine Verfahrensbehinderung bestehen. Bei der Ausübung ihres Ermessens hat die Behörde dann die Interessen der Presse sorgfältig zu berücksichtigen[123]. Insbesondere wird es oftmals genügen, nicht auf die Unterrichtung der Presse insgesamt, sondern nur auf Informationsteile zu verzichten.

B. Vorschriften über die Geheimhaltung, § 4 Abs. 2 Nr. 2 LPG

Einen weiteren Auskunftsverweigerungsgrund bieten die Vorschriften über die Geheimhaltung.

Geheimhaltungsvorschriften sind solche Bestimmungen, die öffentliche Geheimnisse schützen und zumindest auch die auskunftsverpflichtete Behörde zum Adressaten haben[124].

Zu nennen sind hier insbesondere die Normen, die Staats- und Dienstgeheimnisse betreffen: §§ 93 ff., 353 b StGB, § 174 Abs. 2 GVG. Auch die Pflicht zur

---

120 *Groß*, Presserecht, S. 239, Rn. 428; Rehbinder, S. 24.

121 *Schröer-Schallenber*, S. 114 f.

122 Löffler-*Wenzel*, § 4 LPG Rn. 93 ff.

123 Vgl. dazu *OLG Hamm*, wistra 2000, 236, 237.

124 OL*G Schleswig* AfP 1985, 46, 48; *Treffer* ZUM 1990, 507, 508.

Wahrung des Beratungsgeheimnisses aus § 43 DRiG oder das Steuergeheimnis aus § 30 AO zählen zu den Vorschriften über die Geheimhaltung.

C. Verletzung eines öffentlichen oder privaten Interesses, § 4 Abs. 2 Nr. 3 LPG

Nach § 4 Abs. 2 Nr. 3 LPG kann die Behörde weiter die Auskunft verweigern, wenn ein überwiegendes öffentliches oder schutzwürdiges privates Interesse verletzt würde[125].

Mit welcher Wahrscheinlichkeit die Gefahr eines Schadenseintritts besteht, ist am Gefahrbegriff des Polizei- und Ordnungsrechts zu messen[126]. Erforderlich ist danach die erkennbare, objektive, nicht entfernte Möglichkeit des Schadenseintritts[127].

Besteht die Möglichkeit eines Schadenseintritts, so ist eine Abwägung vorzunehmen. Der generalklauselartige Verweigerungsgrund des „überwiegenden öffentlichen Interesses" greift immer dann ein, wenn keiner der zuvor genannten Tatbestände vorliegt[128] und eine Abwägung zwischen den Belangen der Presse und dem öffentlichen Interesse ein Überwiegen des letzteren ergeben hat.

Auch die Schutzwürdigkeit privater Interessen ist im Rahmen einer Güter- und Interessenabwägung festzustellen. Dabei kann das private Interesse das Informationsinteresse nicht von vornherein überwiegen. Das Abwägungsergebnis wird davon abhängen, in welche Sphäre des Persönlichkeitsrechts eingegriffen wurde, in die Individual-, Privat- oder am strengsten zu schützende Intimssphäre. Daneben ist zu berücksichtigen, ob und inwieweit der Betroffene selbst Anlaß zu dem Informationsersuchen gegeben hat, aber auch die voraussichtliche Schwere der Beeinträchtigung und der Folgen sind mit dem Maß an öffentlichem Informationsinteresse in das Verhältnis zu setzen. Eine Abwägung ist selbst dann erforderlich, wenn es sich um ein Privatgeheimnis i.S.v. § 203 StGB handelt, wie z.B. Informationen eines Rechtsanwalt über seinen Mandanten. Auch in diesem Fall kann unter Umständen das öffentliche Informationsinteresse überwiegen und eine Auskunft rechtfertigen[129].

---

125 § 3 Abs 1 Nr. 2 in Hessen, § 4 Abs. 2 Nr. 4 in Berlin, § 4 Abs 3 Nr. 2 in Mecklenburg-Vorpommern, § 4 Abs. 2 Nr. 2 in Thüringen, § 5 Abs. 2 Nr. 3 in Brandenburg, § 4 Abs. 2 S. 2 in Bayern. In Hessen und Thüringen findet sich lediglich die Formulierung „Auskünfte über persönliche Angelegenheiten", in Berlin „schutzwürdiges privates Interesse". Diese Bundesländer haben jedoch einen speziellen Ausnahmetatbestand aufgenommen, der im Grundsatz dem Verweigerungsgrund aus „überwiegendem öffentlichen Interesse" entspricht.

126 *Wente*, S. 163.

127 Vgl. *Götz*, S. 56.

128 Kritisch zu diesem wenig faßbaren Begriff *Löffler/Ricker*, 20. Kap. Rn. 9.

129 *OLG Schleswig*, AfP 1985, 46, 49.

D. Sonstige Verweigerungsgründe

Einige Landespressegesetze sehen über die genannten Verweigerungsgründe hinaus die Möglichkeit vor, das Auskunftsersuchen abzulehnen, wenn ihr Umfang das zumutbare Maß überschreitet[130]. Damit soll eine Störung der behördlichen Tätigkeit durch übertriebene Auskunftsverlangen ausgeschlossen werden[131].

Mit der Formulierung „zumutbares Maß“ haben die einzelnen Landesgesetzgeber einen unbestimmten Rechtsbegriff geschaffen, der auslegungsbedürftig ist. Das wirft erhebliche Probleme auf, da die Behörde durch eine ihr genehme Auslegung ergiebig aus einem Verweigerungsgrund schöpfen kann. Um einer Aushöhlung des Informationsanspruchs entgegenzuwirken, ist es demzufolge nötig, eine äußerst restriktive Auslegung vorzunehmen. Insbesondere hat die Behörde „Lästigkeiten“ als Preis für die freiheitliche Demokratie hinzunehmen[132].

130 § 4 Abs. 2 Nr. 4 LPG der Landespressegesetze von Baden-Württemberg, Niedersachsen, Nordrhein-Westfalen, Rheinland-Pfalz, Sachsen, Sachsen-Anhalt und Schleswig-Holstein; § 5 Abs. 2 Nr. 4 Brandenburg; § 4 Abs. 3 Nr. 4 Mecklenburg-Vorpommern.

131 *Schröer-Schallenber*, S. 130.

132 *BVerfGE* 15, 296.

5. Abschnitt: Grenzen der journalistischen Recherche im Strafgesetzbuch

1. Teil: Presseinhaltsdelikte und recherchespezifische Delikte

Grundsätzlich gelten für die Vertreter der Presse dieselben strafrechtlichen Vorschriften wie für alle Staatsbürger, vgl. § 20 Abs. 1 LPG.

Das eigentliche Pressestrafrecht, wie der Begriff in der presserechtlichen Literatur Verwendung findet, umfaßt nur Zuwiderhandlungen, die sich unmittelbar auf das Druckwerk beziehen, also Presseinhalts- und Presseordnungsdelikte. Der strafbare Gehalt eines Presseinhaltsdelikts liegt gerade im geistigen Inhalt des Druckwerks, der eines Presseordnungsdelikts im Verstoß gegen die Presse-Ordnung. Weder Presseinhalts- noch Presseordungsdelikte sind Gegenstand der Erörterung, sondern nach wie vor nur die journalistische Recherche mit ihren Grenzen im Strafrecht und Strafverfahrensrecht.

Bei seiner Recherche kann der Journalist alle Tatbestände des besonderen Teils des Strafgesetzbuchs verwirklichen, die auch für jeden anderen Nichtpresseangehörigen in Betracht kommen. Die Delikte, die der Journalist nur bei Gelegenheit der Recherche verwirklicht, sind hier nicht von Interesse. Bedeutung für die strafrechtlichen Grenzen haben nur solche Handlungen, die presse- und recherchespezifisch sind. Darauf ist die Darstellung begrenzt.

Von keiner Bedeutung ist beispielsweise ein Mord, den der Journalist während der Recherche begeht. Ebensowenig pressespezifisch sind Delikte gegen die körperliche Unversehrtheit. Denn die Körperverletzung stellt kein übliches Mittel der Recherche dar.

Auch Diebstahl und Unterschlagung sind keine für die Recherche typischen Delikte. Selbst beim investigativen Journalismus ist die Begehung dieser Delikte eher auf Ausnahmen beschränkt.

Ebensowenig ist die Nötigung ein übliches Mittel der Presse, um an Informationen zu gelangen. Auch für weitere Delikte gegen die persönliche Freiheit, wie Menschenraub, Verschleppung oder Freiheitsberaubung besteht während der journalistischen Recherche keine typische Begehungsgefahr.

Raub und Erpressung, §§ 249 ff. StGB sind ebenfalls keine Delikte, mit deren Hilfe der ermittelnde Journalist üblicherweise an seine Informationen gelangt.

Die Täuschung über die Echtheit der Rechercheergebnisse kann möglicherweise durch die Veröffentlichung zu einer Strafbarkeit wegen Betruges führen. Während der Recherche ist die Täuschung über Tatsachen aber eher die Ausnahme, wenn es darum geht, an Informationen zu gelangen. Nicht recherchespezifisch sind auch die besonderen Formen des Betrugs, wie z.B. Computerbetrug, § 263 a StGB, Kapitalanlagebetrug, § 264 a StGB oder Versicherungsmißbrauch, § 265 StGB. Ebenso scheidet die Untreue nach § 266 StGB aus dem Kanon pressespezifischer Delikte aus.

Auch die Urkundsdelikte der §§ 267 ff. StGB kommen nicht als typische Delikte während der Recherche in Frage. Sie sind allenfalls für das fertige Presseprodukt von Bedeutung.

In keinem typischen Zusammenhang zu der journalistischen Recherche stehen weiter die Konkursstraftaten der §§ 283 ff. StGB, die Delikte wegen strafbaren Eigennutzes nach §§ 284 ff. StGB sowie die Straftaten gegen den Wettbewerb gem. §§ 298 ff. StGB.

Auch die Sachbeschädigungsdelikte der §§ 303 ff. StGB sind keine für die Recherche charakteristischen Delikte. Gleiches gilt für die gemeingefährlichen Straftaten, wie z.B. Brandstiftung, § 306 StGB, das Herbeiführen einer Explosion durch Kernenergie gem. § 307 StGB oder die Verkehrsdelikte der §§ 315 ff. StGB.

Kein recherchespezifischer Zusammenhang besteht schließlich zu den Straftaten gegen die Umwelt der §§ 324 ff. StGB und zu den Straftaten im Amt der §§ 331 ff. StGB. Bei letzteren mag zunächst an eine mögliche Form der Bestechung eines Amtsträgers zu denken sein, um an bestimmte Informationen zu gelangen. Die Delikte der §§ 331 ff. StGB setzen aber sämtlich eine Diensthandlung des Amtsträgers voraus. In dieser Form wird die Weitergabe von Information aber nicht erfolgen. Vielmehr wird dies außerhalb der Dienstgeschäfte geschehen.

2. Teil: Grenzen der journalistischen Recherche im Besonderen Teil des Strafgesetzbuchs

A. Hausfriedensbruch, § 123 StGB

§ 123 StGB lautet:

(1) Wer in eine Wohnung, in die Geschäftsräume oder in das befriedete Besitztum eines anderen oder in abgeschlossene Räume, welche zum öffentlichen Dienst oder Verkehr bestimmt sind, widerrechtlich eindringt, oder wer, wenn er ohne Befugnis darin verweilt, auf die Aufforderung des Berechtigten sich nicht entfernt, wird mit Freiheitsstrafe bis zu einem Jahr oder mit Geldstrafe bestraft.

(2) Die Tat wird nur auf Antrag verfolgt.

I. Recherche in privaten Räumen

1. Verwirklichung des Tatbestands während der Recherche

Der ermittelnde Journalist findet seine Informationen nicht immer auf der Straße. Er ist vielmehr auch gezwungen, im privaten Bereich nach Fakten zu suchen. Trotz der Stellung im 7. Abschnitt „Straftaten gegen die öffentliche Ordnung“ besteht mittlerweile weitgehend Einigkeit, daß das geschützte

Rechtsgut des § 123 StGB nicht vorwiegend ein öffentliches, sondern ein privates Recht ist, nämlich das Hausrecht[133].

Der Journalist verwirklicht den Tatbestand des § 123 Abs. 1, 1. Alt. StGB, wenn er während der Recherche in eine der geschützten Räumlichkeiten eindringt. Dafür muß er gegen den Willen des Berechtigten in die geschützten Räume gelangen[134]. Berechtigt ist der Hausrechtsinhaber[135], der die Befugnis hat, anderen den Zugang zu den geschützten Räumlichkeiten zu verwehren. Dabei umfaßt sein Hausrecht aber nicht ein „freies Schalten und Walten in Haus und Hof[136]", sondern nur den Teilaspekt, dabei ungestört zu sein[137]. Schutzgut des § 123 StGB ist damit letztlich der gesteigerte Anspruch auf räumliche Distanz[138]. In dessen Rahmen kann der Berechtigte aber wiederum willkürlich über sein Recht verfügen und den recherchierenden Journalisten ausschließen.

Für das Eindringen i.S.v. § 123 Abs. 1 StGB ist ein körperliches Eindringen erforderlich. Dabei genügt es, wenn der Journalist mit einem Teil seines Körpers in die geschützten Räume gelangt[139]. Gegen den Willen des Berechtigten erfolgt dies, wenn der Täter den Raum ohne eine ausdrückliche oder konkludent erteilte Erlaubnis betritt[140]. Eines ständigen aktualisierten Willens bedarf es dabei nicht. Ausreichend ist vielmehr der in der Regel schon mit dem Innehaben einer Räumlichkeit nach § 123 StGB verbundene generelle Wille, andere auszuschließen, wenn und soweit ihnen das Betreten nicht gestattet wird. Der private Hausrechtsinhaber ist in Ausübung seiner Befugnis grundsätzlich frei, kann also auch willkürlich das Betreten der geschützten Räume durch den Journalisten verbieten oder erlauben.

Eine Strafbarkeit des Journalisten kann auch durch ein Verweilen trotz Aufforderung begründet werden, § 123 Abs. 1, 2. Alt. StGB. Die Aufforderung, sich zu entfernen, muß nicht wörtlich oder ausdrücklich, sondern kann auch durch schlüssiges Verhalten erfolgen. Berechtigt zur Aufforderung ist wiederum der Inhaber des Hausrechts. Der Journalist verweilt in dem Raum, wenn er sich nicht unverzüglich, d.h. ohne schuldhaftes Zögern, entfernt, seine Anwesenheit

---

133 *Welzel*, S. 332; *Geppert* Jura 1989, 378, 382.

134 Schönke/Schröder-*Lenckner*, § 123 Rn. 11 mwN; Die gelegentlich zu findende Definition „ohne den Willen", *Geppert*, Jura 1989, 378, 379, unterscheidet sich von der hier bevorzugten lediglich in der Formulierung, nicht aber im Ergebnis.

135 Vgl. im einzelnen die Berechtigung bei Schönke/Schröder-*Lenckner*, § 123 Rn. 16 ff.

136 So aber *Tröndle/Fischer*, § 123 StGB Rn. 1, so auch *OLG Köln* NJW 1982, 2740, 2740.

137 Schönke/Schröder-*Lenckner*, § 123 Rn. 1. Wieder anders will *Rudolphi* verfahren: entscheidend sei, welche Räumlichkeit betroffen ist. Dabei wiederum solle berücksichtigt werden, welche materiellen Gründe den Gesetzgeber zum Schutz der verschiedenen Räumlichkeiten bewogen haben, SK-*Rudolphi*, § 123 Rn. 2 ff.

138 *Krey*, S. 186.

139 Vgl. *BGH* MDR 1955, 144; Schönke/Schröder-*Lenckner*, § 123 Rn. 12.

140 SK-*Rudolphi*, § 123 Rn. 14.

also von solcher Dauer ist, daß in ihr ein Ungehorsam gegenüber der Aufforderung zu finden ist[141].

2. Die Rechtfertigung aufgrund mutmaßlicher Einwilligung

Die in § 123 Abs. 1 StGB enthaltenen Merkmale „rechtswidrig" und „ohne Befugnis" kennzeichnen das allgemeine Deliktsmerkmal der Rechtswidrigkeit[142]. Nur wenn die Verwirklichung des Tatbestands durch den Journalisten rechtswidrig ist, ist dessen Strafbarkeit nach § 123 StGB vorbehaltlich seiner Schuld möglich. Der Schutz, unter dem die Rechtsgüter stehen, ist kein absoluter in dem Sinne, daß er ausnahmslos gewährt würde[143]. Denn „die einzelnen Rechtsgüter lassen sich nicht wie Museumsstücke in Vitrinen verwahren[144]". In bestimmten Fällen tritt das eine Rechtsgut zum Schutz des anderen zurück. Dementsprechend entfällt die Rechtswidrigkeit des Hausfriedensbruchs bei § 123 StGB, wenn dem Journalisten ein Rechtfertigungsgrund zur Seite steht.

Zu denken ist als erstes an eine Einwilligung des Hausrechtsinhabers. Liegt eine solche ausdrücklich vor, bereitet die Rechtfertigung wenig Schwierigkeiten.

In bestimmten Situationen wird das Einverständnisoder die Einwilligung des Verletzten aber nicht rechtzeitig eingeholt werden können. Zu erwägen ist dann eine mutmaßliche Einwilligung. Eine Rechtfertigung kommt dann in Betracht, wenn eine Würdigung aller Umstände ergibt, daß der Betroffene, wenn er gefragt werden könnte, seine Zustimmung erklären würde. Darüber hinaus ist eine mutmaßliche Einwilligung denkbar, wenn das Einverständnis oder die Einwilligung zwar eingeholt werden könnten, aber ohne weiteres davon ausgegangen werden kann, daß der Betroffene seine Zustimmung erklären würde, er auf eine Befragung aber keinen Wert legt.

Daß davon ausgegangen werden darf, daß der Betroffene seine Zustimmung erklären würde, ist nur denkbar in Fällen, in denen sich der Betroffene selbst der Presse bedienen will, um in das Licht der Öffentlichkeit zu treten. Ist diese positive Grundeinstellung gegenüber der Presse, z.B. während eines strafrechtlichen Ermittlungsverfahrens nicht vorhanden, wird eine Würdigung aller Umstände kaum dazu führen, daß der Betroffene seine Zustimmung erklärt hätte. Etwas anderes wäre nur zu vermuten, wenn die Presse nach Entlastungsmomenten für den Betroffenen sucht. Das wird jedoch nur selten der Fall sein, da die Unschuld eines Menschen weitaus weniger spektakulär erscheint als dessen Schuld.

---

141 Vgl. Schönke/Schröder-*Lenckner*, § 123 Rn. 30.

142 SK-*Rudolphi*, § 123 StGB, Rn. 38.

143 *Lenckner*, Notstand, S. 48.

144 *Welzel*, ZStW 58 (1939), 491, 514.

3. Verdrängt die Pressefreiheit das Hausrecht im Rahmen des § 34 StGB?

a. Die Konfliktsituation während der Recherche

aa. Die journalistische Recherche als geschütztes Rechtsgut des § 34 StGB

Mit der Verwirklichung des Tatbestands des § 123 StGB kollidieren der Wille des Hausrechtsinhabers und die Recherchefreiheit des Journalisten. Der rechtfertigende Notstand nach § 34 StGB läßt in bestimmten Konfliktfällen die Inanspruchnahme fremder Rechtsgüter zu, wenn eine gegenwärtige Gefahr für ein Rechtsgut besteht, die nur durch die Inanspruchnahme eines anderen Rechtsguts abgewendet werden kann.

Wenn § 34 StGB von Rechtsgut spricht, meint die Vorschrift damit nicht ausschließlich strafrechtlich geschützte Rechtsgüter. Auch das Interesse eines recherchierenden Journalisten an der Erlangung von Informationen stellt ein notstandsfähiges Rechtsgut dar. Denn § 34 StGB schützt jedes Rechtsgut, also jedes rechtlich geschützte Interesse, gleichgültig, von welchem Teil der Rechtsordnung es diesen Schutz erfährt[145]. Eine Beschränkung auf strafrechtlich geschützte Rechtsgüter würde dem Anliegen des § 34 StGB zuwiderlaufen. Die Rechtsgüter bestehen im sozialen Leben mit all ihren Spannungen und Konflikten[146]. § 34 StGB will diese Konflikte lösen. Das ist umfassend aber nur möglich, wenn sich der Anwendungsbereich des § 34 StGB auf alle Rechtsgüter erstreckt. So bejahte beispielsweise das *OLG Köln*[147] ein rechtlich geschütztes Interesse an der Unfallaufklärung. Der *BGH*[148] nahm ein Interesse an der Erhaltung der Arbeitsplätze in einem Betrieb im Hinblick auf die zum Schutz des Arbeitsplatzes bestehenden Vorschriften und das Sozialstaatsprinzip an. Die Pressefreiheit aus Art. 5 Abs. 1 GG schützt u.a. das Beschaffen von Informationen durch die Presse[149] und damit auch das Interesse des recherchierenden Journalisten an der Erlangung von Informationen.

bb. Gefahr für die Recherche

Wird dem Journalisten das Betreten einer von § 123 StGB geschützten Räumlichkeit verwehrt, kann dadurch die Gefahr entstehen, daß er für seine Recherche notwendige Informationen nicht erhält. Ausreichend ist für eine gegenwärtige Gefahr iSd § 34 StGB die Wahrscheinlichkeit einer alsbaldigen Schädigung des rechtlich geschützten Interesses. Der Grad der Wahrscheinlichkeit kann im einzelnen problematisch sein. Zugrunde zu legen sei nach *Lenckner* eine objektive

---

145 *OLG Köln*, VersR 1959, 438; *Lenckner*, Notstand, S. 72 ff.

146 *Lenckner*, Notstand, S. 48.

147 *OLG Köln*, VersR 1959, 438.

148 *BGH* MDR 1975, 723.

149 *BVerfGE* 10, 118, 121; 77, 346, 354.

und sachkundige ex-ante-Prognose[150]. Nicht ausreichend sei eine nur ganz entfernte oder gedankliche Möglichkeit der Schädigung. Eine Gefahr liege aber auch nicht erst vor, wenn der Schaden mit Sicherheit zu erwarten sei[151]. Diese unterschiedlichen Definitionsansätze machen deutlich, daß eine allgemeingültige Fixierung des Begriffs der „Wahrscheinlichkeit" nicht möglich ist. Vielmehr kommt es darauf an, in welcher Situation und in welchem Verhältnis sich die betroffenen Interessen konkret gegenüberstehen. Das ist abschließend aber erst im Rahmen der Interessenabwägung zu würdigen.

Bei der Feststellung einer Gefahr im Sinne von § 34 StGB sind Kriterien anzuwenden, die die Interessenabwägung nicht vorwegnehmen. Mit *Lenckner* ist deshalb darauf abzustellen, ob die Wahrscheinlichkeit einen über allgemeine Lebensrisiken hinausgehenden Grad erreicht hat, von dem an man sich vernünftigerweise auf die Möglichkeit des schädigenden Ereignisses einzustellen pflegt[152].

Für eine Rechtfertigung nach § 34 StGB darf die Gefahr nicht anders als durch die Notstandshandlung abwendbar gewesen sein. Die Notstandshandlung des Journalisten muß dafür erforderlich gewesen sein, d.h. daß das Eindringen oder Verweilen geeignet und zugleich das mildeste Mittel gewesen sein muß, um der Gefahr für das Interesse an der Informationserlangung zu begegnen. Für die Geeignetheit genügt es dabei, daß eine erfolgreiche Gefahrenabwehr nicht ganz unwahrscheinlich ist[153]. Die Verletzung des Hausrechts ist zur Begegnung der Gefahr für die Recherche das mildeste Mittel, wenn die Information nicht auf andere Weise erlangt werden konnte. Stehen aber mehrere geeignete Mittel zur Verfügung, kann der Journalist die Information also eventuell auf andere Weise erlangen, ist zu fragen, welches der zur Verfügung stehenden geeigneten Mittel das relativ mildeste ist. Dabei ist zu entscheiden, welches der auf der Eingriffseite zu erbringende Opfer nach den Maßstäben des Rechts das kleinste Übel ist. Das hängt wiederum davon, welche Möglichkeiten dem Journalisten konkret zur Verfügung stehen. Die Möglichkeit, der Gefahr auszuweichen, ohne eigene oder fremde Rechtsgüter opfern zu müssen, wird immer das geringste Übel sein. Das ist aber zugleich auch der praktisch seltenste Fall. Kann die Gefahr nur durch die Verletzung anderer rechtlich geschützter Interessen abgewendet werden, ist zur Ermittlung des relativ mildesten Mittels eine Abwägung zwischen diesen Interessen erforderlich. Anders als bei der Abwägungsklausel des § 34 S. 1 StGB stehen sich hier nicht das gefährdete und das zur Abwendung der Gefahr beeinträchtigte Rechtsgut gegenüber. Vielmehr sind zur Ermittlung des relativ mildesten Mittels diejenigen Interessen gegeneinander abzuwägen, in die der Journalist zur Abwendung der Gefahr

150 Schönke/Schröder-*Lenckner*, § 123 Rn. 14.
151 Schönke/Schröder-*Lenckner*, § 123 Rn. 15.
152 Schönke/Schröder-*Lenckner*, § 123 Rn. 15 mit Verweis auf *OLG Köln*, NStZ 1985, 551.
153 *Lenckner*, Lackner-Festschrift, S. 99.

wahlweise eingreifen kann. Hat der Journalist z.B. die Möglichkeit, durch Abhören von Gesprächen an die Informationen zu gelangen, bedarf es einer Abwägung zwischen dem privaten Hausrecht und dem durch § 201 StGB[154] geschützten Recht des Betroffenen, die Reichweite einer Äußerung selbst zu bestimmen. Ob das Betreten der Räume schwerer wiegt als das Abhören, wird wiederum im Einzelfall zu entscheiden sein.

b. Die Interessenabwägung

Die in § 34 S. 1 StGB enthaltene Abwägungsklausel verlangt neben der Erforderlichkeit der Notstandshandlung eine umfassende Interessenabwägung, die für eine Rechtfertigung ein wesentliches Überwiegen des Interesses an der Informationserlangung gegenüber dem verletzten Hausrecht ergeben muß. Mit der Abwägungsklausel eröffnet § 34 S. 1 StGB den Anwendungsbereich für die Wechselwirkungstheorie des Bundesverfassungsgerichts[155]. Im Rahmen der Interessenabwägung ist danach die Einschränkung des Grundrechts der Pressefreiheit durch § 123 StGB wiederum im Lichte der besonderen Bedeutung dieses Grundrechts zu sehen.

Das allgemeine Rangverhältnis der Rechtsgüter kann dabei nur Ausgangspunkt sein. § 123 StGB schützt den Willen des Hausrechtsinhabers im Sinne eines Anspruchs auf räumliche Distanz in den genannten Räumlichkeiten[156]. Darin ist letztlich eine Konkretisierung des Schutzes der Unverletzlichkeit der Wohnung aus Art. 13 GG zu sehen. Diesem Recht gegenüber steht die Informationsbeschaffung, die Teil der Pressefreiheit aus Art. 5 Abs. 1 GG ist[157]. Einfachgesetzliche Regelungen, die den Willen des Hausrechtsinhabers zurückdrängen könnten, stehen mit den Vorschriften zur Durchsuchung (§§ 102, 103 StPO) beispielsweise den staatlichen Organen zur Verfügung. Für die Effektivität der Recherche wäre ein derartiges Recht zum Betreten fremder Räumlichkeiten für die Presse zwar häufig wünschenswert. Der Presse ein ähnliches Recht zuzubilligen wie den Strafverfolgungsorganen würde aber den Rechtfertigungsrahmen, den Art. 5 Abs. 1 GG bietet, sprengen. Zwar hat der Gesetzgeber mit Art. 5 Abs. 1 GG eine Wertentscheidung zugunsten einer ungehinderten Recherche getroffen. Auch aus der Pressefreiheit läßt sich eine solche aber nur ableiten, wenn keine anderen Rechte diese Freiheit überwiegen. Überlagert wird die in Art. 5 GG enthaltene Aussage zugunsten der Presse durch das in Art. 13 GG verankerte Recht des Hausrechtsinhabers. Dieses kann durch die Pressefreiheit aus Art. 5 Abs. 1 S. 2, 1. Alt. GG nicht ohne weiteres zurückgedrängt werden. Denn mit der Einräumung eines derartigen allgemeinen Rechts zum Betreten der Räume zugunsten der Presse würde das

---

154 SK-*Samson*, § 201 a.F. Rn. 2.

155 *BVerfGE* 7, 198, 208 f.

156 *Krey*, S. 186.

157 *BVerfGE* 10, 118, 121; 77, 346, 354.

Recht des Hausrechtsinhabers wesentlich berührt werden. Für ein allgemeines Recht zur Einschränkung des Willens des Hausrechtsinhabers bedarf es dann aber einer Regelung durch den Gesetzgeber selbst[158]. Eine solche Regelung ist nicht vorhanden. Ein grundsätzlicher Vorrang der Pressefreiheit gegenüber dem Willen des Hausrechtsinhabers läßt sich aus der Pressefreiheit allein nicht ableiten.

Entscheidend kann also letztlich nicht sein, ob das Interesse des Journalisten an der Informationserlangung seinem absoluten Rang nach höherwertig ist, sondern ob es in der konkreten Lebenssituation schutzwürdiger erscheint. Zu berücksichtigen sind dabei die Art der Verletzung und die Größe des konkreten Schadens ebenso wie der Grad der den kollidierenden Gütern drohenden Gefahren und die individuellen Interessen, die die Beteiligten in der konkreten Situation an ihren Gütern haben. Schließlich ist zu beachten, in welcher Lage sich die Güter gegenüberstehen[159]. Für den Bereich der Veröffentlichung rechtswidrig erlangter Informationen hat das Bundesverfassungsgericht mit dem sog. „*Wallraff*-Beschluß" Maßstäbe entwickelt, anhand derer eine Abwägung vorzunehmen ist. Auf § 123 StGB angewendet bedeutet es, das Hausrecht abzuwägen mit der öffentlichen Aufgabe der Presse und der Art ihrer Wahrnehmung. In die Abwägung mit einzubeziehen ist, ob die Kontrollaufgaben der Presse leiden[160], welchen Gegenstand die Recherche hat, welchen Zweck sie verfolgt und in welchem Maße sie die Rechte eines Betroffenen verletzt[161]. So wird im privaten Bereich die Verletzung des Hausrechts höher zu bewerten sein als bei dem Betreten von Geschäftsräumen. Denn bei letzterem kann wegen der Zugänglichkeit der Räume eher mit unerwünschten Besuchern zu rechnen sein. Je enger und intimer der konkrete persönliche Bereich ist, in den der Journalist eindringt, um so höhere Anforderungen sind an seine Rechtfertigung zu stellen. Zu berücksichtigen ist auch, welches Interesse der private Hausrechtsinhaber an der Erhaltung seines Interesses hat. Landet beispielsweise ein Ballon auf dem umzäunten Feld des Betroffenen, ist sein Interesse daran, andere auszuschließen vergleichsweise geringer zu bewerten als das Interesse an persönlichen Dingen, die in seinem Schlafzimmer zu finden sind. Während im ersten Beispiel das journalistische Interesse am Ballon das Interesse des Hausrechtsinhabers im Einzelfall überwiegen kann, ist dies für den Bereich des Schlafzimmers kaum denkbar.

Ebenso wie das individuelle Interesse bedeutsam ist, wird es eine Rolle spielen, auf welche Weise der Journalist in den Bereich des Hausrechtsinhabers

---

158 Vgl. auch *Wente*, S. 73.

159 Zu den verschiedenen Abwägungskriterien vgl. SK-*Samson*, § 34 Rn. 11 ff. und Schönke/Schröder-*Lenckner*, § 34 Rn. 23 ff.

160 Vgl. *BVerfGE* 60, 234, 240 für den Bereich der Veröffentlichung.

161 Vgl. *BVerfG* NJW 1984, 1741, 1743 für den Bereich der Veröffentlichung.

eingedrungen ist: ein gewaltsames Eindringen bedarf eines weitaus höheren Interesses auf seiten des Journalisten als ein ungehindertes Hineinspazieren. Als Beispiel mag hier der Fall „*Barschel*[162]" dienen, den das Schweizerische Bundesgericht im Jahre 1992 zu entscheiden hatte. Ein Reporter des Magazins „Stern" war in das Hotelzimmer des ehemaligen schleswig-holsteinischen Ministerpräsidenten *Barschel* eingedrungen, an dessen Tür ein Schild mit der Aufschrift „Nicht stören" angebracht war. Der Reporter entdeckte dort den leblosen Körper Barschels in der mit Wasser gefüllten Badewanne und fotografierte u.a. den Körper des Verstorbenen und das Hotelzimmer. Das schweizerische Bundesgericht versagte dem Reporter eine Rechtfertigung für die begangene Verletzung des Geheim- und Privatbereichs durch Aufnahmegräte (Art. 179quarter StGB) ebenso wie für den Hausfriedensbruch (Art. 186 StGB), da er nicht nur in den Privatbereich Uwe Barschels, sondern in dessen engsten Bereich eingedrungen sei. In diesem Bereich sei jegliche Verletzung des Privatbereiches rechtswidrig, unabhängig von der möglichen Bekanntheit des Opfers, da diese als Rechtfertigungsgrund nur in dem Maße wirken könne, in dem die auf den Photos dargestellten und dem Privatbereich zugehörigen Fakten sich in der Öffentlichkeit abgespielt haben würden[163].

Bezogen auf das Interesse an Information stellt sich weiter die Frage, ob auch die Qualität der Information oder die Qualität der mit dieser Information zu erstellenden Veröffentlichung für die Abwägung von Bedeutung sein kann. Dies wäre zu verneinen, wenn man die Rechtsprechung des *Bundesverfassungsgerichts* zum Begriff der Presse zugrunde legt, nach der die Presse Schutz unabhängig von ihrer Qualität[164] genießt. Mit dieser Rechtsprechung wird aber lediglich die absolute Bedeutung der Pressefreiheit bestimmt. Für die Interessenabwägung nach § 34 S. 1 StGB ist es dagegen erforderlich zu ermitteln, welche Qualität dem Interesse auch an der Ermittlung vergleichsweise geringwertiger Informationen in der konkreten Situation zukommt. Denn bei der Frage nach den Individualinteressen kann es nicht nur darum gehen, welche besonderen Interessen der Einzelne tatsächlich hat, sondern auch, ob und inwieweit sie vom Recht zu respektieren sind[165]. Geht beispielsweise das Interesse des Journalisten dahin, den Betroffenen in einer intimen Situation zu fotografieren, ist das Interesse an dem so gewonnen Bild nur geschützt, soweit es nicht gegen das Persönlichkeitsrecht des Betroffenen oder gegen das Recht am eigenen Bild aus § 22 KUrhG verstößt. Bezweckt der

---

162 *SchweizBG*, Kassationshof, Urt. vom 10.7.1992 - 6 S. 392/1991/NB in der nichtamtlichen Übersetzung von *Groß*, NJW 1994, 504 ff.

163 *SchweizBG*, Kassationshof, Urt. vom 10.7.1992 - 6 S. 392/1991/NB in der nichtamtlichen Übersetzung von *Groß*, NJW 1994, 504, 505.

164 *BVerfGE* 66, 116 ff.

165 Schönke/Schröder-*Lenckner*, § 34 Rn. 33.

Journalist unter Verletzung des Hausrechts dagegen die Aufdeckung eines schweren Verbrechens, kann das Interesse an der Informationserlangung das des Hausrechtsinhabers überwiegen.

Festzuhalten bleibt, daß in bestimmten Fällen die Gefahr für die Pressefreiheit hinzunehmen ist. Ein Überwiegen der Pressefreiheit gegenüber dem Willen des privaten Hausrechtsinhabers ist jedoch nicht ausgeschlossen. Unter Berücksichtigung der genannten Kriterien kann eine Abwägung auch in einzelnen Fällen den Willen des Hausrechtsinhabers zurückdrängen.

Allgemein gilt aber: je weiter der Journalist während seiner Recherche in ein fremdes Recht eindringt und je schwerer die Verletzung des Interesses ist, um so höher sind die Anforderungen, die an ein Überwiegen der Pressefreiheit zu stellen sind.

4. Zusammenfassung

Bei der Recherche in privaten Räumen kollidiert die Pressefreiheit zwangsläufig mit dem Willen des Hausrechtsinhabers, da eine Einwilligung des Betroffenen nur in Ausnahmefällen vorliegen wird.

Auch eine Rechtfertigung nach § 34 StGB greift zugunsten des recherchierenden Journalisten nur ausnahmsweise ein und verdrängt den Willen des Hausrechtsinhabers ausschließlich dann, wenn die Pressefreiheit das rechtlich geschützte Interesse aus § 23 SGB wesentlich überwiegt.

Die dafür entwickelten Kriterien gelten gleichermaßen für eine Rechtfertigung anderer Rechtsgutsverletzungen, sind also nicht auf § 123 StGB beschränkt.

II. Recherche in öffentlichen Gebäuden

Der private Hausrechtsinhaber ist in der Ausübung seiner Befugnis grundsätzlich frei. Eine nur beschränkte Dispositionsbefugnis ergibt sich dagegen bei den zum öffentlichen Dienst oder Verkehr bestimmten Räumen[166]. Zum öffentlichen Dienst bestimmt sind Räume, die dazu dienen, daß darin nach den Vorschriften des öffentlichen Rechts ein Dienst für öffentliche Angelegenheiten stattfindet[167]. Zum öffentlichen Verkehr bestimmt sind solche Räume, die dem allgemein zugänglichen, von der öffentlichen Hand oder privaten Unternehmen angebotenen Personen- und Gütertransport dienen[168]. Anders als bei privaten Räumlichkeiten werden die Räume hier schon von vornherein in begrenztem Maße der Öffentlichkeit gewidmet. Ob sich daraus eine andere Wertung zugunsten der Presse als bei dem privaten Hausrecht ergibt, ist aber zweifelhaft.

---

166 Bei diesen Räumen muß es sich um abgeschlossene handeln, vgl. dazu LK-*Schäfer*, § 123 Rn. 18.

167 LK-*Schäfer*, § 123 Rn. 20.

168 Schönke/Schröder-*Lenckner*, § 123 Rn. 9.

Zwar unterfallen die Räume, die zum öffentlichen Dienst oder Verkehr bestimmt sind, nicht dem Schutz des Art. 13 GG[169]. Daraus ergibt sich aber nicht ohne weiteres, daß das öffentliche Hausrecht durch die Presse- und Informationsfreiheit zurückgedrängt wird. § 123 StGB schützt nämlich auch den Hausfrieden öffentlicher Gebäude[170]. Dieser ist gestört, wenn das Gebäude entgegen seinem Widmungszweck oder gegen den Willen des Hausrechtsinhabers betreten wird[171]. Der Wille des Hausrechtsinhabers findet seine Grenze lediglich in der Zweckbestimmung des Gebäudes. Eine darüber hinausgehende Einschränkung durch Art. 5 GG zugunsten der Presse besteht nicht. Dafür spricht auch § 6 Abs. 2 VersG, der ein Anwesenheitsrecht für Pressevertreter bei öffentlichen Versammlungen ausdrücklich regelt, während für öffentliche Gebäude eine entsprechende Regelung fehlt.

Eine Einschränkung des Hausrechts zugunsten der Presse kann also grundsätzlich nur durch die Zweckbestimmung des Raumes an sich, nicht aber durch die Pressefreiheit erfolgen[172].

III. Die Recherche bei einer öffentlichen Versammlung

Nach § 1 Abs. 1 VersG hat jedermann das Recht, öffentliche Versammlungen und Aufzüge zu veranstalten und an solchen Veranstaltungen teilzunehmen.

Dieses Recht gilt jedoch nur beschränkt für öffentliche Versammlungen in geschlossenen Räumen. Hier hat der Leiter der Versammlung das Hausrecht inne und damit die Möglichkeit, bestimmte Personen von der Veranstaltung nach § 6 Abs. 1 VersG von der Teilnahme auszuschließen. Bei einem Eindringen oder Verweilen handeln die ausgeschlossenen Personen dann gegen den Willen des Hausrechtsinhabers, und damit tatbestandsmäßig i.S.v. § 123 Abs. 1 StGB. Das gilt jedoch nicht für die Vertreter der Presse:

> § 6 Abs. 2 VersG lautet:
>
> „Pressevertreter können nicht ausgeschlossen werden; sie haben sich dem Leiter der Versammlung gegenüber durch ihren Presseausweis ordnungsgemäß auszuweisen.“

Mit dieser Einschränkung des Hausrechts bei öffentlichen Versammlungen entfällt zugleich die Widerrechtlichkeit des Eindringens und Verweilens. Für eine Anwendbarkeit des § 123 StGB auf journalistische Recherchen während

---

169 Maunz/Dürig-Maunz, Anm. 6 zu Art. 13 .

170 Schönke/Schröder-*Lenckner*, § 123 Rn. 7 ff.

171 *Wente*, S. 73.

172 *Löffler/Ricker*, 52. Kap. Rn. 8. Dennoch ist die Behörde bei der Ausübung des Hausrechts angehalten, die in Art. 5 GG enthaltene Wertentscheidung zugunsten des freien Informationszugangs für die Medien zu beachten, vgl. *Wente*, S. 73/74.

einer öffentlichen Versammlung ist also kein Raum, wenn sich der Journalist entsprechend legitimiert[173].

B. Nichtanzeige geplanter Straftaten, § 138 StGB

I. Die tatbestandliche Situation des § 138 StGB

Nicht selten hat der Journalist aufgrund seiner Informationsquellen Kenntnis von dem Vorhaben einer Straftat. Der Wissensvorsprung des Journalisten ist während der journalistischen Recherche sein Kapital gegenüber Konkurrenten. § 138 StGB sanktioniert die Nichtanzeige geplanter Straftaten, wenn es um Vorhaben oder die Ausführung der in § 138 Abs. 1, 2 StGB aufgezählten Straftaten geht, beschränkt den Journalisten in dieser Hinsicht also bei seiner Recherche. Die Nichtanzeige geplanter Straftaten gem. § 138 StGB ist kein speziell für die Presse entwickeltes Delikt, sondern richtet sich gegen jedermann. Für die Presse ergibt sich aber die Besonderheit, daß sie zur effektiven Vermarktung auf eine frühzeitige Kenntnis von Tatsachen, und darunter können auch geplante Straftaten fallen, angewiesen ist und diese unter dem Druck der Konkurrenz nicht ohne weiteres preisgibt. § 138 StGB kann sich hier als Hemmschuh für die Presse erweisen. Der Tatbestand des § 138 StGB selbst sieht keine Ausnahmeregelung zugunsten der Presse vor.

Hat der Journalist von dem Vorhaben oder der Ausführung einer der genannten Straftaten glaubhaft Kenntnis oder glaubhaft erfahren, wie z.B. bei Mord oder Raub, ist er zur Anzeige verpflichtet. Die Anzeigepflicht kann unter Umständen auch noch während der Ausführung der Tat bestehen, da bei bestimmten Delikten die Möglichkeit besteht, noch während der Begehung größeren Schaden zu verhindern[174].

Nur ausnahmsweise ist der Journalist von der Anzeigepflicht befreit, wenn er Angehöriger des Täters ist, vgl. § 139 Abs. 2 StGB, selbst der Bedrohte ist oder er an der Straftat oder ihrer Vorbereitung und Planung beteiligt gewesen ist[175]. Weitere Privilegierungen eröffnet das Gesetz zumindest auf den ersten Blick nicht.

II. Privilegierung des Journalisten nach § 139 StGB?

Ob § 139 StGB einer Auslegung zugunsten der Vertreter der Presse zugänglich ist, ist sehr fraglich. Zwar eröffnet die Norm dem Richter die Möglichkeit, von einer Bestrafung wegen der Nichtanzeige geplanter Straftaten abzusehen. Von § 138 StGB straflos können danach die Personen gestellt werden, die in einem besonderen Vertrauensverhältnis zu demjenigen stehen, der die Tat geplant hat.

---

173 Vgl. auch *Löffler/Ricker*, 52. Kap. Rn. 7.

174 *RGSt* 63, 105, 106; *Blei*, S. 437.

175 Schönke/Schröder-*Cramer*, § 138 Rn. 19.

§ 139 Abs. 2 StGB nennt ausdrücklich den Geistlichen und erkennt den Vorrang des Beichtgeheimnisses vor der Anzeigepflicht an. Unter eingeschränkten Voraussetzungen gewährt § 139 Abs. 3 StGB auch Rechtsanwälten, Strafverteidigern und Ärzten eine Straflosigkeit. Auffällig ist hier, daß § 139 StGB im wesentlichen die Personen privilegiert, die berechtigt sind, nach § 53 StPO das Zeugnis zu verweigern. Angehörige der Presse, die ebenfalls berechtigt sind, das Zeugnis zu verweigern, § 53 Abs. 1 Nr. 5 StPO, zählt § 139 StGB aber nicht zu dem privilegierten Personenkreis.

Warum der Gesetzgeber die Vertreter der Presse nicht mit in den Ausnahmetatbestand aufgenommen hat, ist nicht ohne weiteres zu verstehen. Auch der Journalist befindet sich in einer ähnlichen Konfliktsituation zwischen Geheimhaltung und Verbrechensverhütung, wenn er durch einen Informanten von dem Vorhaben eines Verbrechens erfährt. Ebenso wie der Geistliche und der Rechtsanwalt ist der Mitarbeiter der Presse berechtigt, das Zeugnis nach § 53 Abs. 1 Nr. 5 StPO zu verweigern. Welcher Unterschied zwischen dem Journalisten auf der einen Seite und dem Geistlichen, dem Rechtsanwalt, dem Verteidiger und dem Arzt auf der anderen Seite bestehen soll, ist zunächst nicht ersichtlich.

Die Situation bei § 138 StGB ist zwar grundsätzlich eine andere als bei der Ausübung des Zeugnisverweigerungsrechts. Bei letzterem ist Gegenstand eine bereits begangene Rechtsgutsverletzung, die nicht mehr verhindert werden kann. Bei der Nichtanzeige geplanter Straftaten steht die Rechtsgutsverletzung dagegen noch bevor. Auch dieser besonderen Situation hat der Gesetzgeber aber Rechnung getragen, indem er insbesondere an eine mögliche Straflosigkeit von Rechtsanwälten, Verteidigern oder Ärzten zusätzliche Voraussetzungen geknüpft hat: der Angehörige dieser Berufsgruppe muß sich ernsthaft bemüht haben, den Täter von der Tat abzuhalten oder den Erfolg abzuwenden. Und auch bei einem solchen Verhinderungsbemühen ist an eine Straflosigkeit nur zu denken, wenn keines der in § 139 Abs. 3 S. 1 letzter Halbsatz StGB genannten Delikte, wie z.B. ein Mord, geplant ist. Eine derartige Begrenzung hätte aber auch für die Presse vorgenommen werden können. Die Genauigkeit, mit der der Gesetzgeber hier vorgegangen ist und dennoch die Presse nicht mit aufgenommen hat, läßt zumindest nicht auf ein Redaktionsversehen schließen.

Dem Wortlaut des § 139 StGB ist ein Grund für die vorgenommene Begrenzung des Personenkreises nicht zu entnehmen. Auch die Entstehungsgeschichte der Norm bietet für eine Begrenzung des Anwendungsbereichs auf den genannten Personenkreis wenig Aufschluß. Die ursprüngliche Fassung des § 139 StGB nahm auf die Tatsache, daß bestimmte Personen Zeugnisverweigerungsrechte zustehen, weil sie aufgrund ihres Berufes Geheimhaltungspflichten haben, bei der Bestimmung des Täterkreises keinerlei Rücksicht. Der Konflikt zwischen Geheimhaltungs- und Anzeigepflicht wurde durch die Norm ausnahmslos zugunsten letzterer entschieden. Über eine

Aufnahme der Presse wurde bei der Schaffung des Privilegierungstatbestandes noch nicht einmal nachgedacht[176]. Auch bei weiteren Reformbemühungen hinsichtlich der §§ 138, 139 StGB wurde eine Einbeziehung der Presse nicht diskutiert.

Die Beschränkung der Privilegierung auf die genannten Personen wird bis heute ohne nähere Begründung hingenommen. So geht das *Bundesverfassungsgericht* nur am Rande auf die Presse ein und lehnt eine Erweiterung des Anwendungsbereichs des § 139 StGB auf Redakteure ohne Begründung ab[177]. Auch die Vertreter der Literatur zeigen sich in dieser Hinsicht geschlossen und sehen die Aufzählung in § 139 Abs. 3 S. 2 StGB als erschöpfend an[178].

Letztlich liegt der Grund für die abschließende Aufzählung in der Schutzrichtung der Regelung. § 139 StGB ist Ergebnis einer Abwägung zwischen dem Interesse an der Verhinderung von Straftaten und dem Schutz des Vertrauensverhältnisses zwischen einer der genannten Personen und dem potentiellen Täter. Die Verhinderung von Straftaten als Anliegen des § 138 StGB ist eine klar definierte Größe. Dagegen ist die Ausgestaltung des Vertrauensverhältnisses, das § 139 StGB schützen will, abhängig von dem Beruf der jeweiligen Vertrauensperson. Gemeinsam ist den in § 139 StGB genannten Personen aber, daß sie beratende Berufe ausüben. Wendet sich ein potentieller Täter an einen Geistlichen, kann er aufgrund des Beichtgeheimnisses darauf vertrauen, daß der Inhalt des Gesprächs geheim bleibt. Ebenso ist bei der Aufsuchung eines Rechtsanwalts oder Verteidigers die Motivation des Täters die Vertraulichkeit, mit der die Informationen, die er im Mandantengespräch preisgibt, behandelt werden. Der Ratsuchende kann hier auf die anwaltliche Schweigepflicht zählen. Gleiches gilt für das Gespräch zwischen einem Arzt und seinem Patienten. Auch hier sucht der Patient das Gespräch mit einer Vertrauensperson, weil er davon ausgehen darf, daß der Arzt an seine ärztliche Schweigepflicht gebunden ist. In allen Fällen wendet sich der zur Tat bereite Täter an einen Vertreter der beratenden Berufe, um Unterstützung zu erlangen. Mit seinem Hilfesuchen macht der potentielle Täter deutlich, daß er erkannt hat, daß er fachkundigen Rat benötigt, um möglicherweise die Tat zu verhindern. Ob derjenige, der sich an die Presse wendet, wirklich die Tat verhindern will, erscheint mehr als fraglich. Oftmals wird es dem potentiellen Täter nicht darum gehen, die Tat mit Hilfe der Presse zu verhindern. Sein Anliegen wird vielmehr die Wirkung in der Öffentlichkeit sein.

---

176 Vgl. 3. StRÄndG vom 4. August 1953 in der Fassung der Bekanntmachung vom 25. August 1953, BGBl. I, S. 736 und 1103.

177 *BVerfG* NJW 1966, 1603, 1614.

178 LK-*Hanack*, § 139 Rn. 25; SK-*Rudolphi*, § 139 StGB Rn. 11; Schönke/Schröder-*Cramer*, § 139 Rn. 3.

§ 139 Abs. 3 S. 2 StGB privilegiert die genannten Personen, weil sie aufgrund ihrer Fachkunde zumindest die Möglichkeit haben, auf den zur Tat Bereiten einzuwirken und so vielleicht die Tat zu verhindern. Wäre diese Möglichkeit nicht gegeben, wäre der Anreiz für den späteren Täter, sich einer der in § 139 Abs. 3 StGB genannten Personen anzuvertrauen, weitaus geringer und so die Möglichkeit, die Tat zu verhindern nicht in dem Maße gegeben. Mit dem Privileg des § 139 StGB eröffnet der Gesetzgeber eine Möglichkeit, die Durchführung der Tat zu verhindern. Diese Möglichkeit offen zu halten und für den potentiellen Täter einen Ausweg zu schaffen, steht angesichts der Schwere der Delikte, die die §§ 138, 139 StGB aufzählen, über dem Interesse des Staates an der Strafverfolgung der Vertrauenspersonen.

Auch bei dem Zeugnisverweigerungsrecht aus § 53 Abs. 1 StPO wird dieser Unterschied deutlich. § 53Abs. 1 Nr. 1-4 StPO bezweckt den Schutz des jeweiligen persönlichen Vertrauensverhältnisses der beratenden Berufe. Bei dem journalistischen Zeugnisverweigerungsrecht ist dagegen nicht in erster Linie das Vertrauensverhältnis zum Informanten schützenswert. Anliegen des § 53 Abs. 1 Nr. 5 StPO ist zunächst der Schutz der im öffentlichen Interesse liegenden Tätigkeit von Presse und Rundfunk, derMitwirkung bei der Bildung der öffentlichen Meinung. Das Verhältnis zu einem Informanten ist nur deshalb nach § 53 Abs. 1 Nr. 5 StPO schützenswert, weil die Presse auf Informationen angewiesen ist, um ihre öffentliche Aufgabe erfüllen zu können. § 53 Abs. 1 Nr. 5 StPO schützt also die Funktionsfähigkeit der Presse. Daß diese und nicht das persönliche Verhältnis zwischen Journalist und Informanten Schutz genießt, ergibt zudem die Tatsache, daß anders als bei den übrigen Rechten aus § 53 Abs. 1 StPO eine Entbindung von dem journalistischen Zeugnisverweigerungsrecht nicht möglich ist. Denn das Verweigerungsrecht besteht selbst dann, wenn der Informant die Aussage wünscht[179]. Und anders herum hat der Informant keinen Anspruch darauf, daß der Pressemitarbeiter von seinem Zeugnisverweigerungsrecht Gebrauch macht[180]. Er kann also nicht darauf vertrauen, daß der Inhalt des Gesprächs geheim bleibt, wie bei einem Mandanten- oder Patientengespräch.

Gegenstand des Vertrauensverhältnisses in § 53 Abs. 1 Nr. 5 StPO ist also in erster Linie der Schutz der öffentlichen Aufgabe der Presse. § 139 Abs. 3 StGB schützt dagegen das persönliche Verhältnis zwischen einer der genannten Vertrauenspersonen und dem potentiellen Täter, der nach Rat sucht. Die Beschränkung der Privilegierung auf den genannten Personenkreis ist sinnvoll. Eine Erweiterung des Anwendungsbereichs des § 139 StGB auf Pressevertreter ist nicht möglich.

---

179 *OLG Bremen*, JZ 1977, 444.
180 *BVerfG* NStZ 1982, 253.

III. Zusammenfassung

§ 138 StGB beschränkt den Journalisten in seiner Recherchefreiheit, wenn es um die Anzeige besonders schwerer Straftaten geht. Eine erweiternde Auslegung des § 139 StGB zugunsten der Pressemitarbeiter ist nicht möglich.

C. Der Exklusivvertrag als Belohnung oder Billigung von Straftaten gem. § 140 StGB

I. Ausgangssituation

Ist eine Straftat begangen, sind Hintergrund, Details des Geschehens und der Verlauf des Prozesses für die Öffentlichkeit von großem Interesse. Um die Umstände der begangenen Tat möglichst gewinnbringend vermarkten zu können, ist ein gängiges Mittel schon während der Recherche der Abschluß eines Exklusivvertrages mit dem potentiellen Täter. Die Presse macht sich also die begangene Tat in tatsächlicher Hinsicht zunutze, bezahlt dafür und zeigt so, daß die Straftat etwas wert ist. Für den unbeteiligten Dritten mutet dies wie eine Belohnung der Tat an.

§ 140 StGB sanktioniert das Belohnen und Billigen von Straftaten. Die Norm soll verhindern, daß durch die Verherrlichung der aufgezählten Straftaten die allgemeine Bereitschaft zur Begehung der in § 138 Abs. 1 Nr. 1 bis 5 StGB und § 126 Abs. 1 StGB genannten Delikte gefördert wird[181].

II. Der Abschluß eines Exklusivvertrages als Belohnen oder Billigen i.S.v. § 140 StGB

1. Belohnen

Das Gesetz versteht in § 140 StGB unter Belohnung die nachträgliche Gewährung irgendwelcher Vorteile für die begangene oder versuchte rechtswidrige Tat. In Betracht kommen materielle und immaterielle Vorteile[182]. Die Belohnung kann auch nur mittelbar zugewendet werden. Erforderlich ist jedoch das Einverständnis, daß die Zuwendung für die Tat selbst erfolgt.An einer Belohnung fehlt es dementsprechend, wenn nicht die Tat als solche vergütet wird, sondern für ihre literarische Darstellung ein Entgelt gezahlt wird[183]. Gerade letzteres wird aber der Inhalt eines Exklusivvertrages sein, so daß der Abschluß eines Exklusivvertrages keine Belohnung i.S.v. § 140 Nr. 1 StGB ist.

2. Billigen

Ob der Abschluß des Exklusivvertrages als friedensstörende Billigung von Straftaten anzusehen ist, erscheint ebenso zweifelhaft. Allein in dem Vertragsschluß

---

181 Vgl. LK-*Hanack*, § 140 Rn. 1.

182 allgemeine Ansicht, vgl. nur LK-*Hanack*, § 140 Rn. 11 mwN.

183 LK-*Hanack*, § 140 Rn. 12.

wird schwerlich die Zustimmung des Journalisten zur Begehung der Tat und das moralische Hinter-dem-Täter-stehen zu finden sein. Ebensowenig wird er unter normalen Umständen geeignet sein, den öffentlichen Frieden, d.h. die allgemeine Rechtssicherheit, zu stören, wie § 140 Abs. 1 Nr. 2 StGB es für ein Billigen von Straftaten voraussetzt.

D. Erweiterung des Aussagenotstands zugunsten der Presse?

Wird der Journalist zu den Ergebnissen seiner Recherche als Zeuge vor Gericht gehört, macht er sich gem. § 154 StGB bzw. § 153 StGB wegen Falschaussage strafbar, wenn er beeidet oder unbeeidet die Unwahrheit sagt. § 157 StGB sieht die Möglichkeit einer Strafmilderung oder des Absehens von Strafe vor, wenn der Zeuge die Unwahrheit sagt, um von sich oder einem Angehörigen die Gefahr einer Strafe oder Maßregel abzuwenden. Dies ist nach dem Wortlaut des § 157 StGB der einzig legitime Zweck für eine Milderung oder das Absehen von Strafe.

Gerade für den Journalisten kann es aber unter Umständen von Bedeutung sein, die Unwahrheit zu sagen, nicht etwa, um sich selbst oder einen Angehörigen zu schützen, sondern um einen Informanten oder eine sonstige Recherchequelle nicht preisgeben zu müssen. § 157 StGB sieht nur zum persönlichen Schutze vor der Gefahr von Strafen und Maßregeln und nicht auch zugunsten der Funktionsfähigkeit der Presse eine Strafmilderung vor. Zu denken wäre an eine Erweiterung des Aussagenotstands nach § 157 StGB zugunsten des Informantengeheimnisses. Ob dafür ein Bedürfnis besteht, ist aber fraglich. Ausreichenden Schutz erfährt das Rechtsgut „Presse" bereits durch das journalistische Zeugnisverweigerungsrecht des § 53 Abs. 1 Nr. 5 StPO und des § 383 Abs. 1 Nr. 5 ZPO. § 157 StGB ergänzt das journalistische Zeugnisverweigerungsrecht für den Bereich, in dem der Journalist durch seine Aussage sich selbst oder einen Angehörigen der Gefahr einer Strafe oder Maßregel aussetzen würde. Praktisch denkbar sind hier Fälle, in denen der Journalist sich nicht auf Belange der Presse berufen kann und auch im übrigen Schwierigkeiten hat, Weigerungsgründe glaubhaft zu machen, wie beispielsweise § 56 StPO es für § 55 StPO fordert. In einem solchen Fall erfährt auch der Journalist Schutz über § 157 StGB.

Eine Erweiterung des § 157 StGB zugunsten des Informantengeheimnisses ist nicht erforderlich.

E. Falsche Verdächtigung gem. § 164 StGB während einer Recherche

Nicht selten gelangt die Presse vor den staatlichen Strafverfolgungsbehörden in den Besitz von Material, das auf eine Straftat hindeutet. Macht die Presse dies den Verfolgungsbehörden zugänglich, kann es entweder zur Überführung des Täters dienen oder sich als falsch erweisen. Ist letzteres der Fall, kommt für den

Pressevertreter, der das Material weitergegeben hat, möglicherweise eine Strafbarkeit wegen falscher Verdächtigung nach § 164 StGB in Betracht.

Als Tathandlungen nennt § 164 StGB das Verdächtigen in Abs. 1 und das Aufstellen sonstiger Behauptungen tatsächlicher Art in Abs. 2. Welche Anforderungen an die Tathandlungen im einzelnen zu stellen sind[184], kann aber offen bleiben. Denn in subjektiver Hinsicht ist ein Handeln wider besseres Wissen erforderlich. Dieses ist nur dann gegeben, wenn der Täter sicher weiß, daß die Beschuldigung unwahr ist, und zwar im Zeitpunkt der Verdächtigung. Ob die Beschuldigung selbst oder die vorgebrachten Verdachtstatsachen unwahr sein müssen[185], kann ebenfalls offen bleiben. Ein Journalist, der sichere Kenntnis von der einen oder anderen Unwahrheit hat, wird nicht mit dem Gegenteil an die zuständigen Stellen herantreten. Zumindest aber wird ihm ein Handeln wider besseres Wissen schwerlich nachzuweisen sein.

Somit scheidet eine Strafbarkeit wegen falscher Verdächtigung nach § 164 StGB für den ermittelnden Journalisten im Normalfall letztlich aus.

F. Die Recherche als Mittel zur Beleidigung, §§ 185 ff. StGB

I. Beleidigung gem. § 185 StGB während der Recherche

Üblicherweise kommen die Beleidigungsdelikte für die Presse in Betracht, wenn Druckschriften veröffentlicht werden[186] oder in sonstiger Weise eine Veröffentlichung stattfindet. Schon das Sammeln von Informationen wird aber häufig von den Betroffenen als unangenehm empfunden. Denn allein die Tatsache, daß die Presse ein Interesse an einer Person zeigt, läßt in der einen oder anderen Situation Mutmaßungen über persönliche Verhältnisse des Betroffenen zu. Auch die Beleidigung scheint so auf den ersten Blick typisches Mittel der Recherchehandlung zu sein.

§ 185 StGB enthält in seinem Wortlaut lediglich die Formulierung „Beleidigung" als Tathandlung. Die Beleidigung wird überwiegend als Kundgabe eigener Nicht-, Gering- oder Mißachtung verstanden[187]. Mit dieser muß zum Ausdruck gebracht werden, daß dem Betroffenen der sittliche, personale oder soziale Geltungswert durch das Zuschreiben negativer Qualitäten ganz oder teilweise abgesprochen wird, ihm also seine Minderwertigkeit unter einem dieser Aspekte attestiert wird[188].

Für die Kundgabe ist deren Manifestation durch ein Verhalten mit einem entsprechenden Erklärungswert erforderlich. Gleichgültig ist dabei, ob es sich um

---

[184] Vgl. dazu LK-*Herdegen*, § 164 Rn. 5 ff., 21 ff.

[185] Vgl. dazu LK-*Herdegen*, § 164 Rn. 28 ff.

[186] Dann handelt es sich um ein Presseinhaltsdelikt, für das die kurze presserechtliche Verjährungsfrist gilt, *Löffler/Ricker*, 53. Kap. Rn. 6.

[187] *BGHSt* 1, 288, 289; 16, 58, 63; SK-*Rudolphi*, § 185 StGB Rn. 1.

[188] *BGHSt* 36, 145, 148 ff.; *Geppert* Jura 1983, 589.

Äußerungen durch Wort, Schrift, Bild, Gesten, symbolische Handlungen oder Tätlichkeiten handelt. Entscheidend ist vielmehr, daß die Mißachtung eines anderen zum Ausdruck gebracht wird. Dies ist nach dem objektiven Sinngehalt zu ermitteln. In Betracht kommt hier beispielsweise unbefugtes Fotografieren, also die Verletzung des Rechts am eigenen Bild und die Verletzung der Privat- und Intimssphäre. Ob mit diesen Handlungen während einer Recherche des Journalisten eine Beleidigung einhergeht, erscheint aber fraglich. Von der Rechtsprechung und dem Schrifttum wird dies überwiegend abgelehnt. § 185 StGB komme keine „lückenfüllende Aufgabe" für solche Fälle zu, in denen Achtunganspruche berührt werden, die ein anderes Rechtsgut zum Gegenstand haben als das der Ehre[189].

Ob jedoch das Recht am eigenen Bild und die Privat- und Intimssphäre von vornherein etwas gänzlich anderes meinen als die Ehre, ist nicht eindeutig. Entscheidend sind dafür die unterschiedlichen Ehrbegriffe. Mit dem rein faktischen Ehrbegriff wäre die Ehre nur das subjektive Ehrgefühl bzw. der gute Ruf in seiner realen Existenz[190]. Unter Zugrundelegung einer normativen Betrachtungsweise wäre dagegen Schutzobjekt der §§ 185 ff. StGB ausschließlich der auf die Personenwürde gegründete, einem Menschen berechtigterweise zustehende Geltungswert[191]. Weder die eine noch die andere Begriffsbestimmung können jede für sich allein dem Rechtsgut „Ehre" gerecht werden. Angezeigt ist vielmehr eine komplexe Betrachtungsweise in Form eines dualistischen Ehrbegriffs, der sowohl den inneren Wert eines Menschen als auch sein Ansehen in den Augen anderer umfaßt. Denn die Ehre kann nicht nur die innere Einstellung zu der eigenen Existenz und dem eigenen Ansehen sein. Ebensowenig vermag für den Begriff der Ehre allein der einem Menschen zustehende Geltungswert als Kriterium auszureichen. Mit der Annahme eines komplexen Rechtsguts wird der dualistische Ehrbegriff vielmehr dem in einer komplexen Welt existierenden Menschen gerecht, der eine wie auch immer ausgestaltete gesellschaftliche Stellung innehat und neben dieser Gefühle für sich beanspruchen kann, die von außen nicht ohne weiteres angegriffen werden können. Die §§ 185 ff. StGB schützen also sowohl den inneren Wert eines Menschen als auch dessen Ansehen in der Gesellschaft. Dazu gehören dann aber auch das Recht am eigenen Bild und die Privat- und Intimssphäre des Betroffenen.

Wenn auch diese Achtungsansprüche entgegen Rechtsprechung und Literatur kein gänzlich anderes Rechtsgut als das der Ehre haben, so kommt den §§ 185 ff. StGB gleichwohl keine Auffangfunktion zu, wenn Achtungsansprüche

---

189 *BGHSt* 16, 58, 63; *Arzt* JuS 1982, 717, 726; SK-*Rudolphi*, vor § 185 Rn. 16 ff.

190 LK-*Herdegen*, § 185 Rn. 6.

191 Noch weiter will *Lenckner* gehen, der als geschütztes Rechtsgut ein Anerkennungsverhältnis sieht, das Voraussetzung für die Existenz in der Gemeinschaft ist, Schönke/Schröder-*Lenckner*, Vorbem. § 185 Rn. 1.

betroffen sind, deren Schutz in besonderer Weise, wie beispielsweise das Recht am eigenen Bild, festgelegt ist. In einem solchen Fall wird zwar nicht etwas anderes berührt als die Ehre, aber eben nur ein besonderer Teil aus ihr, der im Vordergrund steht. Ist dieser spezielle Teil der Ehre bereits besonders geschützt, so kann den §§ 185 ff. StGB tatsächlich keine Bedeutung mehr zukommen. Lediglich wenn ein solcher besonderer Schutz nicht besteht, kommen die §§ 185 ff. StGB zur Anwendung.

Ist der Anwendungsbereich der Beleidigungsdelikte im Rahmen der journalistischen Recherche bezogen auf das Rechtsgut „Ehre" damit schon gering, bestehen für die Tauglichkeit der Recherche als Tathandlung des § 185 StGB noch weitergehende Bedenken. Zwar ist es unerheblich, auf welche Weise die Mißachtung des Betroffenen zum Ausdruck gebracht wird. Sie muß aber tatsächlich in irgendeiner objektiv erkennbaren Form geäußert werden[192]. Die Tätigkeit des recherchierenden Journalisten hat das Erlangen und Sammeln von Informationen zum Gegenstand. Das geschieht in der Regel ohne zugleich Informationen abzugeben. Es werden also lediglich Informationen festgehalten. Damit kann beispielsweise die Vertraulichkeit des Wortes nach § 201 StGB verletzt werden, eine Kundgabe von Informationen liegt aber zum Zeitpunkt der Recherche noch nicht vor. Ebensowenig vermag das Fotografieren eines anderen ohne weiteres als Angriff auf die Ehre eingestuft werden. Dem Journalisten kommt es auch hier nur auf die Fixierung bildlicher Informationen an[193], so daß es ebenfalls am subjektiven Tatbestand der Beleidigung mangelt.

Eine Strafbarkeit des Journalisten wegen § 185 StGB allein durch das Sammeln von Informationen scheidet also unter normalen Rechercheumständen aus.

II. Die Recherche als üble Nachrede oder Verleumdung

Auch die üble Nachrede ist ebenso wie die Verleumdung eher durch die Veröffentlichung möglich. Denn sowohl § 186 StGB als auch § 187 StGB haben als Tathandlungen das Behaupten und Verbreiten von Tatsachen. Für ein Behaupten ist erforderlich, daß der Journalist während seiner Ermittlungen etwas als nach seiner eigenen Überzeugung geschehen oder vorhanden hinstellt[194]. Das Verbreiten bedeutet die Mitteilung einer ehrenrührigen Tatsache als Gegenstand fremden Wissens und fremder Überzeugung durch Weitergabe Tatsachenbehauptungen anderer, die sich der Täter nicht selbst zu eigen macht und für deren Richtigkeit er daher auch nicht eintritt[195]. Auch die §§ 186, 187 StGB setzen demnach eine Informationsweitergabe voraus. Das ist aber nicht Gegenstand der Recherche, bei der es nur um die Erlangung und allenfalls noch um die Verarbeitung von Informationen geht.

---

192 Vgl. schon *Kern*, Die Äußerungsdelikte, 1919, S. 2 f.

193 In diesem Punkte ebenso *Rogall* NStZ 1981, 102.

194 Schönke/Schröder-*Lenckner*, § 186 Rn. 7.

195 Schönke/Schröder-*Lenckner*, § 186 Rn. 8.

Gleiches gilt für die üble Nachrede und Verleumdung gegen Personen des öffentlichen Lebens nach § 187 a StGB. Auch hier ist eine Abgabe von Informationen erforderlich. Das Sammeln allein vermag nicht zu genügen.

III. Verunglimpfung des Andenkens Verstorbener gem. § 189 StGB durch die Recherche

§ 189 StGB knüpft mit der Formulierung Verunglimpfung an die §§ 185, 186 und 187 StGB an. Eine Verunglimpfung kann durch eine Beleidigung, üble Nachrede oder Verleumdung erfolgen, setzt aber daneben noch eine besonders schwere Ehrkränkung voraus. Zwar kann sich die Ehrkränkung hier auch aus Tätlichkeiten, nämlich am Leichnam ergeben, so daß eine Informationsabgabe im obigen Sinne nicht erforderlich ist. Daneben ist aber auch in subjektiver Hinsicht Vorsatz bezüglich einer besonders schweren Ehrkränkung erforderlich. Ein solcher wird bei dem recherchierenden Journalisten entweder nicht vorliegen oder aber schwerlich nachzuweisen sein.

IV. Zusammenfassung

Festzuhalten bleibt, daß eine Strafbarkeit wegen Beleidigung oder Verleumdung, anders als bei der Veröffentlichung von Informationen, während der Recherche unter normalen Umständen ausscheidet, wenn der Journalist sich auf das Sammeln von Informationen beschränkt.

G. Die Verletzung der Vertraulichkeit des Wortes während der Recherche, § 201 StGB

I. Gegenstand der Recherche bei § 201 StGB

Die §§ 201 ff. StGB tragen der gesteigerten Sensibilität und dem Schutz der Privat- und Intimssphäre des Einzelnen in einer hochtechnisierten Gesellschaft Rechnung. Sie sollen den Einzelnen nicht nur vor dem Staat schützen, sondern gelten gegenüber der Gemeinschaft insgesamt, und damit auch gegenüber der Presse. Typischerweise kann der Lebens- und Geheimbereich des Einzelnen gerade bei journalistischen Ermittlungen betroffen sein.

§ 201 StGB schützt die Vertraulichkeit des Wortes. Gegenstand der journalistischen Recherche ist zumeist das gesprochene Wort. Dieses erfaßt der Journalist und verarbeitet es zu einem Presseprodukt. Um den Sprechenden nicht bei seiner Äußerung zu beeinflussen und so die Information möglichst unverfälscht zu erhalten, ist es zuweilen „erforderlich", die Informationen heimlich zu sammeln, also ein Gespräch zu belauschen. Gegenstand der vier in § 201 StGB enthaltenen Tatbestände ist immer das nichtöffentlich gesprochene Wort.

Das gesprochene Wort ist die in Lautgestalten der Sprache geäußerte Gedankenerklärung[196]. Andere Laute, musikalische Darbietungen nichtverbaler Art,

---

196 SK-*Samson*, § 201 a.F. Rn. 4.

Gesten und Filmaufnahmen sowie Fotografien gelten nicht als gesprochenes Wort i.S.v. § 201 StGB[197]. Dagegen werden auch Telefongespräche grundsätzlich durch § 201 StGB geschützt[198].

Häufig richtet sich das journalistische Interesse auf Aussagen, die nicht eine eigene Gedankenerklärung des Sprechers beinhalten, sondern nur eine fremde Erklärung sprachlich wiedergeben. Denkbar sind Fälle, in denen der Journalist ein Gespräch belauscht, das nur die Erklärung eines nicht anwesenden Dritten zum Gegenstand hat. Während *Tröndle* und *Lackner* den Anwendungsbereich des § 201 StGB auf eigene Gedankenerklärungen beschränken wollen[199], gewährt *Lenckner* auch bei der Wiedergabe fremder Erklärungen den Schutz des § 201 StGB[200]. Differenzierend verfährt dagegen *Samson*, der § 201 StGB zur Anwendung kommen läßt, wenn die wiedergegebene fremde Äußerung Teil oder Gegenstand einer eigenen Äußerung des Sprechenden ist[201]. Ob letzteres der Fall ist, wird objektiv zumeist nicht leicht zu bestimmen sein. Damit wäre aber letztlich die Strafbarkeit vom Willen des Sprechenden abhängig. Das kann vom Gesetzgeber angesichts des Bestimmtheitsgebots des Art. 103 Abs. 2 GG mit den §§ 201 ff. StGB nicht gewollt sein. Eine derart differenzierte Betrachtung, wie *Samson* sie anstellt, ist demnach abzulehnen. Auf dieselben Abgrenzungsschwierigkeiten stoßen *Tröndle* und *Lenckner*, wenn sie ermitteln wollen, ob die Erklärung des Sprechenden eine eigene oder fremde ist, da auch dies häufig ausschließlich von dem Willen des Sprechenden abhängig ist.

Rechtssicherheit besteht nur, wenn man mit *Lenckner* einen umfassenden Schutz des gesprochenen Wortes gewährt. Ob es sich um eine eigene oder fremde Gedankenerklärung handelt, muß unerheblich sein, § 201 StGB schützt beide.

Der Journalist gerät nur dann in Berührung mit § 201 StGB, wenn sich seine Recherche auf das nichtöffentlich gesprochene Wort bezieht. Nichtöffentlich ist ein Wort, wenn dessen Äußerung nicht für einen größeren, nach Zahl und Individualität unbestimmten oder nicht durch persönliche oder sachliche Beziehungen miteinander verbundenen Personenkreis bestimmt oder unmittelbar verstehbar ist[202]. Neben dem Willen des Sprechers ist für die Frage der Nichtöffentlichkeit auch die Eigenart der Unterredung von Bedeutung. Dementsprechend sind Äußerungen, die faktisch ohne große Anstrengung mitgehört werden können, selbst dann nicht geschützt, wenn sie nach dem Willen des Sprechers eigentlich

---

197 SK-*Samson*, § 201 a.F. Rn. 4.
198 AA *Kohlhaas* NJW 1972, 238.
199 *Tröndle/Fischer*, § 201 Rn. 2; *Lackner/Kühl*, § 201 Anm. 2.
200 Schönke/Schröder-*Lenckner*, § 201 Rn. 5.
201 SK-*Samson*, § 201 a.F. Rn. 4; *Schmitz* JA 1995, 118, 118.
202 Schönke/Schröder-*Lenckner*, § 201 Rn. 6.

nicht an die Öffentlichkeit gerichtet sind[203]. So verneinte das *OLG Celle* die Nichtöffentlichkeit des gesprochenen Wortes in einem Gerichtssaal, in dem sich außer den eigentlichen Gesprächsteilnehmern noch weitere Personen befanden und darüber hinaus „möglicherweise“ die Tür des Saales offen stand, so daß auch Personen auf dem Gang vor der offenen Tür das Gespräch vielleicht gehört haben. Aus diesen Umständen schloß der Senat, daß auch andere Personen, die in keinerlei Beziehung zu den Gesprächsteilnehmern standen, möglicherweise die Unterhaltung ohne besonders Bemühen mithören konnten[204]. Für den recherchierenden Journalisten, der auf diese Weise mehr oder minder zufällig Kenntnis vom Inhalt des Gesprächs nimmt, bedeutet dies, daß er mangels Nichtöffentlichkeit jedenfalls für diesen Fall nicht mit der Strafvorschrift des § 201 StGB in Berührung gerät.

Anders zu beurteilen wäre das „Lauschen“ des Reporters jedoch, wenn das Gespräch in einem auf den Teilnehmer- oder Zuhörerkreis begrenzten Bereich stattfindet. Haben die Veranstalter beispielsweise besondere Vorkehrungen durch Einlaßkontrollen getroffen und schleicht sich ein Journalist an dieser Kontrolle vorbei in den Raum, handelt es sich nach wie vor um ein nichtöffentlich gesprochenes Wort, selbst wenn der Journalist es später veröffentlicht[205].

Von besonderem Interesse ist für den Journalisten der Polizeifunk. Mit diesem ist es dem Reporter möglich, sogar vor der Polizei am Ort des Geschehens zu recherchieren. Bei dem Polizeifunk handelt es sich zwar um einen nichtöffentlichen Funkverkehr. Da die Sonderfrequenzen aber von jedermann mit Hilfe eines entsprechenden Gerätes abgehört werden können, wird dort öffentlich gesprochen[206]. Der Schutz des § 201 StGB greift nach allgemeiner Ansicht nicht. Dennoch gerät der Journalist in den strafrechtlichen Bereich, wenn er den Polizeifunk abhört. §§ 86 und 95 TKG verbieten das Abhören von Nachrichten, die für die Funkanlage nicht bestimmt sind[207].

II. Die unterschiedlichen Tathandlungen des § 201 StGB

1. Aufnehmen i.S.v. § 201 Abs. 1 Nr. 1 StGB

§ 201 StGB enthält insgesamt vier Tatbestände, die das nichtöffentlich gesprochene Wort vor unterschiedlichen Tathandlungen und -modalitäten schützen.

Von Bedeutung für die journalistische Recherche ist zunächst das Aufnehmen des nichtöffentlich gesprochenen Wortes nach § 201 Abs. 1 Nr. 1 StGB. Der Tatbestand fordert, daß der Reporter das nichtöffentlich gesprochene Wort auf

203 *OLG Celle*, MDR 1977, 596. 597; vgl. auch *Löffler/Ricker*, 54. Kap. Rn. 7.

204 *OLG Celle*, MDR 1977, 596, 597.

205 Vgl. *Schmitz* JA 1995, 118, 118.

206 Schönke/Schröder-*Lenckner*, § 201 Rn. 9; *Schmitz* JA 1995, 118, 118.

207 Vgl. dazu die Ausführungen von *Baumeister* ZUM 2000, 114 ff.

einen Tonträger aufgenommen hat. Ein Tonträger ist jede Vorrichtung, die die wiederholte Wiedergabe von Lautäußerungen ermöglicht, unabhängig davon, auf welche Weise die Fixierung erfolgt[208]. Die Aufnahme ist die Fixierung des gesprochenen Wortes auf einem Tonträger mit der Folge der Reproduzierbarkeit[209].

Lenckner und *Samson* und mit ihnen ein großer Teil der Literatur nehmen an, daß nur die im Augenblick des Sprechens gemachte Aufnahme für den Tatbestand genüge[210]. Dagegen befürwortet *Tröndle* einen weiten Anwendungsbereich des § 201 Abs. 1 Nr. 1 StGB und will auch das Kopieren einer bereits vorhandenen Aufnahme in den Tatbestand mit einbeziehen[211]. Einer derart weiten Auslegung ist der Tatbestand des § 201 Abs. 1 Nr. 1 StGB nicht zugänglich. Das ergibt schon ein Vergleich mit § 201 Abs. 1 Nr. 2 StGB. § 201 Abs. 1 Nr. 1 StGB bezieht sich seinem Wortlaut nach auf das „gesprochene" Wort. Eine derartige Formulierung bietet § 201 Abs. 1 Nr. 2 StGB nicht. Damit wird klargestellt, daß nur die im Augenblick des Sprechens gefertigte Aufnahme die Vertraulichkeit des Wortes verletzen kann. Die Aufnahme eines bereits auf einem Tonträger fixierten Wortes ist dagegen nur die anschließende Verwertung der erst durch eine Handlung nach Nr. 1 erlangten Aufnahme. Eine solche mittelbare Aufnahme ist bereits in Nr. 2 mit dem Hinweis auf eine „so hergestellte" Aufnahme geregelt. Einer Ausdehnung der Nr. 1 auf Aufnahmen über den Augenblick des Sprechens hinaus bedarf es daher nicht.

Kopiert der Journalist eine bereits vorhandene Aufnahme, berührt das also jedenfalls nicht den Tatbestand des § 201 Abs. 1 Nr. 1 StGB.

2. Gebrauchen oder Zugänglichmachen einer so hergestellten Aufnahme, § 201 Abs. 1 Nr. 2 StGB

a. Die „so hergestellte Aufnahme"

Anders liegt der Fall, wenn der Journalist in den Besitz einer Aufnahme nach Nr. 1 gelangt und sie gebraucht oder einem Dritten zugänglich macht. Dadurch kann er in den strafrechtlichen Bereich des § 201 Abs. 1 Nr. 2 StGB gelangen.

Gegenstand des § 201 Abs. 1 Nr. 2 StGB ist eine „so" hergestellte Aufnahme. Die Norm nimmt damit Bezug auf § 201 Abs. 1 Nr. 1 StGB. Offen bleibt mit dieser Formulierung, ob nur der Wortlaut der Nr. 1 gemeint ist oder auch das vorangestellte Merkmal „unbefugt" mit einbezogen werden muß. Von Bedeutung ist dies für die journalistische Recherche, weil der ermittelnde Reporter unter Umständen allein durch ein unbefugtes Verwenden in den strafrechtlichen Bereich des § 201 Abs. 1 Nr.1 StGB gelangt. Muß dagegen auch

208 SK-*Samson*, § 201 a.F. Rn. 7.
209 *Lackner/Kühl*, § 201 Rn. 3 a.
210 Schönke/Schröder-*Lenckner*, § 201 Rn. 12; SK-*Samson*, § 201 Rn. 7.
211 *Tröndle/Fischer*, § 201 Rn. 2.

schon die Herstellung der verwendeten Aufnahme unbefugt erfolgt sein, scheidet eine Strafbarkeit allein durch ein unbefugtes Verwenden einer befugt hergestellten Aufnahme jedenfalls nach § 201 Abs. 1 Nr. 1 StGB aus. *Tröndle, Kramer* und *Otto* wenden das Merkmal „unbefugt" pauschal sowohl auf das Herstellen als auch auf die weitere Verwendung der Aufnahme an, mit der Konsequenz, daß bei einer gerechtfertigten Aufnahme der Tatbestand des § 201 Abs. 1 Nr. 2 StGB nicht erfüllt ist, selbst wenn die weitere Verwendung rechtswidrig ist[212]. Eben dagegen wendet sich *Lenckner*. Er mißt dem Merkmal „unbefugt" gleichfalls eine Doppelfunktion bei, jedoch mit abweichendem Inhalt: für das Herstellen der Aufnahme bedeute es lediglich, daß dies ohne Wissen des Betroffenen geschehen sein müsse, ein „unbefugtes" Herstellen, das ein allgemeines Deliktsmerkmal der Rechtswidrigkeit darstelle, sei nicht erforderlich. Ob das „Gebrauchen" i.S.v. § 201 Abs. 1 Nr. 2 StGB unbefugt sei, unterfalle dagegen einer allgemeinen Rechtswidrigkeitsprüfung[213]. Noch weiter als *Lenckner* geht *Rudolphi*. Er wendet sich gänzlich gegen eine Beschränkung des Tatbestandes durch das Merkmal unbefugt und wendet es auf die „so hergestellte Aufnahme" nicht an[214]. Auch eine befugt hergestellte Aufnahme kann danach Gegenstand des § 201 Abs. 1 Nr. 2 StGB sein und so zur Strafbarkeit des Journalisten führen.

Sowohl *Lenckner* als auch *Rudolphi* erstreben mit ihren Lösungen einen umfassenden strafrechtlichen Schutz der Persönlichkeit[215]. *Lenckner* weist insbesondere darauf hin, daß es ein „Unding" wäre, wenn ein heimlich aufgenommenes Gespräch in der Stammtischrunde deshalb straffrei vorgespielt werden dürfte, weil das Herstellen der Aufnahme ausnahmsweise gerechtfertigt und so nicht mehr unbefugt war[216].

Ob eine Ausweitung des strafrechtlichen Schutzes zugunsten des Persönlichkeitsrechts im Falle des § 201 Abs. 1 Nr. 2 StGB tatsächlich angezeigt ist, erscheint zweifelhaft. Schon der Wortlaut der Vorschrift weist in eine andere Richtung. Mit einer „so hergestellten Aufnahme" wird es sich kaum um einen Hinweis auf das nichtöffentlich gesprochene Wort handeln. Damit wird nur der Gegenstand der Aufnahme beschrieben und nicht, wie mit der Formulierung „so" deutlich wird, die Art und Weise der Aufnahme. Diese findet sich dagegen in dem Merkmal „unbefugt" wieder.

Auch die Entstehungsgeschichte der Norm weist auf das Erfordernis einer schon unbefugt hergestellten Aufnahme hin. Denn der Bericht der Strafrechtskommission ergibt, daß die Formulierung „so hergestellte Aufnahme" bewußt

212 *Tröndle/Fischer*, § 201 Rn. 4; *Kramer* NJW 1990, 1762; *Otto*, S. 123; KG JR 1981, 255.

213 *Lenckner*, Baumann-Festschrift, S. 146 ff.

214 *Rudolphi*, Schaffstein-Festschrift, S. 447; *Suppert*, S. 209 ff. mwN.

215 *Rudolphi*, Schaffstein-Festschrift, S. 447.

216 *Lenckner*, Baumann-Festschrift, S. 146.

gewählt worden war, um den Tatbestand auf den Gebrauch unbefugt hergestellter Aufnahmen zu begrenzen[217].

Die von *Lenckner* und *Rudolphi* befürchteten Strafbarkeitslücken sind ebenfalls nicht vorhanden. Derjenige, der seine Äußerung selbst perpetuiert oder ihre Perpetuierung gestattet, nimmt die Gefahr hin, daß er die Reichweite seiner Äußerung nicht mehr kontrollieren kann. Schutz verdient der Sprechende hier nur, wenn schon die Aufnahme unbefugt hergestellt wurde.

§ 201 Abs. 1 Nr. 2 StGB hat damit nur eine unbefugt hergestellte Aufnahme zum Gegenstand. Bedient sich der Journalist einer Aufnahme, die berechtigterweise hergestellt wurde, gelangt er nicht in den strafrechtlich relevanten Bereich des § 201 Abs. 1 Nr. 2 StGB.

b. Das Gebrauchen und einem Dritten Zugänglichmachen

Ist der Journalist in den Besitz einer Aufnahme im obigen Sinne gelangt, so wird er zunächst den Inhalt der Aufnahme zur Kenntnis nehmen, um den Tonträger dann für eigene Zwecke zu nutzen oder an Dritte weiterzugeben. Für beide Möglichkeiten sieht § 201 Abs. 1 Nr. 2 StGB entsprechende tatbestandliche Handlungen vor: das Gebrauchen und einem Dritten Zugänglichmachen.

Gebraucht wird die Aufnahme, wenn ihr Inhalt zur Kenntnis genommen wird[218]. Ausreichend ist deshalb schon eine Kopie der Aufnahme[219]. Das Kopieren allein kann jedoch kein Gebrauchen i.S.v. § 201 Abs. 1 Nr. 2 StGB begründen. Mit *Samson*[220] ist auch hier eine Kenntnisnahme zu fordern. Wenn *Lenckner*[221] auf diese zusätzliche Voraussetzung verzichtet und schon das Kopieren selbst für ein Gebrauchen ausreichen läßt, verkennt er das dem § 201 StGB immanente System ebenso wie den Sinn und Zweck der Regelung. Schon der Vergleich beider Alternativen des § 201 Abs. 1 Nr. 2 StGB gebietet eine restriktive Auslegung. § 201 Abs. 1 Nr. 2, 2. Alt. StGB verlangt ein Zugänglichmachen gegenüber Dritten, d.h. der Dritte muß nur die Möglichkeit der Kenntnisnahme haben[222]. Bei dem Gebrauchen im Sinne der 1. Alternative ist zwar nicht die Möglichkeit der Kenntnisnahme durch einen Dritten erforderlich. Die gesetzliche Gleichstellung mit dem Zugänglichmachen gegenüber einem Dritten macht aber nur Sinn, wenn der Gebrauchende Kenntnis erlangt. Denn mit § 201 StGB ist die Vertraulichkeit des Wortes geschützt. Wenn nicht das Wort selbst zur Kenntnis gelangt, sondern nur der Träger, auf dem sich das Wort befindet, vervielfältigt wird, stellt dies noch keine Verletzung der Vertraulichkeit des Wortes dar. Berührt ist das geschützte Rechtsgut

---

217 Niederschriften über die Sitzungen der Großen Strafrechtskommission, Bd. 9, S. 403.

218 SK-*Samson*, § 201 a.F. Rn. 12.

219 Vgl. SK-*Samson*, § 201 a.F. Rn. 12.

220 SK-*Samson*, § 201 a.F. Rn. 12.

221 Schönke/Schröder-*Lenckner*, § 201 Rn. 19.

222 SK-*Samson*, § 201 a.F. Rn. 13; Schönke/Schröder-*Lenckner*, § 201 Rn. 17.

vielmehr erst, wenn es selbst zur Kenntnis eines anderen gelangt, für den es nicht bestimmt gewesen ist.

Der Journalist muß also selbst von der Aufnahme Kenntnis nehmen, ein Kopieren allein reicht nicht aus, um ein Gebrauchen i.S.v. § 201 Abs. 1 Nr. 2 StGB bejahen zu können.

3. Abhören des nichtöffentlichen Wortes, § 201 Abs. 2 Nr. 1 StGB

a. Die Recherche mittels Abhörgerät

In vielen Fällen wird der Journalist die gewünschte Information nicht sogleich auf einem Tonträger präsentiert bekommen. Er ist vielmehr darauf angewiesen, selbst zu recherchieren und nimmt so nicht selten selbst und unmittelbar das gesprochene Wort wahr. Setzt er zur Kenntnisnahme des Wortes Hilfsgeräte ein, gerät der Journalist in Konflikt mit § 201 Abs. 2 Nr. 1 StGB[223], der das Abhören des nicht zur Kenntnis des Abhörenden bestimmten Wortes mit einem Abhörgerät unter Strafe stellt.

Abhören ist zum einen das unmittelbare Zuhören durch den Täter selbst oder das unmittelbare Hörbarmachen für andere, zum anderen aber auch das Koppeln eines Abhörgeräts mit einer Aufnahmevorrichtung[224].

Wegen des umfassenden Schutzes, den § 201 StGB gewähren will, ist das Abhören zudem nicht auf eine heimliche Handlung beschränkt[225].

Tatmittel ist ein Abhörgerät. Gemeint ist damit jede technische Vorrichtung, die das gesprochene Wort über dessen normalen Klangbereich hinaus durch Verstärkung oder Übertragung unmittelbar wahrnehmbar macht[226]. Beispiele sind Richtmikrophone und drahtlose Kleinstsender.

b. Recherchen mit Zusatzgeräten der Post

Besondere Bedeutung erlangen als Hilfsmittel während der Recherche auch die von der Post angebotenen Zusatzeinrichtungen, die das Mithören von Telefongesprächen ermöglichen, wie Lautsprecher und Zweitgeräte. Auch diese sind Abhörgeräte im Sinne von § 201 Abs. 2 Nr. 1 StGB, denn es macht keinen Unterschied, ob das Abhörgerät verboten ist oder nicht[227].

Die Rechtsprechung hat dagegen angeführt, im Geschäftsleben seien Mithöranlagen üblich geworden und auch bei privaten Telefonanschlüssen müsse mit ihrem Vorhandensein und ihrer Benutzung gerechnet werden, so daß die von der Post angebotenen Geräte nicht unter den Begriff der Abhörgeräte im Sinne des

---

223 Soweit es um § 201 Abs. 2 Nr. 2 StGB geht, kann dieser Tatbestand nicht mehr Gegenstand der Betrachtung sein, da es sich um bei der öffentlichen Mitteilung um ein erst aus der Recherche resultierendes Medienprodukt handelt.

224 Schönke/Schröder-*Lenckner*, § 201 Rn. 20.

225 *Wente*, S. 76 mwN; a. A. Schönke/Schröder-*Lenckner*, § 201 Rn. 20.

226 Vgl. E 1962, BT-Drs. IV/650, S. 332.

227 So auch *Wente*, S. 76.

§ 201 Abs. 2 Nr. 1 StGB fallen würden[228]. Ist schon auf den ersten Blick fraglich, welche Kriterien zur Bestimmung des Begriffs der „sozialüblichen Gepflogenheiten" herangezogen werden können, so wird die Konturenlosigkeit des Begriffs durch die Rechtsprechung selbst besonders deutlich. Denn selbst wenn im Geschäftsleben Mithöranlagen vorhanden sein mögen, ist deren tatsächliche Nutzung schon zweifelhaft. Hier von einer üblichen Handlungsweise zu sprechen, die ein „Lauschen" zulässig machen, erscheint aber mehr als fraglich. Für den privaten Bereich gar annehmen zu wollen, daß mit dem Vorhandensein und der Benutzung von Zusatzgeräten zu rechnen sei, entbehrt einer empirischen Grundlage. Daß Zusatzgeräte auf dem Markt angeboten werden, bedeutet noch nicht, daß sie auch bei jedem Telefonanschluß vorhanden sind und jeder mit ihrem Einsatz rechnen muß. Selbst wenn aber die tatsächlichen Voraussetzungen als zutreffend unterstellt werden können, läßt sich daraus kein Verzicht auf den strafrechtlichen Schutz des § 201 Abs. 2 Nr. 1 StGB ableiten. Der Schutz der Art. 2 Abs. 1 iVm Art. 1 Abs. 1 GG, den letztlich § 201 StGB verkörpert, kann nicht durch die bloße Kenntnis[229] von der Mithörmöglichkeit oder das Kennenmüssen beseitigt werden.

Der *BGH* selbst läßt offen, ob eine Verletzung des Persönlichkeitsrechts auch dann zu verneinen wäre, wenn das Verhalten des Anrufenden bewußt und aktiv auf Täuschung des Gesprächspartners angelegt ist, wenn etwa der Inhalt des Gesprächs vertraulichen Charakter hat oder wenn der Gesprächspartner ausdrücklich erklärt, er lege Wert auf Vertraulichkeit, obwohl das Gespräch vom Inhalt her nicht als vertraulich erkennbar ist[230]. Daß der strafrechtliche Schutz der Vertraulichkeit des Wortes in § 201 Abs. 2 Nr. 1 StGB derart beschränkt ist und eine aktive Mitwirkung des Betroffenen durch ausdrücklichen Hinweis auf die Vertraulichkeit erfordert, läßt der Wortlaut der Norm nicht erkennen. Auch die Entstehungsgeschichte unterstützt eine solche Sichtweise nicht. Der E 1962 hatte zur Beschränkung des Anwendungsbereichs der Vorschriften zum Schutze der Vertraulichkeit des Wortes folgenden § 183 Abs. 3 vorgesehen: „Die Absätze 1 und 2 sind nicht auf Handlungen anzuwenden, die nach verständiger Auffassung, namentlich im Hinblick auf die Beweggründe und Ziele des Täters und die zwischen diesem und dem anderen bestehenden Beziehungen, hinzunehmen sind." Ähnliche Einschränkungen brachte u.a. *Gallas* bei den Sitzungen der Großen Strafrechtskommission in die Diskussion ein[231]. Keine der diskutierten Einschränkungen hat der Gesetzgeber realisiert. Daraus läßt sich schließen, daß auch der Gesetzgeber einen möglichst umfassenden Schutz des Persönlichkeitsrechts angestrebt hat und eine enge Auslegung des Merkmals

228 *BGH* NJW 1982, 1397, 1398.
229 *BVerfG* NJW 1992, 815.
230 *BGH* NJW 1982, 1397, 1398.
231 Niederschriften über die Sitzungen der Großen Strafrechtskommission, Bd. 9, S. 157.

„Abhörgerät“, wie sie der *BGH* vorgenommen hat, diesem Anliegen widerspricht[232].

Eine Preisgabe der Interessen und damit ein Verzicht auf den strafrechtlichen Schutz läßt sich auch nicht mit der Benutzung des Telefons an sich begründen. Wenn *Helle* meint, derjenige, der ein Telefon benutze, überschreite durch die Inanspruchnahme technischer Mittel bereits selbst die natürlichen Grenzen, die der räumlichen Wirkung seiner Stimme gezogen sind und habe üblicherweise damit verbundene zusätzliche Überschreitungen der Stimmbegrenzung in Kauf zu nehmen[233], so kann dies den Tatbestand des § 201 Abs. 2 Nr. 1 StGB nicht ausschließen. Auch *Helle* bedient sich mit den „üblicherweise“ damit verbundenen zusätzlichen Überschreitungen eines Begriffs, der ebenso wie der der „sozialüblichen Gepflogenheiten“ konturenlos ist und Deutungen in alle Richtungen zuläßt. Dies läuft den Bestimmtheitsgeboten aus Art. 103 Abs. 2 GG und § 1 StGB zuwider. Der von *Helle* bemühte Entwurf des durch § 201 Abs. 2 Nr. 1 StGB geschützten Rechtsguts und die daraus gezogen Konsequenzen für den Anwendungsbereich des § 201 Abs. 2 Nr. 1 StGB werden dem Anliegen der Norm allenfalls unvollständig gerecht. Eine Beschränkung des Schutzes auf den von der Natur vorgegebenen räumlich-gegenständlichen Bereich[234] würde dazu führen, daß § 201 Abs. 2 Nr. 1 StGB allenfalls im Zeitalter vor der allgemeinen Verbreitung technischer Kommunikationsmittel Bedeutung gehabt hätte.

Auch der Wortlaut der Norm läßt eine derartige Beschränkung nicht zu. Die Vorschrift ist vielmehr darauf angelegt, technischen Entwicklungen Stand zu halten und fortschreitenden Schutz zu gewähren. Die Vorschrift des § 201 StGB richtet sich vor allem gegen die besondere Gefährlichkeit der modernen Abhörtechnik, der die Privatsphäre des Einzelnen ausgeliefert ist[235]. Die immer weitere Verbreitung technischer Mittel kann nicht dazu führen, daß das Persönlichkeitsrecht auf der Strecke bleibt, zumal wenn sich der Sprechende eines Kommunikationsmittels wie des Telefons bedient, das aus den alltäglichen Kommunikationsvorgängen nicht mehr wegzudenken ist. Jede technische Neuerung, die auf dem Markt allgemein angeboten wird, würde aus dem Anwendungsbereich der Norm herausfallen, selbst wenn damit ein noch leichteres Abhören möglich werden würde. § 201 Abs. 2 Nr. 1 StGB ist gerade darauf angelegt, umfassenden Schutz zu gewährleisten. Wenn *Helle* meint, daß der Betroffene durch Benutzung technischer Mittel selbst den vertraulichen Bereich verläßt und damit auf einen Schutz der Geheimnisvorschriften

---

232 Ähnlich für den Fall des Aufnehmens im Sinne von § 201 Abs. 1 Nr. 1 *Klug*, Sarstedt-Festschrift, S. 101, 115.

233 *Helle*, S. 271, 240; so auch *Sternberg-Lieben* Jura 1995, 299, 303.

234 so aber *Helle*, S. 271, 240.

235 LAG Berlin, JZ 1982, 258.

verzichtet[236], so entfällt dadurch weder das Merkmal „Abhörgerät" bei von der Post angebotenen Zusatzgeräten noch entfällt die Heimlichkeit des Abhörens. In diesem Verzicht kann allenfalls ein Hinweis auf ein Indiz für eine konkludente Einwilligung gesehen werden[237].

Bedient sich der Journalist während seiner Recherche eines von der Post zugelassenen Zusatzgerätes, das das Mithören eines Telefongesprächs ermöglicht, kann sein Verhalten somit ein Abhören im Sinne von § 201 Abs. 2 Nr. 1 StGB darstellen.

III. Die Rechtswidrigkeit der Verletzung des persönlichen Lebens- und Geheimbereiches

1. Einwilligung

Die Rechtswidrigkeit der Handlungen aus § 201 Abs. 1 –3 StGB ist besonders gekennzeichnet durch das Merkmal „unbefugt". Dabei handelt es sich nach allgemeiner Auffassung um ein allgemeines Deliktsmerkmal. § 201 StGB enthält damit keinen offenen Tatbestand, der einer gesonderten positiven Feststellung der Rechtswidrigkeit bedürfte. Da die Rechtswidrigkeit tatbestandsmäßigen Verhaltens ausnahmslos bei jedem Straftatbestand in Frage gestellt werden kann, ist es von besonderer Bedeutung, wenn der Gesetzgeber wie bei § 201 StGB einen ausdrücklichen Hinweis auf die Möglichkeit des Vorliegens eines Rechtfertigungsgrundes für notwendig gehalten hat. Ein besonderes Augenmerk verdienen bei § 201 StGB also die Rechtfertigungsgründe, von deren Vorliegen die Zulässigkeit der Erlangung von Informationen unter Verstoß gegen den Tatbestand des § 201 StGB abhängig ist.

Eine Strafbarkeit des Journalisten scheidet insbesondere dann aus, wenn eine Einwilligung des Betroffenen vorliegt. Unabhängig davon, wie man die rechtfertigende Einwilligung begründet, setzt diese voraus, daß der Einwilligende zu der Einwilligung befugt ist. Ist die Einwilligungsbefugnis höchstpersönlich, kann sie nicht durch einen anderen wahrgenommen werden. Unter dieser Prämisse ergeben sich Probleme im Hinblick auf § 201 Abs. 1 Nr. 1 StGB, wenn Tonbandaufnahmen ohne ausdrückliche Befugnis des Gesprächspartners hergestellt werden. Denkbar sind Fälle, in denen der Journalist während des Gesprächs unbemerkt ein Band mitlaufen läßt oder der Reporter eine dritte Person einsetzt, die das Gespräch führt, während der Reporter unbemerkt eine Aufnahme erstellt. Selbst wenn der Betroffene weiß, daß es sich bei dem Gespräch um ein Presseinterview handelt, begründet dies nicht ohne weiteres eine Einwilligung, es sei denn, der Betroffene hat sie ausdrücklich erklärt. Eine konkludente Einwilligung kommt nur in Betracht,

---

236 *Helle*, S. 271, 240.

237 Ähnlich verfährt *Lenckner*, der in den Umständen ein Indiz für eine mutmaßliche Einwilligung erblickt, Schönke/Schröder-*Lenckner*, § 201 Rn. 20.

wenn weitere Umstände vorliegen, die darauf schließen lassen, daß der Betroffene weiß oder davon ausgehen mußte, daß das Gespräch aufgezeichnet wird. Unabhängig davon, ob das Gespräch in einem Zwei- oder Dreipersonenverhältnis stattfindet, bedarf es erkennbarer Umstände, die darauf schließen lassen, daß der Gesprächspartner einwilligt. Die Eigenart des Gesprächs, ob geschäftlich oder privat, kann allenfalls ein Indiz für eine konkludente Einwilligung sein, vermag aber für sich allein noch keine Rechtfertigung zu begründen.

Für die Annahme einer konkludenten Einwilligung zugunsten des Journalisten ist dementsprechend nur Raum, wenn besondere Umstände darauf hinweisen, daß der Betroffene von der Aufnahme weiß und in diese schlüssig einwilligt. Das gilt gleichermaßen für das Gebrauchen und einem Dritten Zugänglichmachen einer Aufnahme sowie für das Abhören eines Gesprächs.

2. Notwehr, § 32 StGB

a. Verhinderung aktueller Rechtsgutsverletzungen durch den Journalisten

Das heimliche Aufnehmen oder Mithören nach § 201 Abs. 1 Nr. 1 und Abs. 2 Nr. 2 StGB kann u.U. der Verhinderung rechtswidriger Angriffe dienen, wenn der Journalist durch die Aufnahme oder durch das Mithören von einer Straftat erfährt. Der Journalist ist in einem solchen Fall jedenfalls dann nach § 32 StGB gerechtfertigt, wenn der Angriff auf das Rechtsgut eines anderen gegenwärtig ist, d.h. wenn er unmittelbar bevorsteht, gerade stattfindet oder noch andauert. Unproblematisch ist ein gegenwärtiger Angriff beispielsweise in Kidnapping-Fällen, wenn der Entführte noch einem fortdauernden Angriff auf sein Leben und seine Freiheit ausgesetzt ist. Ähnlich verhält es sich bei einer telefonischen Bombendrohung oder einen erpresserischen Telefonanruf. Die telefonische Bombendrohung ist gegenwärtig, wenn der Angriff auf die Handlungsfreiheit mit dem Ausspruch der Drohung noch nicht abgeschlossen ist. Das ist wiederum so lange zu bejahen, wie die für den Betroffenen geschaffene Zwangslage noch andauert.

b. Verhinderung künftiger Rechtsgutsverletzungen durch den Journalisten

Probleme ergeben sich hinsichtlich der Gegenwärtigkeit aber, wenn der Journalist ein Gespräch aufnimmt oder mithört, in dem keine aktuelle Rechtsgutsverletzung stattfindet, sondern der Angriff selbst noch in der Zukunft liegt. Denkbar sind Erpressungsfälle, in denen die Drohung selbst abgeschlossen ist und die Verwirklichung des angedrohten Übels noch nicht begonnen hat. Die Rechtsgutsverletzung wird in einem solchen Fall häufig nur durch sofortiges Handeln des Journalisten erfolgreich abzuwehren sein, selbst wenn die Verletzung an sich noch in der Zukunft liegt.

Zweifel ergeben sich hier im Hinblick auf die Gegenwärtigkeit des Angriffs. Der Begriff der „Gegenwärtigkeit“ stellt ein bestimmtes Entwicklungsstadium des Angriffs dar, das zur Verteidigung in ein Verhältnis gesetzt wird. Unklar ist, welches der entscheidende Bezugspunkt der Gegenwärtigkeit ist, um damit eine Rechtfertigung verbinden zu können. § 32 Abs. 2 StGB führt das Merkmal „gegenwärtig" zwar in seinem Wortlaut auf, beschreibt es aber nicht näher. Rechtsprechung und Literatur haben verschiedene Versuche unternommen, das Problem künftiger Rechtsgutsverletzungen zu erfassen. Sie sind jedoch nicht alle überzeugend. *Roxin* fordert für die Gegenwärtigkeit eine räumliche und zeitliche Nähe zwischen Angriff und Verteidigungshandlung im Sinne einer „aktuellen Kampfsituation"[238]. In welchen Grenzen die aktuelle Kampfsituation ablaufen soll, kann *Roxin* auch mit der wenig faßbaren räumlichen und zeitlichen Nähe nicht genau beschreiben. Ebensowenig geeignet ist für die Bestimmung der Gegenwärtigkeit die von *Jakobs* verfolgte Lösung, nach der entscheidend sein soll, ob die Rechtsgutsverletzung unmittelbar bevorsteht[239]. Schließlich können auch die Konstruktionen einer „Präventivnotwehr" durch die *Rechtsprechung*[240] und einer „notwehrähnlichen Lage" durch *Suppert*[241] für die Abwehr künftiger Rechtsverletzungen im Rahmen der Erpressung keine geeigneten Rechtfertigungselemente für § 32 StGB liefern. *Suppert* und die *Rechtsprechung* ziehen zur Begründung und Konstruktion selbst die Grundsätze und strengen Voraussetzungen des § 34 StGB heran. Damit wenden sie tatsächlich aber nicht mehr die rechtfertigende Notwehr an, sondern beschreiben den Fall des Notstands nach § 34 StGB.

Mit dem Anliegen des § 32 StGB vereinbar ist allein die u.a. von *Schmidhäuser* verfochtene sog. „Effizienzlösung": gegenwärtig ist der Angriff, wenn die letzte oder sicherste Verteidigungsmöglichkeit zu verstreichen droht[242]. Liegt der eigentliche Angriff auf das Rechtsgut erst in der Zukunft, ist ein gegenwärtiger Angriff dennoch gegeben, wenn die einzige Möglichkeit einer Abwendung des Erfolgs nur im Vorwege möglich ist. Hier muß der Journalist für seine Rechtfertigung nicht auf die tatsächliche Verletzung des Rechtsguts warten. Nur in der objektiv letzten Rettungsmöglichkeit kann der entscheidende Bezugspunkt für die Bestimmung des Verhältnisses von Angriff und Verteidigungshandlung liegen. Das ergeben nicht zuletzt der Sinn und Zweck der Notwehrrechtfertigung. § 32 StGB dient der Rechtfertigung, weist aber gegenüber den anderen Rechtfertigungsgründen mehrere Besonderheiten auf, die auch bei der Bestimmung des Merkmals der „Gegenwärtigkeit" zu beachten sind. Der Verteidiger schützt sich oder andere vor dem rechtswidrigen Angriff eines Menschen. Er muß dabei zwar die Erforderlichkeit seiner Verteidigung - Eignung und mildestes Mittel - beachten, ist aber nicht verpflichtet, dem Angriff

---

238 *Roxin*, § 15 Rn. 22.

239 *Jakobs*, 12. Abschnitt, Rn. 23.

240 *BGHZ* 27, 284, 286 ff.

241 *Suppert*, S. 381.

242 *Schmidhäuser*, 9/94.

auszuweichen oder fremde Hilfe in Anspruch zu nehmen. Schließlich setzt § 32 StGB keine Verhältnismäßigkeit voraus, das verteidigte Interesse muß daher das verletzte nicht überwiegen. Diese relativ weitreichende Verteidigungsmöglichkeit beruht auf zwei Gründen: der Verteidiger ist gerechtfertigt, weil er durch Verletzung des Angreifers das von diesem bedrohte Rechtsgut rettet, und er tritt der durch den Angreifer bewirkten Verletzung der Rechtsordnung entgegen[243]. Die gegenüber dieser dualistischen Sichtweise vertretenen monistischen Erklärungsversuche können dem Anliegen des § 32 StGB nicht gerecht werden. *Schmidhäuser* berücksichtigt allein den überindividuellen Gesichtspunkt der Bewährung oder Selbstbehauptung der Rechtsordnung und verfolgt damit seine „Effizienzlösung" leider nicht konsequent[244]. Auch *Wagner* vertritt eine monistische Sichtweise, indem er eine rein individuelle Deutung der Notwehr vornehmen will[245].

Zwar sind Rechtsgüter der Allgemeinheit nicht notwehrfähig, da die Allgemeinheit kein „anderer" iSd § 32 Abs. 2 StGB ist. § 32 StGB schützt aber auch nicht allein Individualrechtsgüter. Jeder in Notwehr abgewehrte Angriff zeigt, daß die Rechtsordnung nicht risikolos verletzt werden kann. Die notwendige Verteidigung stabilisiert im Ergebnis die Rechtsordnung und wirkt so generalpräventiv. Daß § 32 StGB nur in dieser komplexen Weise erklärt werden kann, untermauert zudem die Begründung des E 1962[246], in dem es heißt: „Das Notwehrrecht schreckt auch in wirksamer Weise allgemein davon ab, Unrecht zu tun.". Wird darin schon das Prinzip der Rechtsbehauptung deutlich, findet sich darüber hinaus ein ausdrücklicher Hinweis auf die dualistische Sichtweise: „Schließlich enthalten auch Angriffe gegen minder wertvolle Güter zugleich Angriffe gegen die Rechtsordnung als solche, die der Notwehrübende zugleich mitverteidigt.'[247].

Mit der dualistischen Erklärung der Notwehr ist zugleich die Weiche für den entscheidenden Zeitpunkt der Gegenwärtigkeit des Angriffs gestellt. Maßgebend ist, wann die Rechtsordnung objektiv noch bewahrt oder wieder hergestellt werden kann. Beobachtet beispielsweise der Hauseigentümer wie ein Mieter mit einem Benzinkanister und einer Lunte im Keller verschwindet, kann ihm kaum zugemutet werden, auf die Verletzung seines Eigentums zu warten, um sich erst dann dagegen zu wehren. Denn der Bewahrung der Rechtsordnung dient es auch und erst recht, wenn dem Angriff der Erfolg versagt bleibt[248].

---

243 Schönke/Schröder-*Lenckner*, § 32 Rn. 1, 1 a; *Jescheck/Weigend*, S. 301 f.; *Roxin*, § 19 Rn. 1 ff.

244 *Schmidhäuser*, Honig-Festschrift. 185, 192.

245 *Wagner* , S. 29 ff., 46 ff.

246 E 1962, BT-Drs. IV/650, S. 157.

247 E 1962, BT-Drs. IV/650, S. 157.

248 Vgl. SK-*Samson*, § 32 Rn. 20.

Das Merkmal der Gegenwärtigkeit ist auf die Eignung des Angriffs zu beziehen. Dieser ist also auch schon dann gegenwärtig, wenn zwar die Verletzung des Rechtsguts selbst noch in der Zukunft liegt, zum Zeitpunkt der Drohung aber die letzte Möglichkeit besteht, die Verletzung abzuwenden.

Der Journalist kann bei seiner Aufnahme oder dem Abhören schon dann aus § 32 StGB gerechtfertigt sein, wenn die Verletzung des Rechtsguts erst in der Zukunft eintritt. Voraussetzung ist aber, daß der Zeitpunkt der Verteidigung der letzte ist, der eine Verhinderung der Rechtsgutsverletzung ermöglicht.

3. Notstand, § 34 StGB

Hat der Journalist bei seiner Recherche gegen § 201 StGB verstoßen, ist ebenfalls der rechtfertigende Notstand gem. § 34 StGB für die Zulässigkeit der Informationserlangung von besonderer Bedeutung.

Wie bei § 123 StGB ist auch bei § 201 StGB die für den Notstand erforderliche Interessenabwägung unter besonderer Berücksichtigung der Wechselwirkungstheorie des Bundesverfassungsgerichts vorzunehmen, also die Einschränkung der Pressefreiheit durch die Strafvorschrift des § 201 StGB als allgemeines Gesetz im Sinne von Art. 5 Abs. 2 GG wiederum im Lichte der Bedeutung der Pressefreiheit für die freiheitliche demokratische Grundordnung zu sehen[249].

Während die Feststellung der für § 34 StGB erforderlichen Interessenkollision, also einer gegenwärtigen, nicht anders abwendbaren Gefahr für die Pressefreiheit in der konkreten Form der Informationsermittlungsfreiheit oder eines anderen Rechtsguts wenig Schwierigkeiten bereiten dürfte, liegt die Besonderheit des § 34 StGB wiederum im Bereich der Interessenabwägung. Für eine Rechtfertigung nach § 34 StGB muß die Abwägung ergeben, daß das durch die Tat geschützte Interesse das beeinträchtigte wesentlich überwiegt.

Verstößt der Journalist gegen § 201 StGB, um damit, wie bei dem oben beschriebenen Erpressungsfall, die Verwirklichung eines gegen einen Dritten gerichteten in Aussicht gestellten Übels zu verhindern, so ist Gegenstand der Abwägung das bewahrte Rechtsgut des Dritten, wie beispielsweise dessen körperliche Unversehrtheit. Diese kollidiert mit dem hinter § 201 StGB stehenden Persönlichkeitsrecht aus Art. 2 Abs. 1 i. V. m. Art. 1 Abs. 1 GG. Bestand jedoch keine aktuelle Gefahrensituation für ein eigenes oder fremdes Rechtsgut, sondern hat der Journalist ins Blaue recherchiert und dabei gegen § 201 StGB verstoßen, so bleibt zugunsten des Journalisten im Rahmen der Abwägung nur die durch Art. 5 Abs. 1 GG geschützte Informationsermittlungsfreiheit. Der Hinweis auf die Schranken in den Vorschriften der allgemeinen Gesetze hilft nicht weiter, da diese Vorschriften unter Beachtung der Rechtsprechung zur

---

249 3. Abschnitt, 2. Teil, A.

Wechselwirkung der Grundrechte über die Abwägungsklausel des § 34 S. 1 StGB selbst wieder auf das Verfassungsrecht zurückverweisen.

Entscheidend für die Rechtmäßigkeit der Recherche und des damit einhergehenden Verstoßes gegen § 201 StGB sind erneut die durch das *Bundesverfassungsgericht* im „*Wallraff*-Beschluß" aufgestellten Abwägungskriterien: ob und in welchem Maße die zur Erfüllung der öffentlichen Aufgabe der Presse notwendige Informationsermittlungsfreiheit leidet, mit welchen Mitteln und zu welchem Zweck der Journalist in den vertraulichen Bereich eingedrungen ist und in welchem Maße die Rechte des Betroffenen verletzt worden sind[250]. Erst wenn eine Abwägung dieser Kriterien ein wesentliches Überwiegen der Informationsermittlungsfreiheit ergibt, ist auch bei § 201 StGB eine Rechtfertigung des Journalisten nach § 34 StGB möglich. Ein Überwiegen wird kaum anzunehmen sein, wenn es dem Journalisten nur darum geht, private Dinge des Sprechenden zu veröffentlichen, die über den vertraulichen privaten Bereich hinaus keine weitere Bedeutung entfalten. Einen anderen Gehalt erlangt die Informationsermittlungsfreiheit dort, wo mit dem Eindringen in die Privatsphäre zugleich öffentliche Mißstände aufgedeckt werden[251]. Je bedeutender der Zweck ist, den der Journalist mit seiner Recherche verfolgt, um so größeres Gewicht erlangt die Informationsermittlungsfreiheit.

4. Rechtfertigung aus Sozialadäquanz

Wie im Tatbestand mißt die *Rechtsprechung* dem Begriff der „Sozialadäquanz" auch im Rahmen der Rechtswidrigkeit besondere Bedeutung bei und scheint so auch für den recherchierenden Journalisten eine Rechtfertigung in Aussicht zu stellen. Auch einige Vertreter der Literatur, wie beispielsweise *Hirsch*[252] ziehen eine Rechtfertigung unter dem Gesichtspunkt der Sozialadäquanz in Erwägung. Genauso wenig wie für den Ausschluß des Tatbestands kann die Sozialadäquanz für die Rechtfertigung ein geeignetes Kriterium sein. Wie wenig faßbar der Begriff ist, zeigt u.a. die von *Hirsch* vorgenommene Beschreibung: als sozialadäquat sieht er Handlungen, die „sich völlig im Rahmen der normalen, geschichtlich gewordenen sozialethischen Ordnung des Gemeinschaftslebens bewegen, d.h. alle Betätigungen, die so mit unserem Sozialleben verknüpft sind, daß sie als völlig normal anzusehen sind[253]". Offen bleibt, welche Kriterien zur Bestimmung der Normalität heranzuziehen sind, um damit letztlich die Verletzung des persönlichen Lebens- und Geheimbereichs durch den Journalisten zu erlauben. Wie schon im Bereich des Tatbestands würde der Gesichtspunkt der Sozialadäquanz auch im Bereich der Rechtswidrigkeit den durch § 201 StGB bezweckten Schutz in unzulässiger Weise unterlaufen. Weder dem Wortlaut noch der

---

250 Vgl. *BVerfGE* NJW 1984, 1741, 1743.
251 Vgl. Schönke/Schröder-*Lenckner*, § 201 Rn. 31a a.E.
252 *Hirsch*, ZStW Band 74 (1962), 78, 79.
253 *Hirsch*, ZStW Band 74 (1962), 78, 79.

Entstehungsgeschichte läßt sich eine derartige Einschränkungsmöglichkeit entnehmen. Das wurde bereits dargelegt[254].

5. Rechtfertigung nach dem Grundsatz der Güter- und Interessenabwägung

Speziell für die Verletzung des persönlichen Lebens- und Geheimbereichs hat die *Rechtsprechung*[255] und ihr folgend beispielsweise *Roggemann*[256] von § 34 StGB losgelöst eine Rechtfertigung nach dem Grundsatz der Güter- und Interessenabwägung entwickelt. Für den ermittelnden Journalisten erlangt diese Rechtfertigung aber um so größere Bedeutung, als die Informationsermittlungsfreiheit ohne zusätzliche Hürden direkt in die Waagschale gelegt werden kann. Zwar handhabt die *Rechtsprechung* diese Rechtfertigungsmöglichkeit im Bereich des § 201 Abs. 1und 2 StGB sehr restriktiv[257]. So verlangt insbesondere das *Bundesverfassungsgericht* ein erhebliches Überwiegen des gewahrten Interesses[258]. *Lackner* fordert darüber hinaus sogar, daß für eine Rechtfertigung nach dem Grundsatz der Güter- und Interessenabwägung auch die übrigen Voraussetzungen des rechtfertigenden Notstands erfüllt sein müßten[259].

Insbesondere die Orientierung *Lackners* an den Voraussetzungen des § 34 StGB macht deutlich, daß eine Rechtfertigung nach dem Prinzip der Interessenabwägung neben den zuvor dargestellten Rechtfertigungsgründen nicht erforderlich ist. Mit einem solchen Rechtfertigungsinstitut läuft der Strafrechtsschutz, unabhängig ob restriktiv oder extensiv angewandt, Gefahr ausgehöhlt zu werden. Durch die Entscheidung des Gesetzgebers, ein bestimmtes Verhalten als strafwürdig anzusehen und nur unter bestimmten formulierten Voraussetzungen den Unrechtsgehalt der Tat zu verneinen, hat schon bei der Gesetzgebung selbst eine Abwägung stattgefunden. Eine erneute Abwägung würde bedeuten, den Willen des Gesetzgebers zu unterlaufen. Nur dort, wo der Gesetzgeber selbst den Weg für eine Abwägung eröffnet, ist eine solche auch zulässig. Der Weg bis zu einer solchen Abwägungsmöglichkeit ist aber bereits durch enge Voraussetzungen gekennzeichnet, was § 34 StGB verdeutlicht. Für eine Rechtfertigung allein aus dem Prinzip der Güter- und Interessenabwägung ist angesichts des Bestimmtheitsgebots kein Raum.

---

254 5. Abschnitt, 2. Teil, G., II., 3., b.

255 *BGHZ* 27, 284 ff.; *BVerfG* NJW 1973, 893.

256 *Roggemann*, S. 100.

257 Vgl. *BVerfG* NJW 1973, 893; *BGHZ* 27, 284, 290; *BGHSt* 14, 358, 361; 19, 325, 332; *BGH* NStZ 1982, 254; *OLG Celle* NJW 1965, 1677.

258 *BVerfG* NJW 1973, 893.

259 *Lackner/Kühl*, § 201 Rn. 13.

Sachgerechte Ergebnisse werden bereits durch die anerkannten Rechtfertigungsgründe erzielt[260].

6. Rechtfertigung nach dem Grundsatz der Wahrnehmung berechtigter Interessen

Die Wahrnehmung berechtigter Interessen nach § 193 StGB ist im Rahmen der Beleidigungsdelikte für die Presse von großer Tragweite, wenn es um die Zulässigkeit einer Beleidigung durch ehrenrührige Tatsachen gem. § 185 StGB oder die Rechtmäßigkeit einer üblen Nachrede gem. § 186 StGB durch Veröffentlichungen geht. Ähnlich wie bei § 34 StGB hängt die Rechtfertigung bei § 193 StGB von einer Interessenabwägung ab. Auch hier ist bei der Frage nach der Zulässigkeit des Eingriffs in fremde Rechtsgüter durch die Recherchehandlung Art. 5 Abs. 1 GG besonders zu berücksichtigen und die Einschränkung des Grundrechts durch die Strafvorschriften wiederum im Lichte der besonderen Bedeutung der Meinungsfreiheit für die demokratische Grundordnung zu sehen. Anders als bei § 34 StGB ist für eine Rechtfertigung nach § 193 StGB kein wesentliches Überwiegen der Informationsermittlungsfreiheit erforderlich, vielmehr reicht schon ein einfaches Überwiegen für die Zulässigkeit der Recherchehandlung trotz des Eingriffs in das verletzte Rechtsgut aus.

Angesichts der Bedeutung, die das *Bundesverfassungsgericht* der Pressefreiheit zugesprochen hat, stellt sich die Wahrnehmung berechtigter Interessen insbesondere für die Presse als effektiverer Rechtfertigungsgrund dar als beispielsweise der rechtfertigende Notstand aus § 34 StGB.

Aus diesem Grunde sind insbesondere die Überlegungen *Esers*[261] zur allgemeinen Bedeutung der Wahrnehmung berechtigter Interessen als Rechtfertigungsgrund von Belang. Zwar lehnen die Rechtsprechung und auch der größte Teil des Schrifttums eine Anwendbarkeit des § 193 StGB über die Beleidigungsdelikte hinaus ab[262]. Neben *Eser* befürworten aber auch andere Vertreter des Schrifttums, wie beispielsweise *Noll*[263], eine Erweiterung des Anwendungsbereichs der Wahrnehmung berechtigter Interessen als Rechtfertigungsgrund. Das Verhältnis von Straftatbestand und Rechtfertigungsgrund besteht nach Ansicht *Nolls* in einer „Wertkollision", derzufolge die „Wertabwägung" das allgemeine Rechtfertigungsprinzip darstelle[264]. Dieses Prinzip diene nicht nur dem defensiven Wertschutz, sondern, wenn auch in

---

260 Vgl. auch SK-*Samson*, § 201 StGB Rn. 8 sowie *Tenckhoff*, JR 1981 255, 256 in Anmerkung zu KG JR 1981, 254.

261 *Eser*, Wahrnehmung berechtigter Interessen als allgemeiner Rechtfertigungsgrund.

262 *BGH* StV 1987, 533, 534; LK-*Herdegen*, § 193 StGB Rn. 11 m.w.N.

263 *Noll* ZStW 77(1965), 1, 18 und 31 f.; ZStR 80 (1964), 160, 167.

264 *Noll* ZStW 68 (1956), 183; 1965, 1, 9; ZStR 80 (1964), 160, 163.

geringerem Maße, darüber hinaus der Wertverwirklichung[265]. § 193 StGB sei auf eine Wertschaffung besonders zugeschnitten, da z.B. die Zulässigkeit tadelnder Urteile über wissenschaftliche oder künstlerische Leistungen nicht erst zum Schutz, sondern bereits zur Schaffung und Ermöglichung eines fruchtbaren kulturellen Lebens diene[266]. Die schöpferische Wertverwirklichung als Rechtfertigungsgrund für eine Wertverletzung lasse sich jedoch nicht auf den Bereich der Beleidigungsdelikte beschränken, so daß die Wahrnehmung berechtigter Interessen nach § 193 StGB auch für andere Tatbestände einen Rechtfertigungsgrund darstelle. Rechtmäßig handele derjenige, der in Ausübung verfassungsrechtlich garantierter Freiheitsrechte Werte schaffe oder bedeutende Interessen wahrnehme, auch wenn er dabei weniger bedeutende Werte verletze[267].

Ähnlich wie bei der Rechtfertigung nach dem Grundsatz der Güter- und Interessenabwägung will auch *Eser* eine Rechtfertigung nach dem Grundsatz der Wahrnehmung berechtigter Interessen zulassen. Danach sei § 193 StGB über die §§ 185 ff. StGB hinaus in gewissem Umfang generalisierungsfähig[268]. *Eser* beschränkt die Erweiterung jedoch auf Delikte, deren geschützte Rechtsgüter in besonderem Maße gemeinschaftsbezogen sind. Dazu zählt er neben der Ehre vornehmlich die Freiheit und die Geheim- und Privatsphäre[269]. *Eser* betont bei der Wahrnehmung berechtigter Interessen als Rechtfertigungsgrund ebenso wie *Noll* das „dynamische Element" der Schaffung und Durchsetzung neuer Werte und den Grad der Interessendifferenz, der nicht das beim Notstand erforderliche erhebliche Überwiegen voraussetze[270].

Angesichts der Bedeutung, die das Bundesverfassungsgericht Art. 5 Abs. 1 GG zugesprochen hat, würde bei einer solchen Interessenabwägung die ebenfalls durch Art. 5 Abs. 1 GG geschützte Informationsermittlungsfreiheit schon von vornherein mit einigem Übergewicht in die Waagschale gelegt werden. Die Rechtfertigungsmöglichkeiten für strafrechtlich relevante Handlungen während der Recherche würden erheblich ausgeweitet. Ein derart übergesetzlicher[271] Rechtfertigungsgrund läßt sich aber weder aus § 193 StGB noch aus dem System der Rechtfertigungsgründe an sich ableiten.

---

265 *Noll* ZStW 77 (1965), 1, 31 ff.; ders. ZStR 80 (1964), 160, 185 ff.

266 *Noll* ZStW 77 (1965), 1, 31 ff.

267 *Noll* ZStW 77 (1965), 1, 31, 38; ders. ZStR 80 (1964), 160, 185 und 188

268 *Eser*, S. 51, 56 ff.

269 *Eser*, S. 51, 56 ff.

270 *Eser*, S. 56 ff.; so auch Schröder in Schönke/Schröder, zuletzt 17. Auflage, vor § 52 Anm. 62 a, § 298 Anm. 36; § 300 Anm. 13.

271 So die Ausgangsfrage des Beitrags von *Lenckner*, Die Wahrnehmung berechtigter Interessen, ein „übergesetzlicher" Rechtfertigungsgrund?, Gedächtnisschrift für *Noll*, S. 243 ff.

§ 193 StGB befindet sich im Abschnitt der Beleidigungsdelikte, §§ 185 ff. StGB. Die Wahrnehmung berechtigter Interessen als Rechtfertigungsgrund ist auf den Anwendungsbereich der §§ 185 ff. StGB beschränkt. Eine direkte oder analoge Anwendung der Abwägungsgrundsätze des § 193 StGB auch außerhalb der §§ 185 ff. StGB ist abzulehnen[272]. Denn richtigerweise kann § 193 StGB nur mit den Besonderheiten der Ehrschutzbestimmungen erklärt werden und folgerichtig nur auf diese Anwendung finden.

§ 193 StGB ist anwendbar auf § 186 StGB und die Beleidigungdurch ehrenrührige Tatsachen gem. § 185 StGB. Setzt man diese Delikte in Korrelation zu § 193 StGB, verdeutlicht das die Notwendigkeit der Beschränkung des Anwendungsbereichs des § 193 StGB auf die Beleidigungstatbestände. Sowohl § 186 StGB als auch die Beleidigung durch ehrenrührige Tatsachen gem. § 185 StGB dienen nicht nur dem Schutz und der Erhaltung bestehender Werte, sondern sie fördern zugleich die durch die Einbeziehung des Instituts der Wahrnehmung berechtigter Interessen die Schaffung und Durchsetzung neuer Werte[273]. Die Wertabwägung als Prinzip der Rechtfertigung dient somit der geistigen schöpferischen Wertverwirklichung[274]. Derjenige, der in Ausübung der Freiheitsrechte bedeutende Werte schafft oder wahrt, ist gerechtfertigt, auch wenn er dabei weniger bedeutende Werte verletzt[275]. Dieses Prinzip kann aber nur anwendbar sein auf „Äußerungen" und damit geistige Auseinandersetzung. Werden Rechtsgüter nicht durch den geistigen Inhalt einer Aussage, sondern durch Akte anderer Art verletzt, kann von einer geistigen Weiterentwicklung, wie sie im System der § 193 StGB und §§ 185, 186 StGB angelegt ist, keine Rede sein. Eine Rechtfertigung nach § 193 StGB kommt in einem solchen Fall nicht in Betracht.

Die Anwendung eines speziell für den Ehrenschutz konzipierten Rechtfertigungsgrundes auf andere Tatbestände würde zu einer bedenklichen Relativierung des Rechtsgüterschutzes führen. Dem Schutzgut anderer Tatbestände gegenübertretende legitime Interessen ist deshalb unter Rückgriff auf vorhandene Instrumentarien, wie einschränkende Tatbestandsauslegung und der Rechtfertigungsmöglichkeit nach § 34 StGB zu begegnen[276]. Damit wird zugleich dem Anliegen des Gesetzgebers entsprochen, der in § 34 StGB strengere Anforderungen als in § 193 StGB für eine Rechtfertigung aufgestellt hat. Eine allgemein an § 193 StGB orientierte Güterabwägung würde den Willen des Gesetzgebers unterlaufen[277]. Der Verzicht auf die Voraussetzungen des

---

272 So auch die überwiegende Ansicht in Rechtsprechung und Schrifttum, vgl. *BGH* StV 1987, 533, 534; LK-*Herdegen* § 193 StGB Rn. 11 m.w.N.

273 *Lenckner* JuS 1988, 349, 352.

274 *Noll* ZStW 77 (1965), 1, 32.

275 *Noll* ZStW 77 (1965), 1, 32.

276 *Kretschmer*, S. 73/74.

277 *Kretschmer*, S. 74.

§ 34 StGB würde einen relativ konturlosen Rechtfertigungsgrund hervorbringen, wodurch der Strafrechtsschutz reduziert und das Rechtsgut abgewertet werden würde[278].

§ 193 StGB kann also lediglich als Korrektiv für die weiten Tatbestände der §§ 185 ff. StGB dienen. Die Notwendigkeit einer darüber hinaus gehenden Anwendung besteht nicht. Die Wahrnehmung berechtigter Interessen aus § 193 StGB ist kein allgemeiner Rechtfertigungsgrund und steht auch der Presse nur im Rahmen der Beleidigungsdelikte zur Verfügung.

7. Rechtfertigung des Journalisten aus Art. 5 Abs. 1 GG unmittelbar?

Mit seiner Rechtsprechung zur Bedeutung des Art. 5 Abs. 1 GG im Rahmen des § 193 StGB unterstreicht das *Bundesverfassungsgericht* die Bedeutung, die es dem Grundrecht des Art. 5 Abs. 1 GG selbst zugesprochen hat. Bietet § 193 StGB für Art. 5 GG jedenfalls im Rahmen der Beleidigungsdelikte auf der Abwägungsebene ein Einfallstor für die Gewichtung der unterschiedlichen Grundrechte, so fehlt ein derartiger Anknüpfungspunkt bei anderen Strafgesetzen. In ständiger Rechtsprechung ist aber nicht nur bei den §§ 185 ff. StGB, sondern generell bei Einschränkungen der Meinungsfreiheit durch Gesetz das eingeschränkte Grundrecht zu beachten[279]. In konsequenter Anwendung dieser Rechtsprechung würde dies bedeuten, daß Art. 5 Abs. 1 GG schließlich zu einem allgemeinen Rechtfertigungsgrund für die Presse würde. Dies lehnt jedoch schon die Rechtsprechung selbst ab[280].

Nur wo das Gesetz selbst eine Abwägung ermöglicht, ist auch der Weg zu den Grundrechten offen. Der Rückgriff auf Art. 5 Abs. 1 GG ist also nicht generell ausgeschlossen, bedarf aber eines Rechtfertigungsrahmens, innerhalb dessen eine Würdigung vorgenommen werden kann. Für sich allein stellt Art. 5 Abs. 1 GG keinen Rechtfertigungsgrund dar.

8. Zusammenfassung

Eine Rechtfertigung des Journalisten ist durch eine Einwilligung, Notwehr nach § 32 StGB oder durch den rechtfertigenden Notstand gem. § 34 StGB möglich. Die Notwendigkeit einer weitergehenden Rechtfertigungsmöglichkeit aus § 193 StGB, Sozialadäquanz oder der Interessenabwägung besteht ebensowenig wie unmittelbar aus Art. 5 Abs. 1 GG.

Das gilt nicht nur für § 201 StGB, sondern für eine Rechtfertigung des Journalisten allgemein.

---

278 so auch *Tenckhoff* JR 1981 255, 256 in Anmerkung zu KG JR 1981, 254.

279 *BVerfGE* 7, 198, 208 f.; *BVerfG* NStZ 1996, 26 ff.

280 *BVerfGE* 66, 116, 137.

H. Verletzung des Briefgeheimnisses, § 202 StGB während der journalistischen Recherche

I. Gegenstand der Recherche bei § 202 StGB

Neben § 201 StGB schützt auch § 202 StGB den persönlichen Lebens- und Geheimbereich in besonderer Weise, und zwar gegen die Verletzung des Briefgeheimnisses. Der Schutz bezieht sich auf einen formalen Geheimbereich, der dadurch entsteht, daß Schriftstücke und Abbildungen jeder Art durch Verschluß gegen die Kenntnisnahme Dritter gesichert werden[281]. Die journalistische Recherche bezieht sich nicht selten gerade auf die Informationen, die speziell gegen eine Kenntnisnahme gesichert sind. Denn eben diese versprechen Neuigkeiten, die zur Erstellung eines wertvollen Presseprodukts dienen können. Bei seiner Recherche kann der Reporter also häufig zwangsläufig mit dem von § 202 StGB geschützten Geheimbereich in Konflikt geraten.

Alle drei in § 202 StGB enthaltenen Tatbestände beziehen sich aufSchriftstücke, also auf durch Schriftzeichen verkörperte Gedankenerklärungen. Sie müssen weder Urkundenqualität i.S.v. § 267 StGB besitzen noch muß es sich um sinnvolle Gedankenerklärungen handeln. Auch die Form der Schriftzeichen erfährt keinerlei Begrenzung[282]. Der Brief stellt eine Unterform des Schriftstücks dar. In § 202 Abs. 3 StGB wird die Abbildung einem Schriftstück gleichgesetzt. Sie ist die optisch wahrnehmbare Wiedergabe der Wirklichkeit, die keinen Gedankeninhalt aufzuweisen braucht. Auch Schriftstücke, die ihrer Art nach zur öffentlichen Verbreitung bestimmt sind, wie z.B. Postkarten, Zeitungen oder Gebrauchsanweisungen, unterfallen dem Schutz des § 202 StGB[283]. Denn der Besitz bestimmter Zeitschriften kann gerade dem recherchierenden Journalisten Aufschluß über Tatsachen geben, die sich später in einer Veröffentlichung wiederfinden. § 202 StGB soll nicht nur Gegenstände, die von ihrer Natur aus geheimzuhalten sind, schützen. Die Norm soll vielmehr dem Einzelnen die Möglichkeit geben, durch das Verschließen einen Bereich zu begründen, in dem Schriftstücke aller Art vor fremder Neugier geschützt sind[284]. Ausschließlich Gegenstände, denen keine eigene Bedeutung als Träger von Informationen zukommt, wie Geldscheine, Briefmarken etc. sind von dem Schutzbereich des § 202 StGB ausgenommen[285].

---

281 LK-*Träger*, 10. Auflage, § 202 Rn. 2 m.w.N.; *Schmitz* JA 1995, 297, 297.

282 *Schmitz*, JA 1995, 297, 297.

283 *Tröndle/Fischer*, § 202 Rn. 2 f.

284 *Schmitz* JA 1995, 297, 297.

285 *Träger* will weiter danach differenzieren, ob der Verschluß ausschließlich der sicheren Aufbewahrung dienen oder damit zum Ausdruck gebracht werden soll, daß fremder Einblick unerwünscht sei. Nur im letzteren Fall sei § 202 StGB anwendbar. Eine derartige Differenzierung würde die Strafbarkeit vom Willen des Opfers abhängig

II. Die Überwindung der Sicherung bei § 202 StGB durch den Journalisten selbst

§ 202 Abs. 1 Nr. 1 StGB richtet sich gegen das Öffnen eines verschlossenen Briefes oder eines anderen verschlossenen Schriftstücks. Ein Schriftstück ist verschlossen, wenn es mit einer Sicherung gegen Kenntnisnahme geschützt ist und die Sicherung allein diesem Schriftstück dient. Sie muß also unmittelbar auf dem Schriftstück angebracht sein oder das Schriftstück unmittelbar umhüllen, um die Möglichkeit einer Kenntnisnahme durch Dritte zumindest zu erschweren[286]. Darüber hinaus darf das Schriftstück nicht zur Kenntnis des Täters bestimmt sein. Das ist der Fall, wenn der Täter zu der Personengruppe gehört, die der Berechtigte von der Kenntnisnahme ausschließen wollte. Berechtigter ist, wer das Schriftstück durch Verschluß besonders gesichert hat. Gibt er das Schriftstück weiter, wird derjenige Berechtigter, der mit dem Willen des Verschließenden das Schriftstück zur Kenntnisnahme erhält[287].

Hebt der Journalist den Verschluß so weit auf, daß eine Kenntnisnahme des Inhalts des Schriftstücks möglich wird, reicht dies bereits für ein Öffnen i.S.v. § 202 Abs. 1 Nr. 1 StGB aus. Zerstört er das Schriftstück beim Öffnen, entfällt der Tatbestand der Nr. 1. Eine tatsächliche Kenntnisnahme ist zwar nicht erforderlich, auch nach dem Öffnen muß aber eine Kenntnisnahme zumindest möglich sein.

Anders als bei § 201 Abs. 1 Nr. 1 StGB reicht für ein Kenntnisverschaffen nach § 202 Abs. 1 Nr. 2 StGB allein die Möglichkeit der Kenntnisnahme nicht aus. Bei dem Kenntnisverschaffen unter Anwendung technischer Mittel muß sich der Täter von dem Inhalt tatsächlich Kenntnis verschafft haben. Dafür ist es erforderlich, daß der Täter das Gelesene jedenfalls in seiner Wortbedeutung im wesentlichen verstanden hat, wenn er auch den Gesamtzusammenhang oder den Sinn einzelner Worte nicht versteht. Ein weiterer Unterschied zu § 202 Abs. 1 Nr. 1 StGB besteht in der Tathandlung: bei § 202 Abs. 1 Nr. 2 StGB erfolgt die Verletzung des Briefgeheimnisses nicht durch das Öffnen des Schriftstücks, sondern durch das ohne Öffnung erfolgte Kenntnisverschaffen vom Inhalt eines Schriftstücks. Dies setzt den Gebrauch spezifischer technischer Hilfsmittel, wie z.B. Durchleuchtungseinrichtungen voraus. Nicht ausreichend ist das bloße Abtasten oder gegen das Licht Halten.

§ 202 Abs. 2 StGB erweitert den Schutz des Briefgeheimnisses auf Schriftstücke, die zwar offen sind, aber nicht zur Kenntnis des Täters bestimmt und aus diesem Grunde durch ein verschlossenes Behältnis besonders gesichert sind. Ein

---

machen. Maßgebend für die Strafbarkeit können aber nur objektive Gesichtspunkte sein. Eine derartige Unterscheidung ist demzufolge abzulehnen, LK-*Träger*, 10. Auflage, § 202 Rn. 2, 13.

286 LK-*Träger*, § 202 Rn. 13; Schönke/Schröder-*Lenckner*, § 202 Rn. 7.

287 LK-*Träger*, § 202 Rn. 24 ff., Schönke/Schröder-*Lenckner*, § 202 Rn. 8.

verschlossenes Behältnis ist ein zur Aufnahme von Sachen dienendes und sie umschließendes Raumgebilde, das nicht dazu bestimmt ist, von Menschen betreten zu werden[288]. Es muß zudem abgeschlossen sein, um eine Kenntnisnahme Dritter zu verhindern, wie z.B. Kassetten mit Briefen, Aktenschränke oder Safes.

Die Tathandlung des § 202 Abs. 2 StGB ist zweiaktig: sie verlangt zunächst ein Öffnen des Behältnisses und sodann ein Kenntnisverschaffen. Es ist zwar grundsätzlich nicht erforderlich, daß der recherchierende Journalist das Behältnis selbst öffnet, solange er von dem Inhalt des Schriftstücks Kenntnis nimmt. Jedoch begründet das eine Täterschaft nach § 202 Abs. 2 StGB nur, wenn der Journalist den Öffnenden als Werkzeug benutzt, also die Voraussetzungen der mittelbaren Täterschaft vorliegen oder der Öffnende und der Journalist im Sinne einer Mittäterschaft nach § 25 Abs. 2 StGB arbeitsteilig vorgehen[289]. Es genügt also nicht, daß der Reporter den Verschluß durch einen Dritten öffnen läßt, dem es auf die Kenntnisnahme nicht ankommt[290]. Das verlangt bereits der Wortlaut der Norm. Darin hat der Gesetzgeber bewußt eine zweiaktige Tathandlung festgesetzt, für deren Vornahme eine andere Person als der Täter nicht vorgesehen ist. Nimmt ein Dritter eine der Handlungen vor, kann eine Täterschaft nur mit Hilfe der Grundsätze zur mittelbaren oder Mittäterschaft begründet werden.

III. Verwendung des Inhalts eines gesicherten Schriftstücks für die Recherche

Grundsätzlich straffrei ist der Journalist, wenn ihm Materialien zugespielt werden, die ein Dritter unter Verletzung des Tatbestands des § 202 StGB erlangt hat. Anders als bei § 201 StGB ist nur die Überwindung der Sicherung strafbar, nicht aber die Verwendung des Inhalts des gesicherten Schriftstücks.

Zu bedenken bleibt, daß in der Veröffentlichung solcher Informationen unter Umständen ein Verstoß gegen das Urheberrecht oder das allgemeine Persönlichkeitsrecht des Betroffenen liegen kann. Das betrifft jedoch nicht mehr die Recherche des Journalisten und ist deshalb nicht mehr Gegenstand der Betrachtung.

J. Ausspähen von Daten, § 202 a StGB

I. Gegenstand der Recherche bei § 202 a StGB

Mit zunehmender Digitalisierung in allen Lebensbereichen ist auch der recherchierende Journalist mehr und mehr auf Informationen angewiesen, die er nur mit Hilfe des Computers erlangen kann. § 202 a StGB ist durch das 2. WiKG

288 vgl. Schönke/Schröder-*Eser*, § 242 Rn. 22.

289 vgl. *Schmitz* JA 1995, 297, 300.

290 So aber Schönke/Schröder-*Lenckner*, § 202 Rn. 19.

eingefügt worden und schützt das Individualinteresse an der Geheimhaltung von Informationen.

Gegenstand des § 202 a StGB sind Daten, die nicht für den Täter bestimmt und gegen unberechtigten Zugang besonders gesichert sind. Ein Datum ist die Darstellung einer Information. Sie kann durch Zeichen oder durch kontinuierliche Funktionen erfolgen, die aufgrund von Konventionen auf den bezeichneten Sachverhalt hinweisen. Nicht erforderlich ist die Wiedergabe einer Gedankenerklärung. Ausreichend ist vielmehr die Darstellung solcher Informationen, die eine Maschine selbsttätig gewonnen hat. § 202 a Abs. 2 StGB beschränkt den Kreis geschützter Daten aber auf solche, die elektronisch, magnetisch oder sonst nicht unmittelbar wahrnehmbar gespeichert sind oder übermittelt werden. Nicht vom Schutz des § 202 a StGB erfaßt werden demzufolge Daten, die unmittelbar optisch oder akustisch wahrnehmbar sind. Das ist der Fall, wenn ihre Wahrnehmung eine Umsetzung in optisch oder akustisch wahrnehmbare Signale voraussetzt. § 202 a StGB schützt Daten nicht nur, wenn sie gespeichert sind, sondern erfaßt auch den Übermittlungsvorgang. Das ist für Kommunikationsformen wie z.B. bei der Versendung von e-mails von besonderer Bedeutung, da auch derjenige den Tatbestand des § 202 a StGB erfüllt, der die Übermittlungssignale der Leitung entnimmt.

Die Daten dürfen nicht für den Täter bestimmt und müssen gegen unberechtigten Zugang besonders gesichert sein. Die Zugangssicherung kann körperlich oder unkörperlich erfolgen, z.B. durch Paßwörter.

§ 202 a StGB schützt nicht das Geheimhaltungsinteresse desjenigen, über den die Daten Auskunft geben oder das Betriebs- oder Geschäftsgeheimnis. Für letzteres greift ergänzend § 17 Abs. 2 Nr. 1 UWG ein. § 202 a StGB will vielmehr denjenigen schützen, der sich im Besitz der Daten befindet. Nur dieser kann Opfer der Recherche im Rahmen des § 202 a StGB sein.

II. Überwindung der Zugangssicherung durch den Journalisten

Der Schutz des § 202 a StGB richtet sich weiter gegen denjenigen, der die Zugangssicherung unbefugt überwindet und sich oder einem anderen so Daten verschafft. Verschafft sind die Daten jedenfalls dann, wenn der Täter oder der Dritte durch Wahrnehmung tatsächlich Kenntnis von ihnen genommen hat. Ausreichend ist es aber auch, daß der Täter den Datenträger in seine Verfügungsgewalt bringt oder wenn er die Daten auf einem solchen fixiert. Sind die Daten durch Verschlüsselung besonders gesichert, so sind die Daten erst verschafft, wenn die Daten, die der Sicherung dienen, entschlüsselt sind oder der Täter jedenfalls den Schlüssel in seinen Besitz bringt.

III. Nutzung ausgespähter Daten für die Recherche

Wie § 202 StGB schützt auch § 202 a StGB nur die Überwindung der Sicherung. Verletzt ein Dritter den Tatbestand und stellt die so gewonnenen Daten den Medien zur Verfügung, ist deren Nutzung durch die Medien nicht strafbar. Ob aus anderen Gründen beispielweise ein Veröffentlichungsverbot in Betracht kommt, bleibt aber auch hier zu prüfen.

K. Begünstigung, Strafvereitelung und Hehlerei, §§ 257 ff. StGB

I. Begünstigung durch Verschweigen eines Informanten

Erlangt der Journalist Informationen über eine Straftat, geschieht dies nicht selten durch Kontakt mit dem potentiellen Täter oder Dritten, die den Täter kennen. Durch die Kenntnis von dem Aufenthaltsort des Täters und sonstiger Umstände der Tat hat der Reporter einen Vorsprung vor den staatlichen Ermittlungsbehörden und unterstützt zugleich den Täter, wenn er dessen Aufenthalt unter Berufung auf das Informantengeheimnis verschweigt. Darin wird aber nur unter besonderen Umständen eine Begünstigung nach § 257 StGB durch den Journalisten zu sehen sein können.

Zweifel ergeben sich bereits bei dem Hilfeleisten zur Vortat, da das Verschweigen des Informanten für die Sicherung der Vortat allenfalls mittelbar ursächlich ist. Jedenfalls wird man aber dem Journalisten nur schwerlich die Absicht unterstellen können, dem Vortäter die Vorteile der Tat zu sichern.

II. Strafvereitelung durch Verschweigen eines Informanten

Auch eine Strafvereitelung wird dem Journalisten, der sich auf das Informantengeheimnis beruft, unter normalen Rechercheumständen nicht vorzuwerfen sein. Das Vereiteln der Verfolgung oder Vollstreckung setzt voraus, daß der Journalist die Bestrafung des Täters ganz oder zum Teil verhindert. Die fehlende Kooperation mit den Verfolgungs- oder den Vollstreckungsbehörden kann allenfalls ein Vereiteln durch Unterlassen sein. Dies setzt aber für eine Strafbarkeit nach §§ 257, 13 StGB eine Garantenstellung voraus, aus der sich eine Rechtspflicht zum Handeln ergeben müßte. Eine solche Pflicht zur Offenbarung läßt sich für den unter normalen Umständen recherchierenden Journalisten nicht konstruieren.

III. Hehlerei durch Ankauf von Informationsmaterial

Zuweilen verwundert es, wenn in der Presse die durch die Ermittlungsbehörden gesuchten Beutegegenstände auf Fotos zu sehen sind. Hat der Journalist durch ankaufen oder auf andere Weise die tatsächliche Verfügungsgewalt über Gegenstände erlangt, die ein anderer unmittelbar durch eine gegen fremdes Vermögen gerichtete Vortat erlangt hat, erfüllt er damit den objektiven Tatbestand des § 259 StGB. Auch die für die Hehlerei erforderliche Bereicherungsabsicht wird dem Journalisten zu unterstellen sein, wenn er mit dem Bericht über die Gegenstände einen Vorteil erstrebt, denn Stoffgleichheit zwischen Hehlereigegenstand und Vermögensvorteil ist nicht erforderlich. Läßt sich der Journalist auf ein Geschäft mit sog. „heißer Ware“ ein, kann er damit schnell in den Bereich der strafbaren Hehlerei geraten. Auch die Pressefreiheit hilft ihm in diesem Zusammenhang nicht weiter.

3. Teil: Die strafrechtliche Verantwortlichkeit von Redakteur und Verleger für die Recherchen ihrer Journalisten

A. Redakteur und Verleger als mittelbare Täter i.S.v. § 25 Abs. 1, 2. Alt. StGB

Wurde bislang das Verhalten des recherchierenden Journalisten selbst auf seine strafrechtliche Bedeutung hin untersucht, stellt sich weiter die Frage, ob auch die hinter dem Unternehmen stehenden Verantwortlichen strafrechtlich zu belangen sind, wenn sich der Journalist durch die Recherche strafbar macht. Denn im Regelfall stellt der Journalist eine Recherche nicht um ihrer selbst Willen an, sondern um den Artikel an ein Medienunternehmen zu verkaufen. Die Macht der hinter den Journalisten stehenden Unternehmen tritt immer dann in den Vordergrund, wenn es darum geht, für einen Unglücksfall während einer Recherche einen zumindest moralisch Schuldigen zu finden, da sie es sind, die ein Unglück gewinnbringend vermarkten.

Ob die verantwortlichen Redakteure und Verleger dadurch zugleich in den strafrechtlich relevanten Bereich gelangen, erscheint zunächst fraglich. Denn selten werden Redakteure oder Verleger unmittelbar handeln, so daß sie als Täter im Sinne von § 25 Abs. 1, 1. Alt. StGB ausscheiden. Sie wirken aber im Hintergrund des Geschehens, so daß auf den ersten Blick eine mittelbare Täterschaft des Redakteurs oder Verlegers nach § 25 Abs. 1, 2. Alt. StGB zu erwägen ist. Auch diese Form der Täterschaft scheidet aber für den Redakteur und den Verleger eher aus. Mittelbarer Täter ist nach dem Gesetz derjenige, der die Tat durch einen anderen begeht. Die Vertreter der Literatur verlangen dafür die Tatherrschaft des Hintermanns[291]. Das heißt, er muß das Geschehen planvoll lenken. Das kann er insbesondere, wenn der Vordermann als Werkzeug nicht vollverantwortlich handelt und der Hintermann sich dies zunutze macht[292]. In den seltensten Fällen steht der Redakteur oder gar der Verleger hinter dem Journalisten und lenkt das Geschehen. Der Redakteur gibt allenfalls den Anstoß zu einer Recherche. Die Art und Weise der Ermittlung ist dann aber dem ermittelnden Reporter selbst überlassen. Daß dieser für sein Handeln nicht voll zur Verantwortung zu ziehen ist, ist auch eher unwahrscheinlich.

---

291 Vgl. die Nachweise bei Schönke/Schröder-*Cramer*, Vorbem. §§ 25 ff. Rn. 62 und bei LK-*Roxin*, § 25 Rn. 10.

292 Schönke/Schröder-*Cramer*, § 25 Rn. 7 ff.; LK-*Roxin*, § 25 Rn. 36.

Ebenso wird der von der Rechtsprechung geforderte Täterwille[293] von Redakteur oder Verleger schwer zu konstruieren und nachzuweisen sein. Denn auch hier ist Indiz die Tatherrschaft des Hintermanns[294].

Redakteur und Verleger scheiden damit für den Normalfall als mittelbare Täter bei der strafbaren Recherche des Journalisten aus.

B. Redakteur und Verleger als „Täter hinter dem Täter“

I. Begründungsversuche für die Rechtsfigur des „Täters hinter dem Täter“

Selbst wenn Redakteur und Verleger nicht als zentrale Figuren das gesamte Geschehen in den Händen halten, so sind es doch sie, die das Rechercheergebnis des Journalisten vermarkten und so erst einen Anreiz für die Recherche geben. Von Vertretern der Literatur lange gefordert, hat auch der *Bundesgerichtshof* in dem sog. *„Mauerschützenprozeß“* die Figur des Täters hinter dem vollverantwortlich handelnden Vordermann bejaht[295] und damit, wie von Vertretern der Literatur lange gefordert[296], auch die Konstruktion des „Täters hinter dem Täter“ anerkannt.

Bei einem vollverantwortlich handelnden Journalisten stellt sich die Frage, ob auch der Redakteur oder Verleger eines Presseunternehmens für die strafbare Recherche des Journalisten als Täter hinter dem Täter zur Verantwortung gezogen werden können. Zur Beantwortung bedarf es zunächst einer Klärung der rechtlichen Konstruktion des „Täters hinter dem Täter“.

Die Vertreter der Literatur sind generell bestrebt, den Hintermann zur Verantwortung zu ziehen, wenn die Rahmenbedingungen, die dieser gesetzt hat, dem Vordermann keine Wahl lassen und dieser eine Straftat begehen „muß“. Unterschiedlich beurteilen sie jedoch, wie diese Rahmenbedingungen inhaltlich ausgestaltet sein müssen und ob der Hintermann Täter oder Teilnehmer ist.

Jescheck und *Jakobs* verfolgen in diesem Zusammenhang das sog. uneingeschränkte Verantwortungsprinzip. Sie lehnen die Form der mittelbaren Täterschaft generell ab, wenn der Tatmittler den Tatbestand selbst vorsätzlich, rechtswidrig und schuldhaft verwirklicht, da diese es verwehre, ihn zugleich als Werkzeug eines anderen anzusehen[297]. Statt dessen soll Mittäterschaft oder Anstiftung in Betracht kommen[298].

Die übrigen Vertreter der Literatur wollen den Täter hinter dem Täter dagegen nach den Grundsätzen der mittelbaren Täterschaft bestrafen. Sie differieren aber

---

293 *BGHSt* 8, 393 ff.; 18, 87 ff.

294 *BGH* NStZ 1985, 165.

295 *BGHSt* 40, 218 ff.; *BGH* NJW 2000, 443 ff.

296 Vgl. nur Schröder, Der Täter hinter dem Täter.

297 *Jescheck/Weigend*, § 62 II 8; *Jakobs*, 21. Abschnitt, Rn. 103.

298 Für Mittäterschaft: *Jescheck*, S. 607; teils Mittäterschaft, teils Anstiftung bejahen SK-*Samson*, § 25 Rn. 36 und *Jakobs*, 21. Abschnitt, Rn. 103.

hinsichtlich der Voraussetzungen. So verlangt *Gössel* für die Verantwortlichkeit des Hintermanns, daß er das Geschehen derart „unter Kontrolle" haben müsse, daß ihm eine „Kraftreserve verbleiben müsse, die ihn zum Einsatz des unmittelbar Handelnden als bloßes Werkzeug befähigt[299]". Welche Gestalt diese Kraftreserve haben soll, bleibt jedoch offen. Fest steht lediglich, daß hier eine mittelbare Täterschaft trotz volldeliktisch handelnden Vordermanns in Betracht kommen soll.

Roxin u.a. verlangen dagegen für eine Bestrafung des Täters hinter dem Täter, daß der Hintermann das Tatgeschehen entweder durch Nötigung des Tatmittlers oder Erregung oder Ausnutzung eines Irrtums beherrsche oder er sich eines organisierten Machtapparates bediene[300]. Erforderlich sei aber, daß die Struktur des Apparates den Vollzug des Befehls unabhängig von der Individualität des unmittelbar Handelnden garantiere[301].

In der Rechtsprechung des *Bundesgerichtshofs* war bislang keine eindeutige Haltung zum Täter hinter dem Täter zu erkennen. In einer Reihe von Entscheidungen geht er ohne weitere Begründung bei uneingeschränkt handelnden Tatmittlern von einer mittelbaren Täterschaft des Hintermanns aus[302]. Lediglich in dem „Katzenkönigfall"[303] lieferte der *BGH* ansatzweise eine Begründung für den „Täter hinter dem Täter". Der Tatmittler befand sich in diesem Fall in einem vermeidbaren Verbotsirrtum. Der *BGH* verurteilte den Hintermann als mittelbaren Täter und führte dazu als Begründung aus, daß es für Fälle wie den vorliegenden nicht darauf ankomme, ob der Tatmittler schuldhaft handele. Entscheidend sei vielmehr die vom Täterwillen getragene objektive Tatherrschaft des Hintermanns. Dies würde auch den allgemeinen Grundsätzen zur Abgrenzung von Täterschaft und Teilnahme entsprechen[304].

Waren die dann folgenden Entscheidungen des *BGHs* jedenfalls hinsichtlich ihrer Bedeutung für die Figur des „Täters hinter dem Täter" weniger aussagekräftig, bezog der *BGH* ausdrücklich Stellung in seiner Entscheidung zur Verantwortlichkeit von Mitgliedern der Nationalen Verteidigungsrates der DDR für vorsätzliche Tötungen von Flüchtlingen durch Grenzsoldaten[305]. Grundlage der Urteilsbegründung war zwar nach wie vor zunächst, daß der Hintermann eines irrtumsfrei und uneingeschränkt schuldfähig handelnden Vordermanns re-

---

299 Maurach-*Gössel*, S. 260.

300 LK-*Roxin*, § 25 Rn. 54; *Roxin*, Täterschaft und Tatherrschaft, S. 244, 245

301 LK-*Roxin*, § 25 Rn. 126; anders jedoch *Murmann*, der das personale Element der Tatherrschaft als entscheidend für den Täter hinter dem Täter ansieht, GA 143 (1996), 269, 274 ff.

302 *BGHSt* 32, 165, 178 „Startbahn West"; 37, 106 ff. „Produkthaftung".

303 *BGHSt* 35, 347 ff.

304 *BGHSt* 35, 347 ff.

305 *BGHSt* 40, 218 ff.; *BGH* StV 1994, 534 ff.

gelmäßig kein mittelbarer Täter sei[306]. Ausdrücklich stellte der *BGH* aber im folgenden Fallgruppen heraus, bei denen trotz eines uneingeschränkt handelnden Tatmittlers der Beitrag des Hintermanns nahezu automatisch zu der von diesem Hintermann erstrebten Tatbestandsverwirklichung führe. Dies sei insbesondere dann der Fall, wenn hinter dem „Schreibtischtäter" ein organisierter Machtapparat stehe[307]. Dadurch würden für den Hintermann bestimmte Rahmenbedingungen geschaffen, innerhalb derer der Täter sich regelhafter Abläufe bediene. Handele der Täter in Kenntnis dieser Rahmenbedingungen und nutze so die unbedingte Bereitschaft des unmittelbar Handelnden aus, den Tatbestand zu erfüllen, sei der Hintermann mittelbarer Täter, wenn er den Erfolg als Ergebnis seines eigenen Handelns wolle[308].

Derartige Strukturen hat der *BGH* damit bei staatlichen, unternehmerischen und geschäftsähnlichen Organisationen ausdrücklich anerkannt[309].

Auch die Rechtsprechung des *BGHs* ließe somit eine Täterschaft hinter dem Täter zu.

II. Bewertung der Konstruktionen

Die Vielzahl von Vorschlägen zur Lösung derartiger Fallkonstellationen macht eine Stellungnahme erforderlich.

Die Begründung der Figur des „Täters hinter dem Täter" über die Mittäterschaft oder die Anstiftung kann nicht überzeugen. Voraussetzung für eine Mittäterschaft ist ein gemeinsamer Tatentschluß. Dieser kann aber nicht allein durch die Zugehörigkeit zu einer Organisation begründet werden, sondern erfordert auch eine darüber hinausgehende Willensentschließung. Ebensowenig nachvollziehbar ist der Weg der Anstiftung. Dieser wird von *Jakobs* u.a. mit der Begründung gewählt, die Austauschbarkeit einzelner Mitwirkender sei für die Anstiftung keine Besonderheit. Dem ist mit *Roxin*[310] entgegenzuhalten, daß, anders als bei der Anstiftung sonst üblich, der Täter hinter dem Täter den Vordermann in den meisten Fällen noch nicht einmal kennt.

Die grundsätzliche Erfassung des Täters hinter dem Täter in Form der mittelbaren Täterschaft ist also zu begrüßen. Fraglich ist jedoch, anhand welcher Kriterien der Täter hinter dem Täter nach § 25 Abs. 2. Alt. StGB zur Verantwortung gezogen werden kann.

Ob *Gössel* mit der Forderung nach einer „Kraftreserve" tatsächlich andere Maßstäbe ansetzt als *Roxin* und der *BGH*, erscheint zweifelhaft[311]. Er selbst nimmt bei der Figur des Täters hinter dem Täter Bezug auf Fälle der

306 *BGH* NJW 1994, 2703, 2706.
307 *Roxin* GA 1963, 193 ff.; *BGHSt* 40, 236 ff; abweichend SK-*Samson*, § 25 Rn. 110.
308 *BGH* NJW 1994, 2703, 2706.
309 *BGH* NJW 1994, 2703, 2706.
310 LK-*Roxin*, § 25 Rn. 133.
311 *Maurach/Gössell/Zipf*, § 48 Rn. 11, 21, 85ff.

organisierten Kriminalität und beschreibt mit der „Kraftreserve" lediglich die Wirkung der Rahmenbedingungen, stellt aber keine neuen eigenen Kriterien für den Täter hinter dem Täter auf[312].

Mit den Grundsätzen *Roxins* und dem obiter dictum des *BGHs* wird eine brauchbare Grundlage für die Erweiterung der mittelbaren Täterschaft auf den Täter hinter dem Täter geboten, wenn die aufgestellten Grundsätze genaue Beachtung finden.

Diese gilt es festzuhalten: der Vordermann muß im Rahmen eines organisierten Machtapparates handeln, der gekennzeichnet ist durch eine Befehlshierarchie, die zu einer automatischen Ausführung der Befehle führt. Schließlich muß sich der Hintermann bewußt eben dieses Automatismus bedienen, um so die Tatherrschaft zu erlangen.

Damit stehen auch für die Ermittlung einer strafrechtlichen Verantwortlichkeit von Verleger und Redakteur die Rahmenbedingungen fest.

III. Presseunternehmen als organisierte Machtapparate?

1. Befehlshierarchie

Die strafrechtliche Verantwortlichkeit von Redakteur und Verleger als Täter hinter dem recherchierenden Journalisten hängt davon ab, ob dieser in einen organisierten Machtapparat eingebunden ist und so zum Werkzeug von Redakteur oder Verleger werden kann. Voraussetzung dafür ist, daß es sich bei Presseunternehmen um organisierte Machtapparate im Sinne der obigen Ausführungen handelt. Erstes Kennzeichen für einen organisierten Machtapparat ist das Vorhandensein einer Befehlshierarchie.

Der Begriff der „Befehlshierarchie" scheint auf den ersten Blick nicht auf ein wirtschaftliches Unternehmen zu passen. Sieht man Befehlshierarchie eng an dem Prinzip von Befehl und Gehorsam orientiert, dürfte eine derartige Situation für den recherchierenden Journalisten auch tatsächlich nicht gegeben sein. Selbst wenn er sich gegenüber seinem Redakteur und Verleger nicht auf Art. 5 GG in Form einer inneren Pressefreiheit berufen kann[313], ist er bei seiner Recherche doch weitestgehend selbständig. Unter näherer Betrachtung der Rechtsprechung des *Bundesgerichtshofs* zu den „Mauerschützen" ergibt sich aber eine andere Bedeutung für den Begriff der Befehlshierarchie. Die Verantwortlichkeit des „Schreibtischtäters" resultiert insbesondere daraus, daß er darüber entscheiden kann, ob und wann der eigenhändig Tätige aus dem Machtapparat herausgenommen wird. Dieser ist nämlich nur ein „auswechselbares Rädchen im Getriebe des Machtapparates[314]". Weigert sich ein Journalist, in einer bestimmten Sache zu recherchieren, übernimmt die Sache ein Kollege. Der einzelne Journalist ist also

---

312 *Maurach/Gössell/Zipf*, § 48 Rn. 11, 21, 85ff.

313 2. Abschnitt, 2. Teil, B., IV., 5.

314 LK-*Roxin*, § 25 Rn. 128.

ohne weiteres ersetzbar. Wird dem Journalisten um seines Arbeitsverhältnisses willen nahe gelegt, in einer bestimmten Sache zu recherchieren, stellt das möglicherweise nicht formell einen Befehl dar, ist aber in der Effektivität einer Befehlshierarchie weit voraus, ist es doch das Anliegen einer jeden Befehlshierarchie, den Nachrangigen zu einem bestimmten Handeln zu veranlassen.

Die Struktur eines Presseunternehmens kann somit in tatsächlicher Hinsicht eine Befehlshierarchie aufweisen.

2. Automatismus

Sowohl die Entscheidung des *BGHs* als auch die Definition durch die Vertreter der Tatherrschaftslehre fordern zur Begründung des „Täters hinter dem Täter", daß die Ausnutzung der Rahmenbedingungen zur Ausführung der Tat führt.

Der *BGH* fordert dafür einen Automatismus, den er mit „regelhaften Abläufen" beschreibt, die der Hintermann unter Ausnutzung bestimmter Rahmenbedingungen auslöst. Fordert der Redakteur einen Journalisten auf, in einer bestimmten Sache zu recherchieren, wird sich der Reporter nur in den wenigsten Fällen dagegen wehren und eine Recherche verweigern. Ob er damit zugleich einen Automatismus auslöst, hängt davon ab, welche Methoden in dem jeweiligen Presseunternehmen als üblich angesehen werden. Zuweilen behaupten Verleger und Redakteure, sie würden ihre Reporter nicht zwingen, ihnen einen bestimmten Beitrag zu liefern und seien demzufolge nicht verantwortlich für die Art und Weise, wie ein Bericht zustande gekommen ist. Den Verlegern mag zwar gleichgültig sein, welchem Journalisten sie einen Beitrag abkaufen, denn die gewünschte Geschichte wird ihnen schon jemand liefern. Gerade damit wird aber ein regelhafter Ablauf in Gang gesetzt. Bekunden Redakteur oder Verleger Interesse an einer bestimmten Sache, lösen sie damit erst eine Recherche und mit dieser möglicherweise einhergehende Straftaten aus. Ein Automatismus ist also grundsätzlich vorhanden.

Anders als der *BGH* versucht *Roxin* den Automatismus näher zu konkretisieren. Voraussetzung sei, daß die Struktur des Apparates den Vollzug des Befehls unabhängig von der Individualität des unmittelbar Handelnden garantiere. Derjenige, der den Straftatbestand unmittelbar selbst verwirkliche, sei lediglich ein „auswechselbares Rädchen im Getriebe des Machtapparates, bei dessen Ausfall sogleich ein anderer an seine Stelle tritt, so daß der Anordnende die Person des Ausführenden meist nicht einmal kenne[315]". Mit dieser Beschreibung der Organisationsherrschaft macht Roxin deutlich, daß es dem Redakteur oder Verleger tatsächlich gleichgültig sein kann, wer ihm die gewünschte Story liefert. Ist der eine Journalist dazu nicht bereit, findet sich ein anderer.

---

315 LK-*Roxin*, § 25 Rn. 128.

Billigen Presseunternehmen also bestimmte Recherchemethoden, ist der vom *BGH* geforderte Automatismus in der Ausführung auch bei Presseunternehmen denkbar. Auch scheint in einem solchen Fall die von *Roxin* geforderte Garantie des Vollzugs vorhanden.

3. Tatherrschaft durch Ausnutzen der Rahmenbedingungen

Besteht in einem Presseunternehmen eine Befehlshierarchie im obigen Sinne und ist ein Automatismus der Abläufe vorhanden, müßte dem Hintermann dadurch die entscheidende Tatherrschaft vermittelt werden.

Während der *BGH* sich in objektiver Hinsicht bei der Begründung der Figur des „Täters hinter dem Täter" darauf beschränkt, auf die Ausnutzung der Rahmenbedingungen und den damit einhergehenden Automatismus hinzuweisen[316], führt Roxin dazu weiter aus, daß es sich bei der Tatherrschaft hier um eine „Organisationsherrschaft"[317] handele. Normalerweise würde bei einer Aufforderung zur Tat dem Aufgeforderten das Ob und Wie der Ausführung überlassen und lediglich Anstiftung in Betracht kommen. Anders liegt es jedoch bei der Veranlassung einer Tat im Rahmen organisierter Machtapparate: die etwaige Verweigerung eines zur Tat Aufgeforderten würde die Ausführung der Tat nicht beeinträchtigen, da dies durch einen beliebigen anderen geschehen kann[318]. Es kommt also nur auf die richtige Organisation an.

Redakteur oder Verleger besitzen in bestimmten Fällen Tatherrschaft über ein Geschehen, das sie im Rahmen ihrer Organisation haben, können sie doch beispielsweise durch die Bekundung mangelnden Interesse an einer Reportage die Ausführung der Tat stoppen. Es ist also grundsätzlich denkbar, daß dem Redakteur oder dem Verleger die Tatherrschaft vermittelt wird.

IV. Ergebnis

Eine Verantwortlichkeit von Redakteur oder Verleger als mittelbare Täter nach den allgemeinen Prinzipien ist eher unwahrscheinlich. Mit der Figur des „Täters hinter dem Täter" ist aber auch eine strafrechtliche Verantwortlichkeit von Redakteur oder Verleger für Straftaten des für sie recherchierenden, voll verantwortlich handelnden Journalisten zumindest denkbar geworden.

---

316 *BGH* NJW 1994, 2703, 2706.

317 LK-*Roxin*, § 25 Rn. 128.

318 LK-*Roxin*, § 25 Rn. 128.

C. Redakteur und Verleger als Anstifter i.S.v. § 26 StGB

I. Das Bestimmen zur strafbaren Recherche

1. Die Veranlassung eines bereits zur Tat entschlossenen Täters

Mit dem Auftrag an einen Journalisten, in einer bestimmten Sache zu recherchieren, kommen Redakteur und Verleger auch als Anstifter in Betracht. Anstiftung ist das vorsätzliche Bestimmen eines anderen zu der von diesem vorsätzlich begangenen rechtswidrigen Straftat[319].

Voraussetzung für alle anzustellenden Überlegungen bei der Strafbarkeit des Redakteurs oder Verlegers als Anstifter ist also, daß der recherchierende Journalist eine Straftat begangen hat, an der eine Teilnahme möglich ist. Zu dieser Tat müßten der Redakteur oder Verleger den Journalisten bestimmt haben. Das ist zu bejahen, wenn sie in ihm den Entschlußzur Tat hervorgerufen haben. Die Einwirkung des Anstifters muß also für den Tatentschluß ursächlich sein[320].

Eine Anstiftung ist grundsätzlich nur möglich, wenn der Täter noch nicht selbst zur Tat entschlossen war. Ist der Täter bloß generell zur Tat geneigt, steht dies einer Anstiftung nicht entgegen[321]. Hat der Journalist aber während einer Recherche bereits den Entschluß zu einer konkreten Tat gefaßt, sind unterschiedliche Fallvarianten denkbar:

Gelingt es dem Anstifter den Täter zu einer gänzlich anderen Tat zu bewegen, sog. Umstiftung, ist darin eine Anstiftung zu einer neuen und anderen Tat zu sehen. Etwas anderes gilt aber, wenn der Hintermann den Täter nur zu einem Wechsel der Tatmodalitäten veranlaßt. Dies wird in der Regel nur Beihilfe sein[322]. Im Einzelfall ist also zu prüfen, ob der Redakteur mit seinem Rechercheauftrag den Journalisten zu einer neuen Tat bewegt oder er die Haupttat durch Änderung der Modalitäten lediglich fördert, so daß allenfalls an eine Beihilfe zu denken ist.

Ist der Täter zur Begehung eines qualifizierten Delikts entschlossen und wird er durch den Anstifter zur Begehung eines leichteren Delikts veranlaßt, scheidet eine Anstiftung zu dem leichteren Delikt aus. Der Vorsatz, das schwerere Delikt zu begehen, schließt nämlich regelmäßig den Vorsatz zur Begehung des geringeren Delikts ein. Insoweit ist der Täter also bereits zur Tat entschlossen und kann nicht mehr angestiftet werden. Eine Anstiftung des Journalisten durch Redakteur oder Verleger scheidet für diesen Fall mithin aus.

---

319 Schönke/Schröder-*Cramer*, § 26 Rn. 1.

320 Schönke/Schröder-*Cramer*, § 26 Rn. 4.

321 LK-*Roxin*, § 26 Rn. 17.

322 LK-*Roxin*, § 26 Rn. 26, 31. Zur Abgrenzung von Umstiftung und beihilfebegründender Veranlassung einer Tatplanänderung vgl. *Schulz* JuS 1986, 933 ff.

Veranlaßt der Hintermann einen Tatentschlossenen zu einer schwereren Form der Tatbegehung, wird die Möglichkeit einer Anstiftung in Rechtsprechung und Literatur unterschiedlich beurteilt. Während der *BGH* eine Anstiftung zum schweren Delikt bejaht[323], will ein großer Teil der Literatur den Hintermann nur hinsichtlich der Tatbestandsteile zur Verantwortung ziehen, zu denen der Täter noch nicht entschlossen war[324], sog. „analytisches Trennungsprinzip[325]". Die Wirkung der Aufspaltung des Tatgeschehens in einzelne Teile erscheint fragwürdig. Mit dieser ist eine Würdigung des verwirklichten Unrechts in seiner Gesamtheit nur schwer möglich. Denn auch eine Addition der einzelnen Tatbestände drückt nicht denselben Unwertgehalt aus, den das schwerere Delikt mit seiner höheren Strafandrohung beinhaltet. Dem Anliegen des Gesetzgebers ist insoweit Rechnung zu tragen. Die „synthetische Lösung" des *BGHs* ist vorzuziehen. Veranlaßt der Redakteur also den Journalisten zu einer schwereren Form der Tat, kommt eine Anstiftung zu diesem schwereren Delikt in Betracht.

2. Die Art und Weise des Bestimmens

Der Redakteur oder der Verleger müßten in dem Journalisten den Tatentschluß hervorgerufen haben. Als Mittel zur Anstiftung kommen unterschiedliche in Betracht. Ob schon die Schaffung einer zur Tat anreizenden Situation für ein Bestimmen i.S.v. § 26 StGB ausreicht[326] oder eine kommunikative Beziehung zwischen Anstifter und Täter erforderlich ist[327], kann für das Verhältnis von Redakteur und Verleger zum ermittelnden Journalisten dahinstehen. Zwischen Journalist und Redakteur wird bei der Ermittlung in einer Sache immer ein Kommunikationsakt vorhanden sein. Ob auch ein Bestimmen durch Unterlassen in Betracht kommt, wird schon grundsätzlich sehr kontrovers diskutiert[328]. Im Verhältnis des Redakteurs oder Verlegers zum recherchierenden Journalisten ist eine solche Konstellation in tatsächlicher Hinsicht aber kaum denkbar, so daß sich ein Eingehen auf die einzelnen Ansichten erübrigt.

II. Die subjektive Seite der Anstiftung durch Redakteur oder Verleger

In subjektiver Hinsicht ist für die Anstiftung insbesondere erforderlich, daß der Vorsatz des Anstifters auf die Verwirklichung einer bestimmten Tat durch den Täter gerichtet ist. Die vom Angestifteten ausgeführte Tat kann dem Anstifter nur dann zum Vorsatz zugerechnet werden, wenn sie dem Unrechtsgehalt und der Angriffsrichtung nach im wesentlichen der Tat entspricht, zu der der

---

323 *BGHSt* 19, 339, 340 f.

324 *Jescheck/Weigend*, § 64 III 2 c; *Puppe* ZStW 92 (1980), 887 ff.

325 *Schulz* JuS 1986, 933, 935.

326 SK-*Samson*, § 26 Rn. 5; *Widmaier* JuS 1970, 242 ff.

327 LK-*Roxin*, § 26 Rn. 4; *Kühl* Rn. 684; *Meyer* JuS 1970, 529 ff.

328 Vgl. die Nachweise bei LK-*Roxin*, § 26 Rn. 61 und Fn. 70, 71.

Anstifter bestimmen wollte[329]. Die genaue Kenntnis aller einzelnen Tatumstände, wie Zeit, Ort, Objekt oder Art der Ausführung, ist für die Anstiftung nicht erforderlich.

Redakteur und Verleger wissen in den wenigsten Fällen, wie die Journalisten bei ihrer Recherche im einzelnen vorgehen. Sie werden durch den Redakteur zumeist nur in eine grobe Richtung gelenkt, die sie dann selbständig weiter verfolgen. Ob damit im Einzelfall schon ein ausreichender Anstiftungsvorsatz in Bezug auf die Haupttat gegeben ist, hängt davon ab, welche Anforderungen an die Bestimmtheit der Haupttat zu stellen sind.

Nach *Roxin* soll für eine hinreichende, anstiftungsermöglichende Bestimmtheit der Tat nicht mehr erforderlich sein als die Fixierung eines bestimmten Tatbestandes und der wesentlichen Dimensionen des Unrechts. Diese sei gegeben, wenn neben dem Tatbestand die Tatobjekte nach allgemeinen Artmerkmalen festgelegt sind[330]. Fordert der Redakteur einen Journalisten auf, in einer bestimmten Sache zu recherchieren, wird, wie bereits ausgeführt, in den meisten Fällen die Art und Weise der Recherchetätigkeit des Journalisten für den Redakteur verborgen bleiben. Geht es aber nur noch darum, von einer bestimmten Person, die auch dem Redakteur bekannt ist, Informationen zu erlangen, ist zumindest das Tatobjekt nach allgemeinen Artmerkmalen festgelegt. Ist dem Redakteur dann auch das Mittel bekannt, das der Journalist zur Erlangung seiner Information einsetzt, ist damit auch ein bestimmter Tatbestand fixiert. Gleichzeitig sind dem Redakteur dann auch die wesentliche Dimension des Unrechts bekannt. Mit den Anforderungen *Roxins* wäre somit die Bestimmtheit der Haupttat für einzelne Fälle zumindest nicht ausgeschlossen.

Noch weiter geht *Herzberg*. Nach seiner Ansicht soll über die Kennzeichnung des Tatbestandes hinaus jede weitere Individualisierung überflüssig sein[331]. Auch nach dieser Ansicht wäre also ein vorsätzliches Bestimmen des Journalisten zur Haupttat durch den Redakteur unter Umständen möglich.

Der *BGH* verlangte dagegen lange Zeit für die Bestimmtheit der Haupttat genau individualisierende Umstände, wie Ort, Zeit und sonstige Umstände der Tatausführung[332].

In neueren Entscheidungen wird deutlich, daß auch der *BGH* sich von diesem Individualisierungserfordernis löst. Während er zunächst noch beim Anstiftungsvorsatz höhere Anforderungen stellte als an die Bestimmtheit des Gehilfenvorsatzes[333], hat der *BGH* nun auch für die Anstiftung die Anforderungen an die Bestimmtheit des Vorsatzes reduziert. Der Vorsatz eines Teilnehmers müsse sich auf die Ausführung einer nicht in allen Einzelheiten,

---

329 LK-*Roxin*, § 26 Rn. 85.
330 LK-*Roxin*, § 26 Rn. 47.
331 *Rogall* GA 1987, 14 ff.
332 *BGHSt* 34, 63, 66 f.
333 *BGH* NJW 1996, 2517 f.

wohl aber in ihren wesentlichen Merkmalen oder Grundzügen konkretisierten Tat richten; als wesentlich für den Vorsatz des Teilnehmers seien jedenfalls diejenigen Tatumstände anzusehen, deren Kenntnis die Begehung der Haupttat hinreichend wahrscheinlich werden läßt. „Für den Teilnehmer ist es dabei nicht erforderlich, daß er in seine Vorstellung solche Einzelheiten wie Tatort, Tatzeit und Tatopfer aufnimmt und die jeweils unmittelbar handelnde Person im Einzelfall individuell kennt“[334]. Auch die Rechtsprechung des *BGHs* ließe somit eine Verantwortung des Redakteurs oder Verlegers als Anstifter grundsätzlich zu.

Mit der neueren Entwicklung in der Rechtsprechung werden die Anforderungen an Konkretisierungsmerkmale mehr und mehr denen *Roxins* u.a. angeglichen. Diese Entwicklung ist grundsätzlich zu begrüßen. Zwar könnte man wegen der gleichen Bestrafung von Täter und Anstifter zu dem Ergebnis gelangen, daß für den Anstifter dieselben Voraussetzungen hinsichtlich des Vorsatzes zur Begehung der Tat gelten wie für den Täter. Anders als bei unmittelbarer oder mittelbarer Täterschaft liegt der Schwerpunkt der Vorwerfbarkeit bei der Anstiftung aber in der Auslösung der Tat[335]. Bei der Auslösung des Entschlusses wird der Anstifter eine genaue Vorstellung von der Art und Weise der Begehung der Tat noch nicht vor Augen haben. Ihm kommt es in diesem Moment vielmehr darauf an, jemanden in eine bestimmte Richtung zu lenken und ein bestimmtes Ziel zu erreichen. Zu diesem Zeitpunkt weiß der Anstifter nicht um alle Einzelheiten der Tatbegehung. Ihm ist aber der wesentliche Unrechtsgehalt sehr wohl bewußt. Eben dies reicht für eine Strafbarkeit wegen Anstiftung aus.

Unklar bleibt, was *Herzberg* meint, wenn er über die Kennzeichnung des Tatbestandes hinaus jede weitere Individualisierung für überflüssig hält[336]. Er selbst gibt für seine Ansicht einige Beispiele, in denen aber die Unrechtsdimension für den Veranlasser der Taten jeweils feststeht. Im Ergebnis beinhaltet seine Ansicht nichts anderes als *Roxins* Forderung nach Kenntnis der wesentlichen Dimensionen des Unrechts. Mit Kennzeichnung des Tatbestandes ist dem Anstifter nämlich zugleich auch der Unrechtsgehalt seiner Tat, wenn auch nur laienhaft, gegenwärtig.

Zusammenfassend ist also festzustellen, daß die Abweichungen bei den Anforderungen an die Bestimmtheit der Haupttat beim Anstiftungsvorsatz entweder überholt oder nur scheinbar vorhanden sind. Ausreichend, aber auch erforderlich ist mit *Roxin* die Fixierung eines bestimmten Tatbestandes und die Erfassung der wesentlichen Dimensionen des Unrechts. Diese ist gegeben, wenn

---

334 *BGH* NJW 1997, 1317, 1317.

335 LK-*Roxin*, § 26 Rn. 15.

336 *Herzberg*, JuS 1987, 618 ff.

neben dem Tatbestand die Tatobjekte nach allgemeinen Artmerkmalen festgelegt sind[337].

Für Redakteur und Verleger bedeutet das, daß ihr Anstiftungsvorsatz hinsichtlich der Haupttat hinreichend bestimmt ist, wenn sie zumindest laienhaft Kenntnis von dem Tatbestand haben, den der ermittelnde Journalist verwirklicht und gleichzeitig die wesentliche Dimension des Unrechts erfaßt haben. Ob dies gegeben ist, hängt von den Umständen des Einzelfalls ab.

III. Abweichungen in der Ausführung während der Recherche

Angesichts des Handlungsspielraums, den der Journalist bei seiner Recherche hat, können sich hinsichtlich Zeit, Ort und Art der Ausführung einer Straftat Abweichungen ergeben. Ob gleichwohl eine Anstiftung seitens des Redakteurs gegeben ist, hängt zunächst davon ab, ob trotz der Abweichung noch derselbe Tatbestand erfüllt ist oder bereits ein anderer Tatbestand verwirklicht wurde als sich der Anstifter vorgestellt hat.

Ist letzteres der Fall, kann der Redakteur dafür nicht als Anstifter zur Verantwortung gezogen werden. Es mangelt hier an dem erforderlichen Anstiftungsvorsatz. Hinsichtlich des Delikts, dessen Verwirklichung der Anstifter vergeblich angestrebt hat, liegt nur eine versuchte Anstiftung vor[338].

Liegt die Abweichung noch innerhalb desselben Tatbestandes, ist grundsätzlich gleichwohl eine Anstiftung zu bejahen. Voraussetzung ist jedoch, daß es sich um unwesentliche Abweichungen handelt[339]. Das ist dann der Fall, wenn sie sich noch innerhalb der Grenzen des nach allgemeiner Lebenserfahrung Voraussehbaren halten und keine andere Bewertung der Tat rechtfertigen[340]. Bei der Beurteilung, ob die Grenzen eingehalten wurden, kommt es zum einen auf objektive Maßstäbe an. Darüber hinaus ist aber auch zu berücksichtigen, welche Entwicklung im Verhalten des recherchierenden Journalisten vom Redakteur oder Verleger beabsichtigt und vorausgesehen wurde.

IV. Ergebnis

Selbst wenn Redakteur oder Verleger nicht genau wissen, auf welche Weise ihre Journalisten im einzelnen recherchieren, ist es jedenfalls nicht ausgeschlossen, daß sie im Einzelfall die wesentlichen Dimensionen des Unrechts erfassen. Das ist für eine Haftbarmachung als Anstifter erforderlich aber auch ausreichend. Letztlich wird es Verleger und Redakteur schwer nachzuweisen sein, daß sie den Journalisten zu einer Rechtsgutsverletzung bestimmen wollten.

---

337 Vgl. Fn. 331.

338 LK-*Roxin*, § 26 Rn. 87.

339 Schönke/Schröder-*Cramer*, Vorbem. §§ 25 ff. Rn. 44; *RGSt* 70, 295.

340 Schönke/Schröder-*Cramer*, § 15 Rn. 55.

C. Redakteur und Verleger als Gehilfen

Redakteur und Verleger können schließlich Gehilfen des recherchierenden Journalisten sein. Wie § 26 StGB erfordert § 27 StGB eine vorsätzliche rechtswidrige Haupttat des recherchierenden Journalisten.

Darüber hinaus müßten Redakteur oder Verleger dem Journalisten Hilfe geleistet haben. Unter Hilfeleisten ist das psychische oder physische Fördern der Haupttat zu verstehen. Bereitet der Begriff des Hilfeleistens an sich wenig Schwierigkeiten, ist seit langem umstritten, für was die Förderung ursächlich sein muß. Nach der *Rechtsprechung* ist es ausreichend, wenn die tatbestandsmäßige Handlung durch den Beitrag des Gehilfen gefördert worden ist[341]. Dagegen will der überwiegende Teil der Lehre eine Hilfeleistung erst annehmen, wenn die Förderung ursächlich für den tatbestandsmäßigen Erfolg gewesen ist[342].

Es macht für die Strafbarkeit des Redakteurs also einen Unterschied, ob er den Journalisten lediglich bei dessen Recherchehandlung unterstützt oder diese Unterstützung auch für den strafrechtlichen Erfolg ursächlich ist.

Die Entscheidungen dieses Streits liegt im Strafgrund der Teilnahme. Dieser ist mit der Verursachungstheorie in der Ursächlichkeit des Teilnehmers für die Haupttat zu sehen[343]. Der Teilnehmer verletzt zwar nicht selbst die Strafnorm, wirkt aber an der Normverletzung durch den Haupttäter mit. Dieser verletzt eine Norm, außer in den Fällen der Versuchstrafbarkeit, erst mit Eintritt des tatbestandsmäßigen Erfolges. Erst darin ist das eigentliche Unrecht zu sehen. Nichts anderes kann aber für den Gehilfen gelten. Erst die Ursächlichkeit seines Beitrags für den Erfolg begründet seine Strafbarkeit.

Nur mit dieser Sichtweise ist auch eine Abgrenzung der straflosen versuchten Beihilfe zur strafbaren vollendeten Beihilfe möglich.

Es ist also erforderlich, daß die Unterstützungshandlung des Redakteurs auch für den Erfolg der Haupttat ursächlich wird. Ob dies für den Beitrag des Redakteurs oder Verlegers tatsächlich zutrifft, ist im Einzelfall zu klären.

In subjektiver Hinsicht ist für eine Beihilfe von Redakteur und Verleger neben dem Bewußtsein, daß sein Verhalten die Haupttat gefördert hat, Vorsatz hinsichtlich Vollendung der Haupttat durch den Täter erforderlich. Gerade dies wird aber schwer nachzuweisen sein.

---

341 *RGSt* 4, 464 ff.; *BGHSt* 8, 390 ff.

342 LK-*Roxin*, § 27 Rn. 2; zur ausreichenden Risikoerhöhung für den Erfolg der Haupttat vgl. *Otto* JuS 1982, 563 ff.

343 Schönke/Schröder-*Cramer*, Vorbem. §§ 25 ff. Rn. 17.

3. Teil: Ergebnis

Das materielle Strafrecht begrenzt die Freiheit der journalistischen Recherche insbesondere dort, wo es um empfindliche Rechte einzelner geht. Hauptberührungspunkte entstehen demzufolge während der Recherche mit dem durch § 123 StGB geschützten Hausrecht und dem persönlichen Lebens- und Geheimbereich, den die §§ 201 ff. StGB schützen.

Eine Recherche in privaten Räumen ist grundsätzlich unzulässig und verstößt gegen § 123 StGB. Auch die Recherche in öffentlichen Gebäuden ist nur insoweit zulässig wie die Zweckbestimmung des Gebäudes eine solche vorsieht. Lediglich bei öffentlichen Versammlungen im Freien gilt die Freiheit der Recherche unbeschränkt.

Ebenso wie das Hausrecht ist der persönliche Lebens- und Geheimbereich i.ü. durch die Recherche betroffen. Hier gerät der Journalist in den strafrechtlich relevanten Bereich der §§ 201 ff. StGB, wenn er die Vertraulichkeit des Wortes oder das Briefgeheimnis verletzt. Im selben Maße unzulässig ist das Ausspähen von Daten durch den Journalisten.

Eine Rechtfertigung des Journalisten für die Verletzung des Hausrechts oder des persönlichen Lebens- und Geheimbereiches ist nur unter den engen Voraussetzungen der allgemeinen Rechtfertigungsgründe, wie § 32 oder § 34 StGB möglich. Eine Erweiterung der Rechtfertigungsmöglichkeiten zugunsten des Journalisten durch das Grundrecht der Pressefreiheit aus Art. 5 Abs. 1 S. 2, 1. Alt. GG oder eine Ausdehnung des Anwendungsbereichs von § 193 StGB ist nicht zulässig. Auch eine Rechtfertigung nach dem Grundsatz der Interessenabwägung oder der Sozialadäquanz ist abzulehnen. Eine Abwägung, die dann auch die Bedeutung der Pressefreiheit berücksichtigt, ist im Strafrecht nur dort möglich, wo das Gesetz selbst eine Abwägung vorsieht, wie bei § 34 StGB.

Die Beschränkungen der Rechtfertigungsmöglichkeiten für den recherchierenden Journalisten gelten überdies nicht nur für § 123 StGB oder die §§ 201 ff StGB. Der Journalist kann auch bei der Verletzung anderer durch das Strafrecht geschützter Rechtsgüter nur nach den allgemeinen Regeln gerechtfertigt sein.

Nicht nur der recherchierende Journalist kann strafrechtlich zur Verantwortung gezogen werden. Auch der Verleger oder der Redakteur können für die Überschreitung der strafrechtlichen Grenzen während der Recherche haftbar gemacht werden. Denkbar sind hier nicht nur Anstiftung oder Beihilfe zur Tat des Journalisten. Auch eine mittelbare Täterschaft von Redakteur und Verleger ist mit Hilfe der Figur des Täters hinter dem Täter möglich geworden.

6. Abschnitt: Grenzen der journalistischen Recherche im Strafverfahren

1. Teil: Nachrichtensperren zum Schutze staatlicher Strafverfolgung

A. Staatlicher Strafverfolgungsanspruch und journalistische Ermittlungsfreiheit

Die Ermittlung von Straftaten ist heute dem Staat vorbehalten. Dennoch sind es häufig die Medien, die Straftaten aufdecken, Kontakte zu potentiellen Zeugen pflegen oder wichtige Beweismittel im Zuge ihrer Recherchen erhalten. Die Regelungen der Verfahrensordnungen begrenzen die Tätigkeit der Ermittlungsbehörden. Nur aufgrund der dort festgelegten Eingriffsbefugnisse dürfen die Strafverfolgungsorgane aktiv werden. Derartige Beschränkungen gelten für die Presse nicht. Der recherchierende Journalist ist in kein justizförmiges Verfahren gezwängt, er kann sich innerhalb der allgemeinen, für jedermann geltenden Grenzen bewegen und dabei durch seine besondere Stellung als Organ der Presse in den meisten Fällen effektiver ermitteln als ein Staatsanwalt.

Bei Straftaten von öffentlichem Interesse ermitteln die Staatsanwaltschaft und die Presse zumeist parallel. Im Idealfall ergänzen sie sich dabei. Häufig bedienen sich die Strafverfolgungsbehörden der Presse, um die Bevölkerung bei der Suche nach Straftätern mit einzubeziehen. Wie wichtig die Presse in diesem Zusammenhang ist, zeigen die Richtlinien über die Inanspruchnahme von Publikationsorganen zur Fahndung nach Personen bei der Strafverfolgung[344]. Darin wird die Breitenwirkung von Presse, Rundfunk und Fernsehen im Zusammenhang mit der Fahndung nach Personen besonders betont. Die Bereitschaft der Presse, bei der Fahndung mitzuwirken, wird nicht zuletzt wegen der damit zu erzielenden Massenwirkung relativ groß sein. Eine noch größere Wirkung erzielen aber Mitteilungen, die auch für die Verfolgungsbehörden überraschend sind und so als „Sensation" vermarktet werden können. Fehlen in einem solchen Fall den Strafverfolgungsorganen Eingriffsbefugnisse, um die für die Verfolgung notwendigen Informationen von der Presse zu erhalten, ist dies zugunsten der Justizförmigkeit des Strafverfahrens hinzunehmen. Die staatlichen Ermittler sind dann auf eine freiwillige Herausgabe der Informationen durch den Journalisten angewiesen, soweit das Strafverfahrensrecht keine Herausgabepflicht statuiert.

Der Presse steht mit § 4 Abs. 1 LPG gegenüber der Staatsanwaltschaft als ermittelnder Behörde ein gesetzlicher Informationsanspruch zur Seite. Die

---

344 Abgedruckt in *Kleinknecht/Meyer-Goßner* als Anlage B zu den Richtlinien für das Straf- und Bußgeldverfahren.

Behörden, und somit auch die Staatsanwaltschaften, sind verpflichtet, den Vertretern der Presse die der Erfüllung ihrer öffentlichen Aufgabe dienenden Auskünfte zu erteilen, § 4 Abs. 1 LPG[345]. Diesen Anspruch können die Vertreter der Presse im Wege des verwaltungsgerichtlichen Verfahrens geltend machen.

B. Einschränkung journalistischer Informationsfreiheit durch die Nachrichtensperre

I. Begriff der Nachrichtensperre

Eine Form der Einschränkung journalistischer Informationsquellen ist die Nachrichtensperre. Auf sie soll hier ein besonderes Augenmerk gelegt werden. Praktisch wurde das Mittel der Nachrichtensperre gegen Ende der 70-er Jahre, insbesondere im Zusammenhang mit der Entführung von *Hanns Martin Schleyer* sowie der Lufthansa-Maschine *„Landshut"* nach Mogadischu und in jüngerer Zeit bei der Entführung *Jan Philipp Reemtsmas*. Der Begriff der Nachrichtensperre ist kein juristischer terminus technicus. Der Ausdruck hat sich während der politischen Diskussion im Jahre 1977 anläßlich der oben erwähnten Entführung *Hanns Martin Schleyers* durchgesetzt.

Zweck der Nachrichtensperre im Zusammenhang mit der Verfolgung bestimmter Straftaten ist es, die noch nicht gefaßten Straftäter in Sicherheit zu wiegen, um so der Polizei einen leichteren Zugriff zu ermöglichen. Insbesondere bei der Verfolgung politisch motivierter Straftaten soll vermieden werden, daß den Terroristen Informationen zugehen, die sie zur Planung und Fortsetzung von Straftaten verwenden können. Gleichzeitig soll der terroristischen Tat durch die Nachrichtensperre ein Stück Publizität genommen werden[346].

Zu unterscheiden sind zwei Formen der Nachrichtensperre. Primär beschreibt der Begriff den Umstand, daß staatliche Instanzen Informationen oder Nachrichten, die sie in der politischen Alltagspraxis an die Presse und andere Medien weitergeben, ausnahmsweise zurückhalten[347]. Der Zweck der Nachrichtensperre, der Straftat keine unnötige Publizität zu verschaffen und den Tätern keine Informationen zukommen zu lassen, kann aber nur erreicht werden, wenn auch die durch die Medien selbst recherchierten Informationen nicht zur Veröffentlichung kommen. Bei dieser zweiten Form der Nachrichtensperre hält der Staat nicht eigene Informationen zurück, sondern greift in einen fremden Informationsfluß ein[348]. Ob dies tatsächlich und rechtlich möglich ist, wird zu klären sein.

---

345 Ausführlich zum Informationsanspruch bereits oben 1. Abschnitt, 1. Teil.

346 *Starck* AfP 1978, 171, 171.

347 Vgl. *Rotta*, S. 32; *Starck* AfP 1978, 171, 171.

348 *Jarass*, Massenmedien, S. 114, 226 f. und *Jarass*, AfP 1979, 22, 228.

II. Rechtliche Einordnung der Nachrichtensperre

1. Eingriff in Grundrechte der Presse?

Von der rechtlichen Qualität der Nachrichtensperre hängen deren Voraussetzungen, Umfang und Dauer ab. Bei einem Eingriff in ein Grundrecht der Presse würde die Nachrichtensperre einer Rechtfertigung durch Gesetz bedürfen, das allen von der Verfassung vorgegebenen Anforderungen entsprechen müßte. Ein grundrechtlicher Informationsanspruch der Presse ist Voraussetzung dafür, daß es sich bei der Nachrichtensperre um eine Ausnahme handelt, die entsprechender gesetzlicher Legitimierung bedarf. Der innere Zusammenhang zwischen Informationsfreiheit und Öffentlichkeit staatlichen Handels erschwert einen einfachen Schluß von dem Grundrecht der Informationsfreiheit des Bürgers auf einen verfassungsrechtlichen Informationsanspruch der Presse. Dargelegt wurde bereits, daß aus Art. 5 GG kein derartiger Anspruch erwachsen kann[349]. Der Informationsanspruch der Presse ist vielmehr auf der Ebene des einfachen Rechts angesiedelt. Ausnahmen, wie die Verhängung einer Nachrichtensperre, sind daher mit Hilfe des einfachen Rechts, hier § 4 LPG[350] zu beurteilen.

2. Auskunftsverweigerung i.S.v. § 4 Abs. 2 LPG

Obwohl die Nachrichtensperre in tatsächlicher Hinsicht eine Ausnahme zur gesetzlich geregelten Informationspflicht von Behörden darstellt, gibt es keine spezielle rechtliche Grundlage für die Nachrichtensperre. Auch in den Gesetzen über die Strafverfolgung findet der Begriff keine Erwähnung. Vertreter der Literatur sehen die Nachrichtensperre überwiegend als Bündelung einzelner Auskunftsverweigerungsgründe i.S.v. § 4 Abs. 2 LPG. Der Informationsanspruch der Presse kann danach eingeschränkt werden, wenn ein schwebendes Verfahren beeinträchtigt werden würde, Vorschriften der Geheimhaltung entgegenstehen, überwiegende öffentliche oder schutzwürdige private Interessen verletzt würden oder der Umfang der Informationen das zumutbare Maß überschreitet. Dies wurde bereits erläutert[351].

Ob die Nachrichtensperre eine Auskunftsverweigerung im Sinne dieser Vorschrift ist, darf zumindest bezweifelt werden. Der Wortlaut des § 4 Abs. 1 LPG läßt unterschiedliche Deutungen zu. Die Norm begründet einen Informationsanspruch nur, wenn eine journalistische Anfrage in Bezug auf eine bestimmte Tatsache besteht. Das Gesetz gewährt der Presse keinen Anspruch darauf, daß die Behörde sie von sich aus mit staatlicher Eigeninformation versorgt[352]. Die Behörde kann von sich aus tätig werden, muß es aber nicht. Bei

349 Vgl. Fn. 331. 2. Abschnitt, 2. Teil, B. IV.

350 § 3 LPG in Hessen.

351 4. Abschnitt, 5. Teil.

352 *VG Berlin*, AfP 1985, 77, 78.

einer Nachrichtensperre hält die Behörde Informationen zurück, die überhaupt nicht oder nur zum Teil aus dem Behördenapparat an die Öffentlichkeit gedrungen sind. Zum Zeitpunkt der Entscheidung über die Verhängung einer Nachrichtensperre sind dementsprechend in Ermangelung konkreter Anhaltspunkte häufig Anfragen der Presse, auf die nach § 4 Abs. 1 LPG Auskunft zu geben wäre, faktisch noch gar nicht möglich. Angesichts der begrifflichen Verschiedenheit von „Nachrichtensperre" und „Auskunft" werden auch in der Literatur Zweifel hinsichtlich der Anwendbarkeit von § 4 Abs. 2 LPG auf die Nachrichtensperre angemeldet[353].

Die unterschiedlichen Ausdrücke führen aber nicht ohne weiteres zur Unanwendbarkeit von § 4 Abs. 2 LPG. Wie für den Begriff der Nachrichtensperre fehlen auch für den der Auskunftsverweigerung in den Pressegesetzen ebenso wie in anderen Vorschriften nähere Erläuterungen. Der Wortlaut des § 4 Abs. 2 LPG enthält auch im übrigen keinerlei Anhaltspunkt. Aufschluß bietet allein der Normzweck des § 4 Abs. 2 LPG. Die Vorschrift räumt der Exekutive das Recht ein, auf bestimmte Fragen keine Auskunft geben zu müssen. Wäre die Behörde verpflichtet, von sich aus Informationen an die Presse weiterzuleiten, wenn sie dieselben Informationen bei einem ausdrücklichen Auskunftsbegehren der Presse zurückhalten könnte, würde dies dem Normzweck des § 4 Abs. 2 LPG widersprechen. Es kann vom Gesetzgeber nicht gewollt sein, daß die Behörde erst eine Anfrage von seiten der Presse abwarten muß, um eine Auskunft zu verweigern. Vielmehr muß sie schon von sich aus in der Lage sein, Informationen zurückzuhalten. Dementsprechend kann nicht nur die Auskunftsverweigerung nach vorheriger journalistischer Anfrage nach § 4 Abs. 2 LPG zulässig sein. Der Normzweck gebietet es erst recht, eine vorherige Nachrichtensperre auf dieser Grundlage verhängen zu können.

3. Die Nachrichtensperre als unzulässige Anordnung i.S.v. § 4 Abs. 3 LPG?

Das Zurückhalten staatlicher Information erfordert für die Durchsetzung eine allgemeine Anordnung der Verwaltung, die alle mit dem Verfahren befaßten staatlichen Organe bindet. Problematisch wäre es aber, wenn es sich bei der Verhängung einer Nachrichtensperre zugleich um eine Anordnung i.S.v. § 4 Abs. 3 LPG[354] handeln würde. Eine solche wäre nach den Landespressegesetzen nicht zulässig[355].

Die landesrechtlichen Regelungen weichen in ihrem Wortlaut teilweise voneinander ab. So untersagt § 4 Abs. 3 LPG beispielsweise in Schleswig-Holstein, Berlin, Bremen und Hamburg „allgemeine Anordnungen, die einer Behörde Auskünfte an die Presse verbieten". Dagegen sind in Baden-

353 *Rotta*, S. 97.

354 § 3 Abs. 3 LPG in Hessen.

355 Lediglich in Bayern fehlt eine entsprechende Regelung.

Württemberg „Anordnungen, die einer Behörde Auskünfte an die Presse allgemein verbieten“, unzulässig.

Nach einer reinen Wortlautinterpretation würde das Baden-Württembergische Gesetz die Anordnung eines allgemeinen Verbots untersagen, während in Schleswig-Holstein eine allgemeine Anordnung unzulässig wäre. Ob eine derart unterschiedliche Bedeutung in diesem Bereich tatsächlich gewollt ist, erscheint fraglich. Die erste und präziseste Regelung enthält hier das hessische Pressegesetz. § 3 Abs. 3 LPG[356] lautet: „Anordnungen, die einer Behörde Auskünfte an die Tagespresse insgesamt[357], an diejenige einer bestimmten Richtung oder an ein bestimmtes periodisches Druckwerk allgemein verbieten, sind unzulässig.“. Die differenzierte Wortwahl in der hessischen Fassung weist ausdrücklich auf die Unzulässigkeit allgemeiner Verbote und nicht allgemeiner Anordnungen hin. Die Pressegesetze der anderen Bundesländer mit den abweichenden Formulierungen sind zeitlich nach der hessischen Variante verabschiedet worden. Warum die übrigen Landesgesetzgeber eine von der hessischen Fassung abweichende Formulierung gewählt haben, ist nicht ersichtlich. Die Materialien zu den Landespressegesetzensind in dieser Hinsicht ebenso unergiebig wie die zum Modellentwurf für ein einheitliches Landespressegesetz aus dem Jahre 1963.

Der Schlüssel liegt in der systematischen Bedeutung des § 4 Abs. 3 LPG. § 4 Abs. 2 LPG ermöglicht es den Behörden, die Auskunft zu verweigern, wenn einer der genannte Gründe vorliegt. Selbst die Landespressegesetze, die ihrem Wortlaut nach eine allgemeine Anordnung verbieten[358], lassen eine Auskunftsverweigerung zu, wenn Vorschriften über die Geheimhaltung entgegenstehen, vgl. nur § 4 Abs. 2 Nr. 2 LPG Schleswig-Holstein. *Rotta* ist zuzustimmen, wenn er meint, es sei nicht ersichtlich, warum Behörden zur Durchsetzung der Geheimhaltungsvorschriften keine allgemeinen Verwaltungsvorschriften erlassen dürfen sollten[359]. Die Behörde übt in einem solchen Fall das ihr durch § 4 Abs. 2 LPG eingeräumte Ermessen aus und nutzt dabei die ihr zur Verfügung stehenden allgemeinen verwaltungsrechtlichen Instrumentarien, wozu auch der Erlaß einer allgemeinen Verwaltungsanordnung gehört. Würde in Schleswig-Holstein und den Ländern mit gleichem Gesetzeswortlaut streng grammatikalisch und nach dem Wortlaut vorgegangen, wäre eine allgemeine Anordnung verboten und dementsprechend eine Anordnung zur Durchführung der Auskunftsverweigerungsrechte aus § 4 Abs. 2 LPG nicht möglich. Das kann von den Landesgesetzgebern nicht gewollt sein. Vielmehr ist davon auszugehen, daß die Landespressegesetze keine allgemeine Verwaltungsanordnungen

---

356 „Hessisches Gesetz über die Freiheit und das Recht der Presse“ vom 23. Juni 1949.

357 Die Formulierung „insgesamt“ ersetzt in der heutigen Fassung der Begriff überhaupt.

358 Schleswig-Holstein, Berlin, Bremen, Hamburg, Niedersachsen, Rheinland-Pfalz und das Saarland.

359 *Rotta*, S. 73, 74.

verbieten, soweit sie sich innerhalb der tatbestandlichen Voraussetzungen von § 4 Abs. 2 LPG bewegen. Und damit sind auch Nachrichtensperren zulässig, solange sie sich im Rahmen der Auskunftsverweigerungsgründe des § 4 Abs. 2 LPG halten und sachlich begrenzt sind. Nur solche Anordnungen, die Auskünfte generell untersagen, sind nach § 4 Abs. 3 LPG unzulässig.

III. Voraussetzungen und Umfang der Nachrichtensperre

1. Voraussetzungen

Ist mit § 4 Abs. 2 LPG eine rechtliche Grundlage für die Verhängung einer Nachrichtensperre gefunden, ist weiter fraglich, ob damit auch die Voraussetzungen für eine Nachrichtensperre feststehen. Es fehlen in § 4 Abs. 2 LPG ausdrückliche qualitative und quantitative Merkmale für die Annahme oder Ablehnung einer Nachrichtensperre. Angedeutet wurde bereits, daß die meisten Vertreter der Literatur eine Nachrichtensperre bei einer Bündelung der in § 4 Abs. 2 LPG angeführten Verweigerungsgründe zulassen. Wie viele dieser Gründe vorliegen müssen, um eine Nachrichtensperre zu rechtfertigen, ist aber unklar. Weder die Rechtsprechung noch Vertreter der Literatur haben dazu allgemeine Grundsätze entwickelt.

Anhand der in der Vergangenheit verhängten Nachrichtensperren läßt sich ermitteln, unter welchen Voraussetzungen diese ergangen sind. Ob diese Voraussetzungen für eine Einschränkung der journalistischen Ermittlungsfreiheit ausreichen und daraus allgemeine Grundsätze hergeleitet werden können, wird danach festzustellen sein.

Eine Nachrichtensperre ist nach allgemeiner Ansicht nur möglich, wenn sie sich auf einen abgegrenzten Tatsachenkomplex bezieht und schwerwiegende Gründe vorliegen. Ohne bestimmte Rangfolge wurde von der Bundesregierung für die bei der *Schleyer* - Entführung verhängte Nachrichtensperre angeführt: der Staat dürfe sich nicht erpressen lassen; Menschenleben müßten gerettet werden; die Funktionsfähigkeit des Staates müsse zum Schutze seiner Bürger erhalten bleiben[360]. Diese Gründe lassen sich sämtlich unter die Auskunftsverweigerungsgründe des § 4 Abs. 2 LPG subsumieren. Mit der Gefahr für Menschenleben besteht ein überwiegendes schutzwürdiges privates Interesse i.S.v. § 4 Abs. 2 Nr. 3 LPG, das eine Einschränkung der Informationsfreiheit zugunsten einer Informationssperre zuläßt. Daß der Staat nicht erpreßbar sein dürfe, muß ebenso wie der Hinweis auf die Erhaltung der Funktionsfähigkeit des Staates zum Schutze seiner Bürger im Zusammenhang mit der bei der Entführung *Hanns-Martin-Schleyers* eingeleiteten Strafverfolgung gesehen werden. In diesem Fall war es das laufende Strafverfahren, das nicht gefährdet werden sollte und damit die Funktionsfähigkeit der Strafrechtspflege, die nicht in das Belieben von

360 Vgl. Löffler-*Wenzel*, § 4 LPG Rn. 125.

Straftätern gestellt werden sollte. Es bestand die Gefahr, daß ein schwebendes Verfahren vereitelt worden wäre, § 4 Abs. 2 Nr. 1 LPG. Beide Gründe zusammen reichten nach Ansicht der Bundesregierung aus, um eine Nachrichtensperre zu verhängen.

Offen ist aber weiterhin, ob in Entführungsfällen generell oder möglicherweise nur in politisch motivierten Fällen bereits beim Vorliegen zweier Voraussetzungen des § 4 Abs. 2 LPG eine Nachrichtensperre die Informationsfreiheit der Presse einschränken kann oder auch andere Fälle denkbar sind, in denen eine Nachrichtensperre zulässig ist. Die Vertreter der Literatur verlangen in Anlehnung an die *Schleyer*-Entführung „schwerwiegende Gründe" für eine Nachrichtensperre. Was mit dem Begriff der schwerwiegenden Gründe gemeint ist, erläutern selbst deren Verfechter in der Literatur nur beispielhaft. Taugliche Kriterien für eine Begriffsbestimmung fehlen. Allgemeine Grundsätze für die Zulässigkeit einer Nachrichtensperre sind bislang nicht vorhanden.

Was bleibt, ist der Tatbestand des § 4 Abs. 2 LPG. Nur im Rahmen der durch die Norm vorgegebenen Möglichkeiten kann eine Einschränkung der Informationspflicht in Form einer Nachrichtensperre zulässig sein. § 4 Abs. 2 LPG eröffnet der Behörde mit der Formulierung „können" für den Normalfall der Auskunftsverweigerung Ermessen hinsichtlich der Rechtsfolge. Die Voraussetzungen auf der Tatbestandsseite stehen dagegen scheinbar fest. Wenn bei der Verhängung einer Nachrichtensperre allgemeine Grundsätze und Regeln fehlen, die den Tatbestand beschreiben würden, fragt es sich, ob § 4 Abs. 2 LPG nicht überstrapaziert würde, wenn der Behörde auch auf der Tatbestandsseite ein Beurteilungsspielraum eingeräumt würde, um festzustellen, ob die Voraussetzungen einer Nachrichtensperre vorliegen.

Für den Bereich der Strafverfolgung wird in den meisten Fällen ein schutzwürdiges privates Interesse i.S.v. § 4 Abs. 2 Nr. 3 LPG vorhanden sein, wenn beispielsweise das Opfer einer Straftat in Lebensgefahr schwebt. Auf der Rechtsfolgenseite muß die Behörde ihr Ermessen ausüben und die Einschränkung der Informationsgewährung mit dem schutzwürdigen privaten Interesse abwägen. Aber auch der Tatbestand enthält mit der Formulierung „schutzwürdige private Interessen" einen ausfüllungsbedürftigen Begriff. Zwar kommt es bei einem privaten Interesse nicht darauf an, ob es überwiegt. Insoweit bedarf es keiner Interessenabwägung mehr. Entscheidend ist, daß es schutzwürdig ist. Ob das private Interesse als schutzwürdig anzuerkennen ist, erfordert aber doch eine Interessenabwägung[361]. Je intensiver das private Interesse bereits Gegenstand öffentlicher Erörterungen war, desto eher sind die Behörden zur Informationserteilung berechtigt und verpflichtet[362].

---

361 *BVerwGE* 70, 310, 315.

362 *VG Berlin* AfP 1994, 175, 178.

§ 4 Abs. 2 Nr. 3 LPG beinhaltet also einen unbestimmten Rechtsbegriff, der erst durch eine Abwägung bestimmt werden kann. Insoweit eröffnet der Auskunftsverweigerungsgrund der Behörde einen Beurteilungsspielraum schon auf der Tatbestandsseite.

§ 4 Abs. 2 Nr. 1 LPG gewährt der Behörde einen weiteren Grund zur Auskunftsverweigerung, wenn ein schwebendes Verfahren vereitelt, erschwert, verzögert oder gefährdet werden könnte. Schon die Formulierung „schwebende Verfahren“ läßt unterschiedliche Interpretationen zu[363]. Ebenso wie diesen wesentlichen Begriff hat der Gesetzgeber offen gelassen, wann ein Verfahren vereitelt, erschwert, verzögert oder gefährdet werden könnte. *Wenzel* hält hier eine konkrete Gefährdung für erforderlich[364]. *Rebmann*, *Ott* und *Storz* meinen dagegen, die sachgemäße Durchführung eines Verfahrens sei bereits gefährdet, wenn die bloße Gefahr der Beeinträchtigung einer sachgemäßen Durchführung vorliegt[365]. *Wenzel* muß sich zwar entgegenhalten lassen, daß der Gesetzgeber, hätte er eine konkrete Gefahr verlangen wollen, dies auch mit einer entsprechenden Gesetzesformulierung hätte zum Ausdruck bringen können und müssen, z.B. durch die nähere Umschreibung von Gefährdungstatbeständen. Die unbestimmten Rechtsbegriffe des § 4 Abs. 2 LPG müssen aber wieder im Gesamtzusammenhang der Norm gesehen werden. § 4 Abs. 1 LPG gewährt der Presse einen Informationsanspruch, um diese bei der Erfüllung ihrer öffentlichen Aufgabe zu unterstützen. Das Bundesverfassungsgericht hat bereits im *„Lebach-*Urteil“ betont, daß das besondere Informationsinteresse der Öffentlichkeit an der Berichterstattung über Straftaten besonders groß sei[366]. Dementsprechend weit reichen muß der Informationsanspruch der Presse, damit sie ihre öffentliche Aufgabe erfüllen kann[367]. Eine bloß abstrakte Gefahr kann eine Beschränkung des Anspruchs nicht rechtfertigen. Es bedarf vielmehr einer konkreten Gefahr für ein schwebendes Verfahren, um eine Auskunftsverweigerung zulassen zu können. Ob eine konkrete Gefahr vorliegt, muß dann wieder die Behörde durch Ausübung des ihr durch die Norm eingeräumten Ermessens entscheiden.

Mit den offen gehaltenen Formulierungen bietet der Gesetzgeber der Behörde auch in nicht vorhersehbaren Situationen die Möglichkeit, im Rahmen des eingeräumten Ermessensspielraums entsprechend reagieren zu können. Nicht nur auf der Rechtsfolgenseite wird hier von der Behörde eine Ermessensausübung verlangt. Bereits auf der Tatbestandsebene ist die Behörde gehalten, die Interessen der Presse an der Informationserteilung mit den durch die Auskunftsverweigerung geschützten Belangen abzuwägen und schon an dieser Stelle eine Ermessensentscheidung zu treffen.

---

363 4. Abschnitt, 5. Teil., A.

364 Löffler-*Wenzel*, § 4 LPG Rn. 97.

365 *Puppe*, § 4 LPG Rn. 25.

366 *BVerfGE* 35, 203.

367 *Soehring*, Rn. 4.58.

Für die Nachrichtensperre folgt das daraus, daß die Behörde schon auf der Tatbestandsseite prüfen muß, ob die Gründe für eine Auskunftsverweigerung so schwer wiegen, daß eine Unterrichtung der Presse unterbleiben muß. Erst dadurch wird der Begriff der schwerwiegenden Gründe, wie ihn die Vertreter der Literatur verwenden, mit Inhalt gefüllt. Die Behörde muß schon bei den Voraussetzungen eine Güterabwägung vornehmen und innerhalb des ihr eingeräumten behördlichen Ermesssensspielraums die Voraussetzungen für eine Nachrichtensperre prüfen.

2. Umfang und Dauer der Nachrichtensperre

Auch die Rechtsfolge der Auskunftsverweigerung hat der Gesetzgeber sehr offen formuliert. Wurde bereits festgestellt, daß die Verhängung einer Nachrichtensperre unter den Begriff der Auskunftsverweigerung zu subsumieren ist, so läßt sich der Formulierung „die Auskünfte können verweigert werden" nicht entnehmen, auf welche Weise diese besondere Form der Auskunftsverweigerung erfolgen soll. Die Frage ist zum einen, in welchem Umfang die Nachrichtensperre erfolgen kann, und weiter ist zu klären, welchen zeitlichen Rahmen sie einnehmen darf.

Die Einschränkung durch die Formulierung „soweit" macht deutlich, daß eine Nachrichtensperre auch teilweise möglich sein muß. Das ist denkbar in Fällen, in denen beispielsweise nur einzelne Nachrichten ein schwebendes Verfahren nach § 4 Abs. 2 Nr. 1 LPG gefährden oder vereiteln würden. Es stünde nicht im Einklang mit dem Wortlaut des § 4 Abs. 2 Nr. 1 LPG und würde die öffentliche Aufgabe der Presse unterlaufen, wenn sämtliche Auskünfte über ein schwebendes Verfahren verweigert werden würden, obwohl nur einzelne Auskünfte zu einer Beeinträchtigung des Verfahrens führen könnten. In der Öffentlichkeit sind gerade „schwebende Verfahren" von besonderem Interesse. Die öffentliche Aufgabe der Presse, d.h. die Öffentlichkeit umfassend zu informieren, würde in unzulässiger Weise eingeschränkt, wenn in einem solchen Fall sämtliche Auskünfte verweigert werden könnten. Die Nachrichtensperre wird also in der Regel keine totale sein, sondern nur die Umstände betreffen, die das schwebende Verfahren auch tatsächlich beeinträchtigen[368].

Eine totale Nachrichtensperre wird dann ein zulässiges Mittel sein, wenn die Gründe so schwer wiegen, daß die durch § 4 Abs. 2 LPG geschützten Interessen das Informationsbedürfnis der Presse eindeutig überwiegen. Auch auf der Rechtsfolgenseite muß die Behörde das ihr eingeräumte Ermessen ausüben.

Eine weitere Frage ist aber, ab welchem Zeitpunkt und dann in welchem Umfang die Nachrichtensperre wieder aufgehoben werden muß. Anläßlich der Entführung *Hanns-Martin Schleyers* haben die Medien sich auch deshalb mit einer Berichterstattung zurückgehalten, weil der damalige Regierungssprecher

---

368 So auch *Starck* AfP 1978, 171, 176.

Bölling ihnen für den Abschluß der Entführung eine Dokumentation über das gesamte Geschehen angekündigt hatte. Diese war dann aber ebenfalls lückenhaft und ließ einige Fragen über den Ablauf der Entführung offen. Insbesondere Bereiche der taktischen Strafverfolgung wurden in dem Bericht ausgespart. Das stieß bei den Vertretern der Presse auf teilweise heftige Kritik[369].

Daraus erwächst die Frage, ob mit dem Ende eines schwebenden Verfahrens, insbesondere eines Strafverfahrens, eine Verpflichtung der Behörde besteht, die Presse nachträglich umfassend zu informieren. Wenn eine nachträgliche Dokumentation wie im Fall *Schleyer* die Nachrichtensperre kompensieren soll[370], scheint eine umfassende Information zunächst angemessen. Informationen über unaufgeklärte Verbrechen sind Angelegenheiten von öffentlichem Interesse, die grundsätzlich der Öffentlichkeit nicht vorenthalten werden dürfen. Das gilt in ähnlicher Weise für die Arbeitsweise der Strafverfolgungsorgane und deren Leistungsfähigkeit. Diese Leistungsfähigkeit kann aber naturgemäß nur erhalten werden, wenn Vorgehensweisen der Polizei oder auch die Namen der am Einsatz beteiligten Beamten nicht der Öffentlichkeit preisgegeben werden. Die Informationsverweigerung über solche Umstände ist unabhängig von einem schwebenden Verfahren[371] und kann vielmehr nach § 4 Abs. 2 Nr. 3 LPG wegen eines überwiegenden öffentlichen Interesses gerechtfertigt sein. Ein Anspruch auf umfassende nachträgliche Information besteht dann nicht.

Umfang und Dauer der Nachrichtensperre erfordern, wie schon die Feststellung der Voraussetzungen, die Ausübung behördlichen Ermessens. Wieder lassen sich allgemeine Grundsätze nicht aufstellen. Die Reichweite der Informationsverweigerung ist auch hier das Ergebnis einer Abwägung der Interessen der Presse mit den in § 4 Abs. 2 LPG geschützten Belangen.

IV. Grenzen der Effektivität einer Nachrichtensperre

Die Ziele einer Nachrichtensperre können nur erreicht werden, wenn die entscheidenden Informationen auch tatsächlich nicht an die Öffentlichkeit dringen. Eine einseitige Nachrichtensperre ist daher nur sinnvoll, wenn die Behörde ausschließlich über die Informationen verfügt. Das wird in den seltensten Fällen so sein. Wenn nicht bereits die staatlichen Maßnahmen zur Strafverfolgung selbst Außenwirkung entfalten, sind es nicht selten die publizitätssüchtigen Straftäter, die sich an die Presse wenden. Eine einseitige staatliche Nachrichtensperre ist dann wirkungslos. Es hängt vielmehr von der Presse ab, ob sie die ihr von dritter Seite zugegangen Informationen zurückhält. Angesichts des ständig wachsenden Konkurrenzdrucks wird eine totale Nachrichtenstille wenn überhaupt, dann nur selten gelingen.

---

369 C.C.K.: „Eine Chronik des Terrors“ in Die Zeit vom 04.11.1977.

370 Vgl. Bölling: „Keine Aufforderung zur Kumpanei“ in Die Zeit vom 30.09.1977.

371 So auch *Starck*, AfP 1978, 171, 176.

Die Nachrichtensperre stellt für den Staat damit in tatsächlicher Hinsicht nur vordergründig ein hilfreiches Instrumentarium dar, durch das er den presserechtlichen Informationsanspruch drastisch einschränken kann. In der praktischen Durchführung ist die Nachrichtensperre dagegen eher ein stumpfes Schwert. Spezielle Sanktionen stehen dem Staat in dieser Hinsicht nicht zur Verfügung. Lediglich die allgemeinen Vorschriften des Strafrechts, wie beispielsweise Begünstigung oder Strafvereitelung könnten auf ihre Anwendbarkeit hin überprüft werden.

Aber die Presse hat bereits selbst die Notwendigkeit einer zurückhaltenden Berichterstattung erkannt, wenn es um die Verfolgung schwerer Straftaten geht. In einer Empfehlung des Deutschen Presserates vom 1.7.1977 heißt es:

> „Der Deutsche Presserat bittet die Redaktionen der publizistischen Medien bei der Berichterstattung über Gewaltandrohung aller Art Zurückhaltung zu üben, ohne die grundsätzliche Informationspflicht zu vernachlässigen.
>
> Insbesondere sollten Einzelheiten über laufende Fahndungen und von Krisenstäben eingeleitete Maßnahmen in Fällen von erpresserischem Menschenraub, Flugzeugentführungen, Bomben- und Entführungsandrohungen sowie über Zeit und Ort von angedrohten Terroraktionen möglichst nur nach Absprache mit den Strafverfolgungsbehörden veröffentlicht und unangemessen sensationelle oder detaillierte Darstellungen, die die Arbeit der Ermittlungsbehörden beeinträchtigen könnten, vermieden werden.
>
> Im Zusammenhang mit den Terroraktionen und Mordanschlägen der letzten Zeit bittet der Deutsche Presserat die Redaktionen, die Maßnahmen der Polizei und Sicherheitsorgane zu unterstützen.“

Daß auch die Empfehlungen des Deutschen Presserates nicht immer besonders fruchtbar sind, zeigt beispielsweise die Geiselnahme von Gladbeck. Noch während die Strafverfolgungsorgane versuchten, an die Geiselnehmer heranzukommen, zeigten nicht nur private Fernsehsender den aktuellen Stand der Entführung. Wer nicht vor Ort recherchierte und zugleich über das Geschehen berichtete, war schnell aus dem Rennen. Die Art und Weise von Recherche und gleichzeitiger Berichterstattung wurde nach dem blutigen Ende der Geiselnahme selbst von den Medien hinterfragt. Zu diesem Zeitpunkt war aber der Vermarktungserfolg bereits gelungen.

Selbst wenn man die Ereignisse in Gladbeck als Ausnahmezustand bewertet, verdeutlichen sie, wie gut gemeint aber dennoch wirkungslos die Empfehlungen des Deutschen Presserates sein können. Zugleich machen sie klar, daß bei der Vielfalt von Presse und Medien in Deutschland und dem interessierten Ausland eine Nachrichtensperre nur äußerst schwer durchzusetzen ist.

Eine einseitige staatliche Nachrichtensperre wird bei der Verfolgung von Straftätern in der Regel ihr Ziel verfehlen. Auch hier sind die Strafverfolgungsbehörden auf die Mitwirkung der Presse angewiesen.

V. Kontrollmöglichkeiten der Presse hinsichtlich der Rechtmäßigkeit der Nachrichtensperre

Nachrichtensperren mehr Effektivität verschaffen und gleichzeitig die Belange der Presse berücksichtigen wollte ein Vorschlag *Böllings*[372]: in ähnlichen Fällen wie der „Schleyer-Entführung" und der Entführung der „Landshut" nach Mogadischu sollte in Zukunft ein journalistisches Vertrauensmännergremium über die gesamte Informationslage von der Regierung ins Bild gesetzt werden. Das Gremium könne dann als Anlaufstelle für die Vertreter der Presse und des Rundfunks dienen, bei der nachgefragt werden könne, was an eigenen Recherchen oder zugespielten Informationen veröffentlicht werden könne.

Dem Vorschlag muß einige Sympathie entgegengebracht werden. Denn ohne eine freiwillige Zurückhaltung der Presse ist eine Nachrichtensperre wenig sinnvoll, so daß eine vertrauensvolle Zusammenarbeit zwischen Behörde und Presse zunächst als plausible Lösung erscheint. Dennoch birgt der Vorschlag einige unüberwindbare Schwierigkeiten. § 4 Abs. 2 LPG räumt der Behörde bei der Entscheidung über die Verhängung einer Nachrichtensperre einen Spielraum ein. Dieser Ermessensspielraum gilt auch für den Umfang der Sperre. In welcher Weise und in welchem Maß Informationen zurückgehalten werden können und müssen, muß eine Entscheidung der Behörde bleiben. Würde bei der Entscheidung ein journalistisches Gremium mit eingebunden, so bedeutete dies die Entscheidung über die Informationserteilung aus dem staatlichen Bereich herauszunehmen. Damit wäre zugleich der Rahmen des § 4 Abs. 2 LPG gesprengt. Eine Informationsbeschränkung kann nur auf der Grundlage der gesetzlichen Verweigerungsgründe erfolgen. Nicht nur zur Sicherstellung der Strafrechtspflege hat der Gesetzgeber diesen Bereich auf die staatliche Exekutive verlegt. Es sind die Behörden, die letztlich für die Entscheidung Verantwortung tragen. Auch in gesetzlich nicht genau voraussehbaren Situationen muß die Behörde angemessen reagieren können und dies in einer rechtsstaatlichen Weise. Eine Art Pakt zu schließen, bei dem am Ende doch nur die Behörde verantwortlich ist, liegt nicht mehr im Bereich des § 4 Abs. 2 LPG. Aus diesem Grunde scheidet eine Einbeziehung der Presse in die Entscheidung über die Verhängung einer Nachrichtensperre aus.

---

372 So die Ausführungen von Bölling vor dem Deutschen Presserat am 4. und 5. Oktober 1978.

VI. Fazit

Nachrichtensperren haben bei der Einschränkung journalistischer Recherchen Ausnahmecharakter. Ausdrückliche gesetzliche Regelungen fehlen, so daß ein Rückgriff auf § 4 Abs. 2 LPG erforderlich ist, der der Behörde Ermessen eröffnet.

Nachrichtensperren hängen in ihrer Effektivität von der Bereitschaft der Presse ab, mitzuwirken. Eine zwangsweise Durchsetzung ist nicht möglich.

2. Teil: Grenzen des journalistischen Zeugnisverweigerungsrechts

A. Bedeutung des journalistischen Zeugnisverweigerungsrechts

I. Entwicklung des journalistischen Zeugnisverweigerungsrechts

Die journalistische Ermittlungsfreiheit findet im Strafprozeßrecht insbesondere durch das journalistische Zeugnisverweigerungsrecht Berücksichtigung, § 53 Abs. 1 Nr. 5 StPO. Die Norm schützt mit dem Vertrauensverhältnis zwischen der Presse und dem privaten Informanten in erster Linie die durch Art. 5 Abs. 1 GG verbürgte Pressefreiheit. Bedeutung erlangt das journalistische Zeugnisverweigerungsrecht im Strafprozeß, wenn die Ermittlungsergebnisse der Strafverfolgungsbehörden lückenhaft sind und die Presserecherchen zu einer Vervollständigung dienen könnten. Im Vordergrund steht in diesem Zusammenhang meist nicht die Frage nach einem etwaigen Zeugnisverweigerungsrecht des Journalisten. Von Interesse ist vielmehr, ob eine Pflicht zur Herausgabe von Pressematerial im Rahmen eines Ermittlungsverfahrens besteht.

Gleichwohl kann die Rechtmäßigkeit der Beschlagnahme von Informationsmaterial der Presse durch die Ermittlungsbehörden nicht losgelöst von dem Recht zur Zeugnisverweigerung beurteilt werden. § 97 Abs. 5 S. 1 StPO läßt eine Beschlagnahme nur zu, soweit kein Zeugnisverweigerungsrecht nach § 53 Abs. 1 Nr. 5 StPO besteht.

Ohne den Schutz der Pressefreiheit durch das Zeugnisverweigerungsrecht gegenüber den Strafverfolgungsbehörden wäre die Arbeit eines Journalisten, der auf Informanten angewiesen ist, undenkbar und die journalistische Ermittlungsfreiheit eingeschränkt. Bereits die *„Spiegel“*-Entscheidung des *Bundesverfassungsgerichts* aus dem Jahre 1966 brachte zum Ausdruck, daß es Aufgabe des Gesetzgebers ist, zwischen dem Schutz der Pressefreiheit und dem Interesse des Staates an der Strafverfolgung abzuwägen. Das Gericht rügte damit die §§ 53 Abs. 1 Nr. 5 und 97 Abs. 5 StPO a.F. Diese trugen nach Auffassung des Gerichts dem Abwägungserfordernis nur beschränkt Rechnung. Denn das Strafprozeßrecht enthielt weder ein umfassendes journalistisches Zeugnisverweigerungsrecht noch ein korrespondierendes Beschlagnahmeverbot zugunsten der Presse[373]. Die Strafprozeßordnung gewährte ein Zeugnisverweigerungsrecht nur, wenn eine Veröffentlichung strafbaren Inhalts vorlag und der Redakteur wegen der Veröffentlichung selbst strafbar war. Ebenso waren die von dem Informanten gelieferten Informationen nicht vom Zeugnisverweigerungsrecht umfaßt. Geschützt war lediglich die Person des Informanten. Zudem bestand ein Zeugnisverweigerungsrecht nur, wenn auch eine Veröffentlichung erfolgte. Diente die Information nur als Archivmaterial, hatte der Redakteur kein Zeugnisverweigerungsrecht. Trotz dieser Unzulänglichkeiten hielt das *Bundesverfassungsgericht* § 53 Abs. 1 Nr. 5 StPO a.F. mit Art. 5 Abs. 1 GG für vereinbar, wies aber in der genannten Entscheidung ausdrücklich darauf hin, daß die strafprozessualen Vorschriften es nicht ausschließen würden, über ihren Wortlaut hinaus bei allen Strafverfolgungsmaßnahmen eine Abwägung zwischen dem Verfolgungsinteresse und dem Interesse am Schutz der Pressefreiheit vorzunehmen. Dies sollte bis zur gesetzlichen Neuregelung Aufgabe des Richters sein[374].

Mit dem „Gesetz über das Zeugnisverweigerungsrecht der Mitarbeiter von Presse und Rundfunk“ vom 25.7.1975[375] hat der Bundesgesetzgeber das Zeugnisverweigerungsrecht neu geregelt. Zuvor hatte das *Bundesverfassungsgericht* deutlich gemacht, daß es sich bei dieser Rechtsmaterie nicht um grundsätzlich in die Landeskompetenz fallendes Presserecht, sondern um Verfahrensrecht und damit Bundesrecht handele[376]. Damit waren die bis dahin bestehenden Unklarheiten über die Zuständigkeit des Bundesgesetzgebers[377] für die Neuregelung beseitigt. Regelungen des Zeugnisverweigerungsrechts in den Landespressegesetzen sind deshalb mangels Kompetenz nichtig, soweit sie sich auf bundesrechtliche Verfahrensregelungen beziehen. Unanwendbar sind sie auch, wenn es um die Verfolgung landesrechtlich geregelter Straftaten geht, denn nach § 3 Abs. 1 EGStPO iVm § 13 GVG findet die Strafprozeßordnung auf sämtliche Straftaten Anwendung. Als Anwendungsbereich für die landesrechtlichen Bestimmungen bleiben nichtstrafrechtliche Verfahren, die sich nach Landesrecht richten und die in keinem Zusammenhang mit dem Strafverfahrensrecht des Bundes stehen[378]. Das ist aber wohl eher ein kleiner Bereich. Für den Großteil der Verfahren, in denen Journalisten als Zeugen gehört werden sollen, gilt die bundesrechtliche Regelung.

---

373 *BVerfGE* 20, 162, 187 ff.
374 *BVerfGE* 20, 162, 187 ff.
375 BGBl. I, S. 1973.
376 *BVerfG* NJW 1974, 356.
377 Vgl. *Delitz*, S. 106; *BVerfGE* 36, 193, 206 mwN.
378 *Schiwy/Schütz*-Krone, Medienrecht, S. 525; Löffler-*Achenbach*, § 23 LPG Rn. 7.

Durch das Gesetz über das Zeugnisverweigerungsrecht der Mitarbeiter von Presse und Rundfunk vom 25.7.1975[379] mit Berichtigung vom 7. August 1975[380] hat der Gesetzgeber die heute geltende Fassung des § 53 Abs. 1 Nr. 5 StPO eingeführt:

> „Zur Verweigerung sind ferner berechtigt ...
>
> Personen, die bei der Vorbereitung, Herstellung oder Verbreitung von periodischen Druckwerken oder Runkfunksendungen berufsmäßig mitwirken oder mitgewirkt haben, über die Person des Verfassers, Einsenders oder Gewährsmanns von Beiträgen und Unterlagen sowie über die ihnen im Hinblick auf ihre Tätigkeit gemachten Mitteilungen, soweit es sich um Beiträge, Unterlagen und Mitteilungen für den redaktionellen Teil handelt."

Die Änderung des § 53 Abs. 1 Nr. 5 StPO brachte gegenüber der bisherigen Regelung einige Erweiterungen. Insbesondere wurde der zur Verweigerung berechtigte Personenkreis auch auf diejenigen erstreckt, die bei der Vorbereitung eines Druckwerks oder einer Sendung tätig sind. Einbezogen wurden damit vor allem die berufsmäßigen Rechercheure. Auch der Gegenstand des Zeugnisverweigerungsrechts ist nun nicht mehr auf die Person des Informanten beschränkt, sondern bezieht sich auch auf den Inhalt der geschützten Mitteilung. Zudem ist es nicht mehr erforderlich, daß das Presseprodukt einen strafbaren Inhalt hat.

Trotz der Änderungen läßt die geltende Regelung noch einige Fragen hinsichtlich des Anwendungsbereichs und der Grenzen des journalistischen Zeugnisverweigerungsrechts offen.

II. Zeugnisverweigerungsrecht unmittelbar aus Art. 5 GG?

Die Rechtsprechung des *Bundesverfassungsgerichts* zur Bedeutung der Pressefreiheit insgesamt und des § 53 Abs. 1 Nr. 5 StPO im besonderen fördert die Diskussion über die Reichweite des journalistischen Zeugnisverweigerungsrechts. Denn auch nach Änderung der Vorschrift durch das „Gesetz über das Zeugnisverweigerungsrecht der Mitarbeiter von Presse und Rundfunk" vom 25.7.1975[381] hält das *Bundesverfassungsgericht* bis heute daran fest, daß die Regelung des § 53 Abs. 1 Nr. 5 StPO nicht abschließend sei. Die Vorschrift treffe lediglich eine generalisierende Bestimmung darüber, in welchen Fällen typischerweise dem Geheimhaltungsinteresse der Presse gegenüber dem von § 70 Abs. 1 StPO geschützten, aus dem Rechtsstaatsprinzip abzuleitenden Rechtsgut einer funktionstüchtigen Rechtspflege der Vorrang

---

379 BGBl. I S. 1973.
380 BGBl. I S. 2164.
381 BGBl I, S. 1973.

gebühre[382]. Nach Ansicht des *Bundesverfassungsgerichts* kann sich ein Zeugnisverweigerungsrecht für die Mitarbeiter der Presse unter Berücksichtigung des Grundsatzes der Verhältnismäßigkeit auch unmittelbar aus Art. 5 Abs. 1 GG ergeben[383]. Der *BGH* sieht die Regelung des geltenden § 53 Abs. 1 Nr. 5 StPO zwar als abschließend. Darüber hinaus lasse sich ein weitergehendes, nach seinem Umfang nicht abgrenzbares Zeugnisverweigerungsrecht nicht aus Art. 5 Abs. 1 GG entwickeln[384]. Er hat aber ausdrücklich offen gelassen, ob eine über die Vorschrift hinausgehende Einschränkung des Zeugniszwangs als Ergebnis einer vom Richter vorzunehmenden Abwägung zwischen den Belangen der Presse und denen der Strafrechtspflege in Betracht zu ziehen ist[385].

Die Rechtsprechung des *Bundesverfassungsgerichts* hat in der Literatur größtenteils Zustimmung gefunden[386]. Dennoch lehnt eine nicht unbeträchtliche Zahl der Autoren die Rechtsprechung ab[387]. Sie kritisieren insbesondere, daß die Rechtsprechung zu Einzelfallentscheidungen führe, das Zeugnisverweigerungsrecht aber einer allgemeingültigen Regelung bedürfe[388].

Die Kritiker des *Bundesverfassungsgerichts* in der Literatur verkennen die besondere Bedeutung der Pressefreiheit. Sie ist für den Rechtsstaat schlechthin konstituierend[389]. Unter dieser Prämisse erging dann auch das Urteil des *Bundesverfassungsgerichts* im Fall *Lüth*, mit dem es die Anforderungen an die Anwendung ein die Pressefreiheit einschränkendes allgemeines Gesetz entwickelt hat: die Einschränkungsmöglichkeiten sind dahingehend zu relativieren, daß diese Schranken ihrerseits im Licht der fundamentalen Bedeutung des Grundrechts der Pressefreiheit eine entsprechende Einschränkung erfahren[390]. Die in der Strafprozeßordnung grundsätzlich bestehende Zeugnispflicht[391] würde die Pressefreiheit unter diesem Gesichtspunkt in unerträglichem Maße einschränken. Aus diesem Grunde sichert § 53 Abs. 1 Nr. 5 StPO den ungehinderten Informationsfluß, der für eine öffentliche Meinungsbildung erforderlich ist und die dafür wiederum notwendige ungehinderte Informationsbeschaffung[392].

---

382 *BVerfGE* 64, 108, 116.

383 *BVerfGE* 64, 108, 116.

384 *BGHSt* 28, 240, 254.

385 *BGHSt* 28, 240, 254/255.

386 *Eisenberg*, Rn. 600; *Kleinknecht/Meyer-Goßner*, § 53 StPO Rn. 27; *Dahs* in Löwe-Rosenberg, § 53 StPO Rn. 53; *Roxin*, Strafverfahrensrecht § 26 Rn. 26.

387 *Fezer* JZ 1983, 795, 797; Karlsruher Kommentar-Pelchen, § 53 StPO Rn. 28;

388 *Fezer* JZ 1983, 795, 797.

389 *BVerfGE* 10, S. 121.

390 *BVerfGE* 7, 198.

391 *BVerfGE* 49, 280, 284; *Meyer* ZStW 95 (1983), 834 ff., *Peters*, S. 346.

392 *BVerfGE* AfP 1982, 100, 100.

Mit der Regelung des journalistischen Zeugnisverweigerungsrechts hat der Gesetzgeber für einen kleinen Bereich die sog. *„Lüthformel"* des *Bundesverfassungsgerichts* in die Norm umgesetzt. Wäre damit der besonderen Bedeutung der Presse genüge getan, würde das bedeuten, daß mit jeder Ausnahme für ein die Pressefreiheit einschränkendes Gesetz eine abschließende Regelung für den entsprechenden Bereich getroffen wäre, die eine erneute Bewertung der Bedeutung des einschränkenden Gesetzes für die Pressefreiheit nicht zuließe. Das würde aber den Anforderungen, die das *Bundesverfassungsgericht* aufgestellt hat, widersprechen und vom Gesetzgeber so auch nicht gewollt sein. Die Entscheidung des Gesetzgebers zugunsten der Pressefreiheit beschränkt sich nach dem Wortlaut des § 53 Abs. 1 Nr. 5 StPO auf die Person des Informanten und gemachte Mitteilungen. Damit hat der Gesetzgeber einen für die Informationsbeschaffung wichtigen Bereich ausgewählt, sich mit seiner Normsetzung zugleich aber auch darauf beschränkt. Daß der Schutz der Presse nicht nur auf Informationsquellen beschränkt sein kann, ergibt schon der weit gefaßte sachliche Schutzbereich des Art. 5 Abs. 1 S. 2, 1. Alt. GG. Er umfaßt nicht nur das Herstellen bestimmter Druckerzeugnisse und Informationsträger bis zu deren Vertrieb, sondern auch die Beschaffung der Nachricht bis zu deren Verbreitung[393]. Die Informationsquellen sind für die Recherche zwar besonders wichtig, damit sind aber die Möglichkeiten der Nachrichtenbeschaffung nicht notwendig erschöpft. § 53 Abs. 1 Nr. 5 StPO hebt die besondere Bedeutung der Informationsquellen für die Nachrichtenbeschaffung nur hervor. Eine abschließende Regelung enthält die Norm jedoch nicht.

Die Rechtsprechung des *Bundesverfassungsgerichts* verdient damit Zustimmung. Das journalistische Zeugnisverweigerungsrecht aus § 53 Abs. 1 Nr. 5 StPO ist keine abschließende Regelung. Eine Ausnahme vom Zeugniszwang kann sich darüber hinaus unter Beachtung des Verhältnismäßigkeitsgrundsatzes aus Art. 5 Abs. 1 GG ergeben.

B. Voraussetzungen und Gegenstand des Zeugnisverweigerungsrechts

Das Recht zur Zeugnisverweigerung steht lediglich den Mitarbeitern von Pressebetrieben zu, die bei der Herstellung und Verbreitung periodischer Druckwerke mitwirken oder mitgewirkt haben.

Gegenständlich beschränkt die Strafprozeßordnung damit den in Art. 5 Abs. 1 GG zu findenden sachlichen Schutzbereich der Pressefreiheit auf periodische Druckwerke. Der Begriff der periodischen Druckwerke ist in den im wesentlichen übereinstimmenden Landespressegesetzen zu finden. Die dort

393 *BVerfGE* 10, 118, 121; 77, 346, 354. Dieser weite Pressebegriff wird den Begriffsbestimmungen in den Landesgesetzen im wesentlichen gerecht.

enthaltene Legaldefinition aus § 7 LPG[394] kann für die Strafprozeßordnung übernommen werden. Danach sind periodische Druckwerke Zeitungen, Zeitschriften und andere Druckwerke, die in ständiger, wenn auch regelmäßiger Folge und im Abstand von nicht mehr als sechs Monaten erscheinen[395].

Befugt, das Zeugnis zu verweigern, sind diejenigen Personen, die bei der Vorbereitung, Herstellung oder an der Verbreitung des Druckwerks berufsmäßig mitwirken oder mitgewirkt haben. Mit der Beschreibung des Personenkreises nach seiner Funktion verdeutlicht der Gesetzgeber in § 53 Abs. 1 Nr. 5 StPO, daß es auf das Maß an Verantwortlichkeit für das Druckwerk nicht ankommt. Auch Hilfspersonen, wie Sekretärinnen, Schreibkräfte, Boten oder Praktikanten gehören zu dem verweigerungsberechtigten Zeugenkreis, wenn sie nur bei der Vorbereitung, Herstellung oder Verbreitung mitwirken. Ebenso handeln diejenigen Personen berufsmäßig, die lediglich nebenberuflich an periodischen Druckwerken mitwirken, soweit ihre Tätigkeit in der Absicht geschieht, sie durch wiederholte Ausübung zu einer dauernden oder wiederkehrenden Beschäftigung zu machen[396]. Das gilt insbesondere für sog. Freie Journalisten[397].

Der Journalist ist bei seiner Recherche auf Informationen durch Dritte angewiesen. Dementsprechend bezieht sich das Zeugnisverweigerungsrecht auf die Person des Informanten und die dem Journalisten in seiner berufsmäßigen Funktion gemachten Mitteilungen.

§ 53 Abs. 1 Nr. 5 StPO konkretisiert die Person des Informanten mit der Bezeichnung als Verfasser, Einsender oder Gewährsmann. Während der Verfasser auch geistiger Urheber des übermittelten Beitrags ist, übergibt der Einsender dem Pressebetrieb fremdes geistiges Material[398]. Der Gewährsmann schließlich regt einen Pressebericht an oder stellt dafür Material zur Verfügung, ohne selbst Verfasser oder Einsender zu sein. Hier ist an Informanten zu denken, die keine gestalteten Berichte, sondern nur das von der Redaktion noch zu überarbeitende Rohmaterial liefern[399].

Mit dem Schutz der „gemachten Mitteilungen" stellt der Gesetzgeber klar, daß sich das Zeugnisverweigerungsrecht auch auf den Inhalt der Information erstreckt. Dabei ist es unerheblich, ob die Mitteilungen zu einer

---

394 § 6 in Bayern, Berlin, Mecklenburg-Vorpommern, Sachsen, Sachsen-Anhalt und Thüringen, § 4 in Hessen.

395 Vgl. zu dem Begriff der anderen Druckwerke im einzelnen die Ausführungen bei *Löffler-Sedelmeier*, § 7 LPG Rn. 9 ff.

396 *Dahs* in Löwe-Rosenberg, § 53 StPO Rn. 52.

397 *BGH* wistra 1999, 187 ff.

398 *Dahs* in Löwe-Rosenberg, § 53 StPO Rn. 58, 59.

399 Vgl. dazu und zu dem Begriff des Informanten insgesamt *Dahs* in Löwe-Rosenberg, § 53 StPO Rn. 58 ff.

Veröffentlichung geführt haben oder dies überhaupt beabsichtigt war, weil sie lediglich als Hintergrundmaterial dienen sollen[400]. Erforderlich ist nur, daß es sich um Mitteilungen handelt, die dem Presse- oder Rundfunkmitarbeiter im Hinblick auf dessen Tätigkeit gemacht worden sind[401].

Die Vorbereitung ist notwendige Voraussetzung für die Herstellung und Verbreitung eines Druckwerks. Dennoch erwähnt das Gesetz die Vorbereitung ausdrücklich und stellt somit klar, daß auch diejenigen zur Verweigerung des Zeugnisses berechtigt sind, die an dem Herstellungsprozeß durch die Beschaffung von Informationen beteiligt sind. Geschützt ist damit insbesondere die journalistische Recherche[402].

C. Schweigepflicht des Journalisten?

§ 53 Abs. 1 Nr. 5 StPO berechtigt den Journalisten, unter den genannten Voraussetzungen zu schweigen. Das Zeugnisverweigerungsrecht schützt damit zwar in erster Linie die Pressefreiheit, aber auch für den Informanten, der sich im Vertrauen darauf, daß er unerkannt im Hintergrund bleibt, an die Presse wendet, hat die Vorschrift elementare Bedeutung. Sie ist Bedingung für einen Informationsfluß zwischen Journalist und Informanten, der auf eine vertrauliche Behandlung baut, wenn er selbst keinerlei Interesse daran hat, in das Licht der Öffentlichkeit zu geraten. Die Frage ist aber, ob zugunsten des Informanten aus dem Schweigerecht des Journalisten eine Schweigepflicht folgt Der Wortlaut der Norm spricht gegen einen solchen Anspruch des Informanten. Der Journalist ist zur Verweigerung des Zeugnisses „berechtigt“. Im selben Sinne statuieren die Landespressegesetze mit § 23 LPG ein „Recht“ auf Zeugnisverweigerung. Danach „kann“ der Journalist das Zeugnis verweigern.

Auch aus anderen Gesichtspunkten läßt sich eine Schweigepflicht des Journalisten, auf die der Informant einen Anspruch haben könnte, nur schwerlich ableiten. Offenbart der Journalist seine Recherchequelle, treffen ihn jedenfalls keine strafrechtlichen Sanktionen. Eine mit Strafe bewehrte Schweigepflicht statuiert § 203 StGB. Personen, die eine Vertrauensposition innehaben, wie beispielsweise der Arzt zu seinem Patienten, dürfen die ihnen in ihrer besonderen Funktion anvertrauten Informationen nicht preisgeben, § 203 Abs. 1 Nr. 1 StGB. Obwohl der Gesetzgeber bei der Fassung des § 203 StGB sehr genau vorgegangen ist, gehören die Vertreter der Presse nicht zu dem in § 203 StGB genannten Täterkreis.

Der Grund liegt in der unterschiedlichen Schutzrichtung der Zeugnisverweigerungsrechte. Während wie bei § 203 StGB das ärztliche Zeugnisverweigerungsrecht oder das des Rechtsanwalts in erster Linie das

---

400 *BGHSt* 28, 240, 251.; vgl. auch *Groß* NJW 1975, 1763, 1764.

401 *Kleinknecht/Meyer-Goßner*, § 53 Rn. 7.

402 *BVerfGE* 10, 118.

besondere Vertrauensverhältnis zum Patienten oder Mandanten schützt, bezweckt das journalistische Zeugnisverweigerungsrecht den Schutz der Pressefreiheit an sich, die eines ungehinderten Informationsflusses bedarf[403]. Eben diese Schutzrichtung verdeutlicht, daß das Zeugnisverweigerungsrecht keinen Anspruch des Informanten auf Geheimhaltung begründen will.

Schließlich ergibt sich ein derartiger Anspruch auch nicht aus standesrechtlichen Vorschriften der Presse. Zwar steht es den Presseangehörigen nach gefestigtem Standesrecht nicht frei, auf ihr Zeugnisverweigerungrecht zu verzichten. So heißt es im 6. Grundsatz des Pressekodex: „Jede in der Presse tätige Person wahrt das Berufsgeheimnis, macht vom Zeugnisverweigerungsrecht Gebrauch und gibt Informanten ohne deren ausdrückliche Zustimmung nicht preis.“[404]. Im Vordergrund des Schutzes der von dem Deutschen Presserat aufgestellten Grundsätze steht aber wieder in erster Linie die Presse selbst, insbesondere deren Ansehen und Vertrauenswürdigkeit. Zudem entfalten die erlassenen Richtlinien keine Wirkung nach außen, in dem Sinne, daß sie Außenstehenden ein subjektives Recht gewähren. Auch hier fehlt also eine Anspruchsgrundlage für den Informanten, selbst wenn sich der Journalist im Regelfall an die standesrechtlichen Vorschriften gebunden fühlt.

Den Mitarbeitern der Presse steht es somit grundsätzlich frei, von ihrem Zeugnisverweigerungsrecht Gebrauch zu machen. Eine Schweigepflicht zugunsten des Mandanten statuiert das Zeugnisverweigerungsrecht nicht.

D. Die Grenzen des Zeugnisverweigerungsrechts im einzelnen

I. Identität des Informanten

1. Auskünfte über die Person des Informanten

Das Zeugnisverweigerungsrecht erfaßt in erster Linie die Person des Informanten, die das Gesetz mit Verfasser, Einsender oder Gewährsmann von Beiträgen oder Unterlagen für den redaktionellen Teil beschreibt. Die Beantwortung von Fragen nach dieser Person darf verweigert werden. Anliegen des Gesetzgebers war es, die Anonymität von Informationsquellen zu gewährleisten[405].

Dabei ist es unerheblich, ob es sich um einen Angehörigen des Medienunternehmens selbst handelt oder der Informant ein Außenstehender ist. Wenn beispielsweise *Rebmann* meint, nur der von außen kommende Informant solle

403 BverfG, NStZ 1982, 253 f.

404 Sammlung *Delp* Nr. 133.

405 BT-Drs. 7/2539, S. 10ff.

geschützt werden[406], verkennt er den doppelten Schutzzweck des § 53 Abs. 1 Nr. 5 StPO, der mit dem Vertrauensverhältnis des Journalisten zum Informanten in erster Linie den Schutz der Pressefreiheit an sich beinhaltet[407]. Die Pressefreiheit kann nur durch ein umfassendes Zeugnisverweigerungsrecht ausreichend gewährleistet werden. Eine Beschränkung auf Informanten, die nicht im Bereich der Presse arbeiten, würde dem entgegenstehen und ist so auch vom Gesetzgeber nicht gewollt. Das ergibt bereits die Entstehungsgeschichte der Vorschrift, wonach auch anonyme Mitteilungen geschützt werden sollten[408]. Das wiederum ist nur möglich, wenn auch Informanten aus dem Medienunternehmen selbst durch das Zeugnisverweigerungsrecht geschützt werden. Dementsprechend ist der Wortlaut der Norm gefaßt. Der Gesetzgeber hat für „Mitteilungen" eine gegenüber der Person des Informanten abweichende Formulierung gewählt. Geschützt werden hier nach dem Wortlaut nur „gemachte", also von außen kommende Mitteilungen. Eine derartige Differenzierung gibt es bei der Person des Informanten nicht, obgleich der Gesetzgeber auch hier sehr genau vorgegangen ist, indem er den Informanten mit den Bezeichnungen „Verfasser, Einsender oder Gewährsmann" im einzelnen nach seiner Funktion beschrieben hat. Die fehlende Differenzierung bei der Person des Informanten kann also nicht als gesetzgeberische Ungenauigkeit gesehen werden. Es ist vielmehr ein umfassender Anwendungsbereich gewollt.

Der Schutz des § 53 Abs. 1 Nr. 5 StPO ist demnach nicht auf den von außen kommenden Informanten beschränkt. Der Journalist ist berechtigt, alle Auskünfte über Verfasser, Einsender und Gewährsmann zu verweigern, selbst wenn es sich dabei um Kollegen handelt oder der Journalist selbst der Verfasser ist[409].

2. Preisgabe der Identität des Informanten durch die Presse

a. Grundsatz der Zeugnispflicht

Eine Einschränkung erfährt das Zeugnisverweigerungsrecht hinsichtlich der Person des Informanten, wenn die Presse selbst die Identität preisgegeben hat. In einem solchen Fall ist nach Ansicht des *Bundesgerichtshofs* die Verweigerung des Zeugnisses über Umstände, die der Auffindung eines Informanten dienen können, wie Aufenthaltsort und Aussehen der Person, nicht mehr durch § 53 Abs. 1 Nr. 5 StPO begründbar[410].

---

406 *Rebmann* AfP 1982, 189, 190 f.

407 *BVerfGE* 36, 193, 204.

408 BT-Drs. 7/2539, S. 12.

409 So im Ergebnis auch *Ollendorff*, S. 42.

410 *BGH* wistra 1999, 187 ff.; *BGHSt* 28, 240, 246/247; vgl. auch *BVerfG* NStZ 1982, 253, 254.

Kritik an dieser Rechtsprechung übt insbesondere *Ollendorff*. Er meint, eine derartige Einschränkung des Zeugnisverweigerungsrechts lasse sich dem Wortlaut des Gesetzes nicht entnehmen. Überdies würde eine historische Auslegung Widersprüche dieser restriktiven Handhabung des § 53 Abs. 1 Nr. 5 StPO ergeben, es werde die gesetzessystematische Funktion des Zeugnisverweigerungsrechts nicht beachtet und schließlich bestünde aufgrund fehlender genauer Einschränkungsmerkmale Rechtsunsicherheit[411]. Auch *Roxin* hält eine Einschränkung des Zeugnisverweigerungsrechts für den Fall der Preisgabe der Identität des Informanten für unzulässig. Er weist darauf hin, daß die Ausübung des Zeugnisverweigerungsrechts auch auf einen Teil der Informationen beschränkt werden könne[412]. Die Kritik *Ollendorffs* ist zwar umfangreich und wie die von *Roxin* auf den ersten Blick einleuchtend. Insgesamt vermag sie aber an der Notwendigkeit einer Einschränkung des Zeugnisverweigerungsrechts bei Preisgabe der Identität des Informanten durch die Presse nichts zu ändern und trifft im übrigen auch inhaltlich nicht.

aa. Wortlautinterpretation

Die Einschränkung des Zeugnisverweigerungsrechts bei der Preisgabe der Identität des Informanten durch die Presse selbst widerspricht nicht dem Wortlaut des § 53 Abs. 1 Nr. 5 StPO des Zeugnisverweigerungsrechts. Dem Wortlaut der Vorschrift läßt sich ausdrücklich nur entnehmen, daß neben gemachten Mitteilungen die Person des Informanten geschützt werden soll. Auf welche Weise und in welchem Umfang dieser Schutz bestehen soll, bleibt zunächst offen. Die gesetzliche Umschreibung eröffnet für den Fall der Preisgabe des Informanten durch die Presse eine breite Spanne von Auslegungsmöglichkeiten. Sie reicht von dem bloßen Ausschluß einer Verpflichtung zum Aufdecken der Anonymität des Informanten bis hin zu dem Recht, auch nach Preisgabe der Identität des Informanten dessen Aufenthalt zu verschweigen. Weitere Hinweise, die zur Klärung des Begriffs der „Person" dienen könnten, gibt die Vorschrift selbst nicht. Die Strafprozeßordnung regelt in § 68 StPO die Vernehmung des Zeugen zur „Person". Sie erstreckt sich auf Name, Alter, Stand oder Gewerbe und Wohnort. Dies könnte darauf hinweisen, daß das Recht zur Zeugnisverweigerung über die „Person" des Informanten auch Angaben, die deren Auffinden ermöglichen, beinhaltet. Daß der Journalist darüber das Zeugnis verweigern darf, kann daraus aber nicht ohne weiteres geschlossen werden[413]. § 68 StPO bezieht sich auf die Person des Zeugen und nicht auf die Person, über die der Zeuge befragt wird. Überdies können die differenzierte Regelung in § 68 StPO und die pauschale Wortwahl in § 53 Abs. 1 Nr. 5 StPO auch darauf hindeuten, daß der Gesetzgeber absichtlich

---

411 *Ollendorff*, S. 45 ff. Im Ergebnis ebenso *Schmitt*, S. 190/191 und *Dunkhase*, S. 88/89.

412 *Roxin*, Strafverfahrensrecht, § 26 Rn. 25.

413 Im Ergebnis ebenso *Gössel*l, Medienfreiheit, S. 59.

den Begriff des Zeugnisverweigerungsrechts über die Person offen lassen wollte. Eine reine Wortlautinterpretation gibt auch unter Zuhilfenahme systematischer Überlegungen keinen Aufschluß über die Reichweite des Zeugnisverweigerungsrechts über die Person.

bb. Historische Gesichtspunkte

Eine mögliche Erklärung bietet die Entstehungsgeschichte der heutigen Vorschrift. Der Gesetzgeber wollte bei der Neuregelung die bei § 53 Abs. 1 Nr. 6 StPO a.F. bestehenden Einschränkungen beseitigen. Eine uneingeschränkte Regelung des Zeugnisverweigerungsrechts war aber gleichwohl nicht Ziel der Novellierung. Denn die Pressefreiheit darf nicht als Privilegierung für jegliche Art der Nachrichtenbeschaffung verstanden werden. Sie findet ihre Grenze dort, wo andere gewichtige Interessen des Rechtsstaats bestehen und die Erfüllung der publizistischen Aufgabe der Presse nicht den Vorrang der Pressefreiheit erfordert[414]. Aus diesem Grunde wurde bereits die alte Fassung des Zeugnisverweigerungsrechts im Sinne eines Schutzes der Anonymität des Informanten verstanden[415]. Die Materialien zur Neufassung des Zeugnisverweigerungsrechts im Bundesgesetz vom 25. Juli 1975 geben keinen Anhaltspunkt dafür, daß der Gesetzgeber das Zeugnisverweigerungsrecht so weit ausdehnen wollte, daß auch nach Preisgabe der Identität des Informanten ein Zeugnisverweigerungsrecht gewollt sein sollte. Ist die Anonymität des Informanten zerstört, besteht auch kein schützenswertes Vertrauensverhältnis mehr zwischen der Presse und dem Informanten, das die Presse zur Erfüllung ihrer öffentlichen Aufgabe benötigen würde[416]. In einem solchen Fall tritt die Pressefreiheit hinter die Funktionstüchtigkeit der Rechtspflege zurück.

Gegen ein uneinschränkbares Zeugnisverweigerungsrecht spricht auch der durch den Rechtsausschuß korrigierte Regierungsentwurf. Während darin ein „uneingeschränktes Zeugnisverweigerungsrecht[417]“ gefordert wurde, spricht der Bericht des Rechtsausschusses des Bundestags von einem „*grundsätzlich* uneingeschränkten Zeugnisverweigerungsrecht[418]“.

Auch die speziell von *Ollendorff* angeführte Streichung von § 53 Abs. 1 Nr. 6, 2. Halbsatz StPO a.F.[419] kann nicht zur Begründung für eine unbeschränkte Anwendung des Verweigerungsrechts bei einer Preisgabe der Identität des Informanten herangezogen werden. Nach der alten Fassung durfte „über die Person des Verfassers, Einsenders oder Gewährsmanns, der selbst im Rundfunk spricht“, nicht das Zeugnis verweigert werden. Die Streichung dieser

---

414 *BVerfG* MDR 1982, 635, 636.
415 *BGHSt* 28, 240, 244/245.
416 *BVerfG* MDR 1982, 635, 636.
417 BR-Drs. 394/74, S. 8.
418 BT-Drs. 7/3118, S. 4.
419 *Ollendorff*, S. 47.

Einschränkung war entgegen *Ollendorf* jedoch nicht dadurch motiviert, den Anwendungsbereich des Zeugnisverweigerungsrechts so zu vergrößern, daß gerade auch für den Fall der Preisgabe der Identität des Informanten das Verweigerungsrecht weiter bestehen sollte. Anlaß für den Wegfall war vielmehr, daß die damit in Zusammenhang stehende Garantenhaftung des Redakteurs gestrichen wurde und die Regelung überdies seit ihrem Inkrafttreten nie zur Anwendung gekommen war[420]. Wenn *Ollendorf* daraus Schlüsse auf den Fall der Preisgabe des Informanten zieht, übersieht er den Gesamtzusammenhang, innerhalb dessen die Änderung erfolgt ist. Der Gesetzgeber wollte dem Zeugnisverweigerungsrecht zwar zu mehr Geltung verhelfen, dies jedoch nur „grundsätzlich" uneingeschränkt[421].

cc. Systematische Überlegungen

Dieses Ergebnis wird ebenfalls durch systematische Überlegungen gestützt. § 53 Abs. 1 StPO schützt Vertreter unterschiedlicher Berufe. Während beispielsweise der Arzt und der Rechtsanwalt bei Strafandrohung nach § 203 StGB verpflichtet sind, das Zeugnis zu verweigern, gibt es eine solche Strafandrohung für die Vertreter der Presse nicht. Denn § 53 Abs. 1 Nr. 5 StPO schützt nicht in erster Linie den Informanten, sondern die Freiheit der Presse, für die ein ungehinderter Informationsfluß notwendig ist. § 53 Abs. 1 Nr. 5 StPO stellt grundsätzlich fest, daß das Informationsgeheimnis der Presse den Belangen der Strafrechtspflege vorgeht. Mit dem Zeugnisverweigerungsrecht schützt das Gesetz den Vertreter der Presse, der als Zeuge in einer Konfliktsituation steht und entlastet ihn für den Normalfall von der Abwägung zwischen den Belangen der Strafrechtspflege und den eigenen Interessen. Gibt die Presse die Identität des Informanten preis und verzichtet damit selbst auf dessen Schutz und den der eigenen Informationsquelle, ist davon auszugehen, daß die Presse ihre eigenen Belangen mit denen der Strafrechtspflege für die konkrete Situation gesondert abgewogen und das Informantengeheimnis als nachrangig angesehen hat. In einem solchen Fall besteht dann aber auch kein sachlicher Grund mehr für ein Fortbestehen des Zeugnisverweigerungsrechts hinsichtlich der nunmehr bekannten Person des Informanten. Aus diesem Grunde kann auch der von *Roxin* geführte Einwand, die Ausübung des Zeugnisverweigerungsrechts könne auch auf einen Teil der Informationen beschränkt werden[422], nicht überzeugen. Zwar ist es grundsätzlich zutreffend, daß das Zeugnisverweigerungsrecht auch nur teilweise ausgeübt werden kann. Eine nur teilweise Ausübung des Zeugnisverweigerungsrechts würde aber bedeuten, daß damit noch der durch § 53 Abs. 1 Nr. 5 StPObezweckte Schutz weiter fortbesteht. Ob das der Fall ist, hängt wiederum von der besonderen Bedeutung des journalistischen Zeugnis-

---

420 Vgl. BT-Drs. 7/2539, S. 11.

421 BT-Drs. 7/3118, S. 4.

422 *Roxin*, Strafverfahrensrecht, § 26 Rn. 25.

verweigerungsrechts ab. § 53 Abs. 1 Nr. 5 StPO schützt das Vertrauensverhältnis zwischen Journalist und Informanten, um die Presse bei der Erfüllung ihrer öffentlichen Aufgabe der Meinungsbildung zu unterstützen und so den Informationsfluß zu erleichtern. Mit der Preisgabe der Identität des Informanten ist das für einen ungehinderten Informationsfluß erforderliche Vertrauensverhältnis bereits zerstört, selbst wenn nur ein Teil davon preisgegeben worden ist. Ein Bedürfnis für ein Wiederauflebenlassen des Schutzes durch das Zeugnisverweigerungsrecht besteht dann nicht mehr.

b. Wiederaufleben des Zeugnisverweigerungsrechts in Ausnahmefällen

Trotz Preisgabe der Identität des Informanten gewährt die *Rechtsprechung* dem Journalisten ein Zeugnisverweigerungsrecht, wenn das Bedürfnis nach Veröffentlichung das Strafverfolgungsinteresse deutlich überwiegt oder „in seltenen Ausnahmefällen" ein ganz besonderes, außerordentliches Publizitätsinteresse besteht[423].

Selbst dies wollen *Kleinknecht* und *Meyer-Goßner* nicht zulassen. „Zu Unrecht" mache der *BGH* eine Ausnahme[424]. Warum dies nicht rechtens sein soll, bleibt offen. Das muß auch so sein. Argumente gegen ein Wiederaufleben des Zeugnisverweigerungsrechts in den genannten Fällen gibt es tatsächlich nicht. Im Gegenteil: die Konzeption des § 53 Abs. 1 Nr. 5 StPO spricht für die vom *BGH* entwickelten Ausnahmen. Der *BGH* selbst weist in seiner Entscheidung darauf hin, daß „im Zweifel für die Pressefreiheit" entschieden werden sollte[425]. Dieser Hinweis zur Begründung einer das Zeugnisverweigerungsrecht erweiternden Ausnahme klingt zunächst nur ergebnisorientiert und wenig fundiert. Er muß aber als Resultat einer Bewertung des Zeugnisverweigerungsrechts insgesamt gesehen werden. Das *Bundesverfassungsgericht* hat auch nach der Neuregelung des Zeugnisverweigerungsrechts immer betont, daß die Regelungen über das Zeugnisverweigerungsrecht nicht abschließend seien und ein Zeugnisverweigerungsrecht auch aus Art. 5 Abs. 1 S. 2, 1. Alt. GG hergeleitet werden könne[426]. In einem solchen Fall müssen die durch das Zeugnisverweigerungsrecht geschützten Belange der Presse mit den Bedürfnissen nach einer effektiven Strafverfolgung erneut abgewogen werden.

Wird das Zeugnisverweigerungsrecht, wie im Fall der Preisgabe des Informanten durch die Presse selbst, eingeschränkt, muß auch dann eine erneute Abwägung möglich sein. Sowohl die Information der Öffentlichkeit durch die Presse als auch die Aufklärung schwerer Verbrechen haben einen hohen Stellenwert für die Verfassung. Ein deutliches Überwiegen zugunsten der Presse

423 *BGHSt* 28, 240, 248.
424 *Kleinknecht/Meyer-Goßner*, § 53 Rn. 34.
425 *BGHSt* 28, 240, 248.
426 *BVerfGE* 64, 108, 116 = NStZ 1983, 515.

wird anzunehmen sein, wenn die Kontrollfunktion der Öffentlichkeit gegenüber dem Staat nur wirksam durch eine ausreichende Unterrichtung über die Strafverfolgung gewährleistet werden kann[427]. Das gilt gleichermaßen, wenn durch die Unterrichtung mittelbar ein besonders hohes Rechtsgut geschützt wird[428]. Wenn die Abwägung danach zugunsten der Pressefreiheit ausgeht, kann den Vertretern der Presse das Zeugnisverweigerungsrecht, das sie zur Erfüllung ihrer öffentlichen Aufgabe benötigen, nicht mehr vorenthalten werden. Trotz Preisgabe der Identität des Informanten durch die Presse selbst besteht dann das Recht zur Zeugnisverweigerung über die Umstände, die der Auffindung des Informanten dienen.

3. Ergebnis

Durch die Preisgabe der Identität des Informanten verliert der Mitarbeiter der Presse das Zeugnisverweigerungsrecht. Nur ausnahmsweise kann es wieder aufleben, wenn die Pressefreiheit das Interesse an einer effektiven staatlichen Strafverfolgung deutlich überwiegt.

II. Gemachte Mitteilungen

1. Gegenstand der Mitteilungen

Der Schutz des Vertrauensverhältnisses aus § 53 Abs. 1 Nr. 5 StPO umfaßt neben der Person des Informanten auch die gemachten Mitteilungen. Ihr Schutz beginnt bereits bei der Frage, ob derartige Mitteilungen überhaupt gemacht worden sind[429]. Das Gesetz selbst bietet zwar keine Legaldefinition für den Begriff der Mitteilungen. Entsprechend seinem Wortsinn bedeutet er die Weitergabe von Informationen von einer Personen an eine andere[430]. Nach dem Zweck der Bestimmung ist der Begriff der Mitteilungen weit auszulegen und umfaßt auch zu den Informationen beigefügtes Material[431].

Der Wortlaut des Gesetzes beschränkt den Inhaltsschutz auf Mitteilungen, die den Angehörigen von Presse und Rundfunk „im Hinblick auf ihre Tätigkeit" gemacht werden. Diese Einschränkung ist für den Journalisten von entscheidender Bedeutung, wenn er während einer verdeckten Recherche Informationen erhält, ohne daß der Mitteilende weiß, daß sein Gegenüber ein Angehöriger der Presse ist oder der Sprechende überhaupt nicht wahrnimmt, daß auch der Journalist von dem Inhalt eines Gesprächs Kenntnis erlangt hat. In dem einen oder anderen Fall sind die Informationen, die der Journalist so erlangt hat,

---

427 Ähnlich *BGHSt* 28, 240, 249.

428 *BGHSt* 28, 240, 249.

429 *BGHSt* 28, 240, 251.

430 *Holtmeier*, S. 73.

431 *Schiwy/Schütz*-Krone, S. 523.

nicht mehr durch das Zeugnisverweigerungsrecht aus § 53 Abs. 1 Nr. 5 StPO gedeckt[432].

Ist die Mitteilung aber mit Bezug auf die publizistische Tätigkeit gemacht worden, ist es ohne Bedeutung, ob der Inhalt der Mitteilung veröffentlicht oder nur zur internen Information verwendet wird. Eine Veröffentlichung braucht noch nicht einmal beabsichtigt zu sein[433]. Das ergibt bereits der Wortlaut des Zeugnisverweigerungsrechts, der neben Mitteilungen auch „Unterlagen" aufführt. Wichtig ist dies insbesondere für sog. Hintergrundmaterial. Es genießt den vollen Schutz des Zeugnisverweigerungsrechts.

Schließlich spielt es keine Rolle, welcher publizistische Wert der Mitteilung zukommt. Selbst wenn der Inhalt der Mitteilung strafbar ist, greift seit der Gesetzesänderung von 1975 der Schutz des § 53 Abs. 1 Nr. 5 StPO.

2. Gemachte Mitteilungen und selbst recherchiertes Material

a. Grundsatz der Zeugnispflicht

§ 53 Abs. 1 Nr. 5 StPO schützt die „gemachten" Mitteilungen. Das *Bundesverfassungsgericht* sieht in dieser Formulierung eine Beschränkung des Zeugnisverweigerungsrechts auf Informationen, die von dritter Seite an den Journalisten herangetragen werden. Selbst recherchiertes Material werde nicht von § 53 Abs. 1 Nr. 5 StPO geschützt[434]. Diese Sichtweise hat sowohl in der übrigen Rechtsprechung[435] als auch in der Literatur[436] Zuspruch gefunden[437].

Informationen, die der Journalist aufgrund eigener Initiative und eigener Wahrnehmung erlangt hat, wie beispielsweise Fotos, die er selbst aufgenommen hat, fallen damit nicht unter den Schutz des Zeugnisverweigerungsrechts. Das stellt für die Recherchefreiheit des Journalisten zwar eine empfindliche Einschränkung dar, ist aber angesichts der geltenden gesetzlichen Regelung des Zeugnisverweigerungsrechts zutreffend. Wortlaut, Entstehungsgeschichte und Systematik der Norm unterstützen die Beschränkung des Verweigerungsrechts auf Informationen, die der Journalist von einem Dritten erlangt hat:

Der Wortsinn der „gemachten Mitteilungen" ist relativ eindeutig. Zwar ließe die Formulierung „gemacht" für sich allein genommen noch die Deutung zu, daß

---

432 Löffler-*Achenbach*, § 23 LPG Rn. 56.

433 *BGHSt* 28, 240, 251; *Dahs* in Löwe-Rosenberg, § 53 Rn. 61.

434 *BVerfG* - Vorprüfungsausschuß - StV 1980, 16 f.; *BVerfGE* 56, 247 ff.; *BVerfGE* 77, 65 ff.

435 *BGHSt* 28, 240, 253.

436 *Dahs* in Löwe-Rosenberg, § 53 Rn 62; *Kleinknecht/Meyer-Goßner*, § 53 Rn. 39; *Roxin*, Strafverfahrensrecht, § 26 Rn. 26; *Gössel*, Medienfreiheit, S. 62.

437 Wenn *Holtmeier*, S. 73 Fn. 53, Vertreter der Literatur, wie beispielsweise *Löffler* und *Jarass* als Verfechter einer gegenteiligen Auffassung benennt, so gilt dies nur für den rechtspolitischen Gehalt der Beschränkung. Siehe dazu Löffler NJW 1978, 913, 915 und *Jarass* JZ 1983, 280 f.

es auch „selbst gemachte" Informationen sein könnten. Zusammen mit dem Begriff der „Mitteilungen" geht die Bedeutung aber nur in eine Richtung. Die Formulierung erfaßt nur die von einer dritten Person an den Journalisten weitergegebenen Informationen. Daß nur diese Interpretation des Wortlauts möglich ist, ergibt auch ein Vergleich mit den Zeugnisverweigerungsrechten der Nr. 1 – 3 b des § 53 Abs. 1 StPO. Diese erstrecken sich auch auf Informationen, die dem Zeugnisverweigerungsberechtigten „bekannt geworden" sind. Eine solche Formulierung fehlt bei dem Zeugnisverweigerungsrecht für die Angehörigen der Presse.

Die unterschiedliche Formulierung ist kein redaktionelles Versehen. Als der Gesetzgeber 1953 durch das 3. StRÄndG die Erweiterungen in den Nr. 1 –3 b einfügte, bestand bereits ein Zeugnisverweigerungsrecht der Presse in Nr. 4. Dieses wurde bei den Erweiterungen bewußt ausgespart[438]. Selbst bei der umfassenden Änderung des journalistischen Zeugnisverweigerungsrechts durch das Gesetz vom 25. Juli 1975 hat der Gesetzgeber auf eine Angleichung der Nummern 1 bis 3a des § 53 Abs. 1 StPO verzichtet[439]. Auch unter diesem entstehungsgeschichtlichen Gesichtspunkt war demnach der Schutz von Informationen, die der Journalist selbst recherchiert hat, nicht gewollt.

Dieses Ergebnis stützt auch ein inhaltlicher Vergleich der durch § 53 Abs. 1 StPO geschützten Vertrauensverhältnisse. In § 53 Abs. 1 Nr. 1 bis 3b StPO steht der Einzelne im Mittelpunkt des verfahrensrechtlichen Schutzes[440]. Das Vertrauensverhältnis der Nr. 5 ist aber nur Mittel zum Zweck: es soll die Institution „Freie Presse" durch einen ungehinderten Informationsfluß schützen[441]. Erlangt der Journalist die Informationen aufgrund eigener Recherchen, bedarf es keines Informationsflusses mehr. Nur wenn dem Journalisten von dritter Seite eine Information mitgeteilt wird, entsteht ein Vertrauensverhältnis, das schützenswert ist. Selbst recherchiertes Material verdient den Schutz des § 53 Abs. 1 Nr. 5 StPO jedenfalls nach der geltenden Gesetzeslage nicht.

b. Ausnahmen von der Zeugnispflicht bei selbst recherchiertem Material

aa. Eigenrecherchen fallen zusammen mit Mitteilungen eines Dritten

Für den Bereich des selbst recherchierten Materials gibt es Grenzfälle, in denen Rechtsprechung und Literatur Ausnahmen von der Zeugnispflicht gewähren.

Das gilt für Hinweise, die eigene Wahrnehmungen des Journalisten ermöglichen. Wenn erst die gezielten Hinweise eines Dritten den Pressemitarbeiter in die Lage versetzen, eigene Beobachtungen zu einem bestimmten Thema an-

---

438 BT-Drs. 1/3713, S. 47.

439 Vgl. dazu den Gesetzentwurf des Bundesrates BT-Drs. 7/2377.

440 *Dahs* in Löwe-Rosenberg, § 53 Rn. 62.

441 *BVerfG* NStZ 1982, 253f.

zustellen, liegt darin eine Mitteilung i.S.v. § 53 Abs. 1 Nr. 5 StPO. Die durch den Hinweis veranlaßten eigenen Recherchen unterfallen dem Schutz des Zeugnisverweigerungsrechts[442].

Die Frage ist, welche Kriterien gelten sollen, um die Eigenrecherche des Journalisten in einem solchen Fall unter den Schutz des Zeugnisverweigerungsrechts zu stellen. Während der *BGH* in seiner ersten Entscheidung zu diesem Thema die Abgrenzung von ausschließlich selbst recherchiertem Material und erst durch fremde Initiative ermöglichten Recherchen noch als schwierig bezeichnete[443], bejahte ein Ermittlungsrichter beim *BGH* in einer jüngeren Entscheidung bei „Untrennbarkeit" ohne Differenzierung nach subjektiven und objektiven Kriterien stets einen Schutz durch § 53 Abs. 1 Nr. 5 StPO[444].

Ob eine derart pauschale Bewertung tauglich ist, erscheint fraglich. Zutreffend beschreibt *Ollendorff* die Schnittstelle der ungeschützten zur geschützten Eigenrecherche mit einer „konkret nachvollziehbaren Initiative des Außenstehenden[445]". Er differenziert dabei hinsichtlich einer aktiven und passiven Unterstützung der Recherche von außen.

Eine aktive Unterstützung in Form von gezielten Hinweisen in Bezug auf ein Thema gilt als Gegenstand einer „gemachten Mitteilung" i.S.v. § 53 Abs. 1 Nr. 5 StPO, wenn die Recherche erst aufgrund dieses Hinweises ergangen ist.

Eine durch passive Unterstützung ermöglichte Recherche des Journalisten wird man aber nur ausnahmsweise unter den Schutz des Zeugnisverweigerungsrechts stellen können. Voraussetzung ist nämlich mit den Worten *Ollendorffs* eine „konkret nachvollziehbare Initiative des Außenstehenden". Wann eine solche vorliegt, wird im Einzelfall zwar schwer nachzuweisen sein. Aber auch Nichtstun kann Erklärungswert haben, wenn der Betreffende, obwohl er dazu in der Läge wäre, die Kenntnisnahme durch den Journalisten nicht verhindert. Wenn in der Literatur in diesem Zusammenhang von einem erforderlichen „sozialen Kontakt" die Rede ist, reicht dafür der bloße Aufbau einer Informationsbeziehung[446] nicht aus[447]. Es geht nach wie vor um den Schutz gemachter Mitteilungen. Die Eigenrecherchen des Journalisten wird man mit diesen nur gleichstellen können, wenn auch tatsächlich in irgend einer Form Information von dritter Seite geflossen ist. Der bloße Aufbau einer Informantenbeziehung, der einen Informationsfluß allenfalls erwarten läßt, reicht

---

442 *BGHSt* 28, 240, 255; Löffler-*Achenbach*, § 23 LPG Rn. 53.

443 *BGHSt* 28, 240, 255.

444 *BGH* - Ermittlungsrichter NJW 1990, 526.

445 *Ollendorff*, S. 91.

446 *Rengier* JZ 1979, 798; ähnlich *Baisch*, der auch vor dem eigentlichen Ermöglichen der Kenntnisnahme einen Schutz des sozialen Kontakts befürwortet StV 1981, 15, 17.

447 So auch *Ollendorff*, S. 93/94.

jedenfalls nicht aus, um den Schutz einer gemachten Mitteilung i.S.v. § 53 Abs. 1 Nr. 5 StPO eingreifen zu lassen. Schutz bietet hier allenfalls die Identität des Informanten.

Um eine passive Unterstützung der Eigenrecherche des Journalisten einer gemachten Mitteilung gleichzustellen, bedarf es vielmehr eines Verhaltens des Dritten mit Erklärungswert in Bezug auf die zu erlangende Information. Erst wenn dieses Verhalten zumindest mittelbar die Recherche des Journalisten initiiert hat, kann das selbst recherchierte Material mit den gemachten Mitteilungen i.S.v. § 53 Abs. 1 Nr. 5 StPO gleichgesetzt werden.

bb. Vervollständigung von Mitteilungen

Selbst recherchiertes Material fällt ausnahmsweise auch dann unter den Schutz des Zeugnisverweigerungsrechts, wenn es dazu dient, unvollständige Mitteilungen zu vervollständigen[448].

In der Literatur ist vielfach zu lesen, daß die Rechtsprechung zusätzliche eigene Recherchen, die der Vervollständigung von Fremdinformationen dienen, nicht mit in den Schutzbereich einbeziehen würde[449]. Das ist so aber nicht ersichtlich. Lediglich ein Beschluß des *Bundesgerichtshofs* hatte diese Frage zum Gegenstand[450]. Darin wird der Schutz ergänzender Eigenrecherchen nicht grundsätzlich abgelehnt[451]. Dem entspricht auch eine Entscheidung des *Landgerichts Heilbronn*, das einen Schutz annimmt, wenn der Pressevertreter aufgrund der Fremdinformation Gelegenheit zu weiteren Eigenrecherchen hat[452]. Würde hier der Schutz des § 53 Abs. 1 Nr. 5 StPO eingreifen, wären eigene Recherchen in Verbindung mit Fremdinformationen immer schutzlos. Das aber widerspräche dem Schutzzweck des journalistischen Zeugnisverweigerungsrechts, die Pressefreiheit durch einen ungehinderten Informationsfluß zu unterstützen. Denn erst durch die Information durch den Dritten erhält der Pressemitarbeiter den notwendigen Anstoß, um zu einem Thema recherchieren zu können. Die Fremdinformation kann dann nur schwer von den weiteren Recherchen getrennt werden. Denn immer ist sie Voraussetzung dafür, daß überhaupt recherchiert wird. Daß sich der Pressevertreter nicht ohne weiteres mit einer Information begnügen darf, ergibt bereits § 6 LPG, der eine besondere Sorgfaltspflicht vor der Veröffentlichung fordert. Danach hat die Presse alle Nachrichten auf Wahrheit, Inhalt und Herkunft zu prüfen. Das muß um so mehr beachtet werden, wenn die Nachricht eine fremde Information zum Gegenstand hat. Die sog. Nachrecherche ist dann

---

448 So auch *Ollendorff*, S. 95/96.

449 So beispielsweise *Ollendorff*, S. 95.

450 *BGHSt* 28, 240 ff.

451 *BGHSt* 28, 240, 251.

452 *LG Heilbronn* AfP 1984, 119 ff.

untrennbar mit der Fremdinformation verbunden und unterfällt damit auch dem Schutz des § 53 Abs. 1 Nr. 5 StPO.

cc. Informationen aus einem Gespräch mit einem Dritten

Eine weitere Ausnahme von der Zeugnispflicht besteht für selbst recherchiertes Material, wenn der Journalist dieses aus einem Gespräch heraus erlangt hat. Nicht notwendig ist dafür, daß der Gesprächspartner selbst die Initiative ergriffen hat. Der *BGH* hat ausdrücklich „auch das, was dem Journalisten im persönlichen Gespräch erst auf dessen „bohrende Fragen" hin mitgeteilt wird" unter den Schutz des § 53 Abs. 1 Nr. 5 StPO gestellt. Es ist auch nicht ersichtlich, warum das, was dem Journalisten in einem derartigen Gespräch an Informationen gemacht wird, nicht als gemachte Mitteilung im Sinne der Norm gelten soll. Denn tatsächlich wird die Arbeit eines Journalisten nicht überwiegend auf fremder Initiative beruhen. Zu einem weitaus größeren Teil wird er selbst das Thema aussuchen, zu dem er dann ermitteln will. Auch wenn er dann im Zuge seiner eigenen Recherchen selbst Fragen stellt, sind die Antworten doch Informationen, die er von einer anderen Person erhält, die wiederum bereit sein muß, die Informationen zu liefern.

dd. Zeugnispflicht führt zur Enttarnung eines Informanten

Die Zeugnispflicht hinsichtlich selbst recherchierten Materials entfällt schließlich auch dann, wenn dadurch die Identität eines Informanten preisgegeben würde oder Repressalien gegen den Informanten zu befürchten sind. Das Zeugnisverweigerungsrecht resultiert in diesem Fall weniger auf einer gemachten Mitteilung. Im Mittelpunkt des Schutzes steht die Person des Informanten. Damit dieser nicht umgangen wird, umfaßt das Schweigerecht zur Person nicht nur die Namensangabe. Auch alle sonstigen Angaben, die als Indiz mittelbar zu einer Enttarnung führen können, fallen unter das Zeugnisverweigerungsrecht[453]. Daraus ergibt sich, daß selbst die generell nicht von § 53 Abs. 1 Nr. 5 StPO erfaßte Frage nach dem Honorar, das der Informant erhalten hat, nicht beantwortet werden muß, wenn daraus Schlüsse auf die Person oder den Aufenthalt des Informanten gezogen werden könnten[454]. Erst recht gilt dies für selbst recherchiertes Material, wenn dies zu einer Preisgabe der Identität des Informanten führen würde und so das Zeugnisverweigerungsrecht hinsichtlich der Person des Informanten umgangen werden würde.

Offen muß hier bleiben, auf welche Weise festgestellt werden soll, ob der Inhalt des selbst recherchierten Materials tatsächlich zu einer Enttarnung des Informanten beitragen könnte. Wenn allein der Hinweis des Journalisten

453 *BGHSt* 36, 298, 302 f.; *Dahs* in Löwe-Rosenberg, § 53 StPO Rn. 56; *Roxin*, Strafverfahrensrecht, § 26 Rn. 26.

454 *BGHSt* 28, 240, 255; *BGHSt* 36, 298, 302 f.

ausreicht, daß dadurch mit einer Preisgabe zu rechnen ist, könnte sich dies als gängiges Mittel entwickeln, um letztlich doch selbst recherchiertes Material unter den Schutz des prozessualen Zeugnisverweigerungsrechts zu stellen. Das muß aber im Hinblick auf die besondere Bedeutung der Pressefreiheit im Zweifel hingenommen werden[455].

c. Erweiterung des § 53 Abs. 1 Nr. 5 StPO zum Schutze selbst recherchierten Materials?

aa. Reformpläne

Angesichts der Vielzahl von Ausnahmen zur Zeugnispflicht bei selbst recherchiertem Material stellt sich die Frage, ob für den Gesetzgeber Handlungsbedarf besteht.

Der Ausschluß des selbst recherchierten Materials vom Zeugnisverweigerungsrecht und damit auch von der Beschlagnahme- und Durchsuchungsfreiheit birgt im Hinblick auf die Bedeutung der Pressefreiheit im allgemeinen und der Anwendung im Einzelfall erhebliche Probleme. Bei der Beschlagnahme von Beweismaterial tritt nicht nur die Frage auf, ob das Material selbst recherchiert ist. Bei der Suche nach Beweisen werden die Ermittler häufig auf Informationen stoßen, die das Ergebnis aus selbst recherchiertem Material und zugetragenen Informationen sind. Wie bei der dann folgenden Beschlagnahme das selbst recherchierte Material von den nicht beschlagnahmefähigen Gegenständen zu trennen ist, erscheint jedenfalls schwierig, wenn das Zeugnisverweigerungsrecht im übrigen Beachtung finden soll.

Nicht nur die Exekutive und die rechtsprechende Gewalt haben sich dieses Problemkreises mehrfach gewidmet. Immer wieder treten im Bundestag und Bundesrat Bemühungen zu Tage, diesen empfindlichen Bereich zugunsten der Presse neu zu regeln.

Schon bei der Neufassung des Zeugnisverweigerungsrechts im Jahre 1975 hatte der Vertreter Hessens im Bundesrat darauf hingewiesen, daß der Schutz des Redaktionsgeheimnisses auch eine Einbeziehung des von den Journalisten selbst gesammelten Materials verlange[456]. Dieser Hinweis blieb ebenso wie ein entsprechender Gesetzentwurf des Bundesrates bei der Neufassung des § 53 Abs. 1 Nr. 5 StPO unberücksichtigt. Der Gesetzgeber sah keine Veranlassung, die Belange der Strafrechtspflege hinter die Interessen der Presse zurücktreten zu lassen.

Noch in den 70-er Jahren gewann das Thema immer mehr Brisanz, als Bildmaterial über gewalttätige Demonstrationen, beispielsweise in Brokdorf,

---

455 vgl. dazu auch *BGHSt* 28, 240, 248: „im Zweifel für die Pressefreiheit".

456 Verhandlungen des Bundesrates 1974, Stenographischer Bericht der 404. Sitzung, 5. April 1974, S. 128.

beschlagnahmt wurde. Auch die Politik nahm nun eine andere Gewichtung des Themas vor: Bildjournalisten würden an ihrer Arbeit durch Drohung mit Gewalt von Seiten der Demonstranten gehindert, wenn nicht auch selbst recherchiertes Material geschützt werden würde. Diese Erkenntnis mündete in einem Referentenentwurf, der für Bild- und Filmmaterial sowie Tonträger ein Beschlagnahmeverbot auch dann vorsah, wenn sie selbst hergestellt worden sind[457]. Der Schutz beschränkte sich damit auf eine Erweiterung des § 97 a StPO. Eine Ausdehnung des Zeugnisverweigerungsrechts war damit nicht verbunden. Selbst diese nur beschränkte Erweiterung ist über das Entwurfsstadium nicht hinaus gekommen.

Erst 1987 gab der Beschluß des *Bundesverfassungsgerichts* zur Beschlagnahme selbst recherchierten Materials Anlaß zu einer neuen Reformdiskussion über das Zeugnisverweigerungsrecht. Das Gericht hatte in seiner Entscheidung Handlungsbedarf des Gesetzgebers angemahnt: „Schwierigkeiten, die bei Auslegung oder Anwendung einer Vorschrift auftreten, mögen zwar Anlaß für rechtspolitische Überlegungen sein...[458]". Gleichwohl legte die Regierung keinen neuen Entwurf zur Änderung vor. Vorstöße unternahmen die GRÜNEN und die Fraktion der SPD. Der Entwurf der GRÜNEN aus dem Jahre 1988 stellte unter den Schutz des Zeugnisverweigerungsrechts alles, was dem Mitarbeiter der Presse im Hinblick auf seine Tätigkeit anvertraut oder bekannt geworden ist. Ausnahmen waren nicht vorgesehen[459]. Der SPD-Entwurf vom Oktober 1989 stellte selbst erarbeitete Unterlagen grundsätzlich unter den Schutz des Zeugnisverweigerungsrechts, machte aber eine Ausnahme bei der Verfolgung besonders schwerer Straftaten und wenn der Mitarbeiter der Presse als Zeuge unentbehrlich ist[460].

Auch der Bundesrat legte im April 1990 einen eigenen Gesetzentwurf vor, mit dem Eigenrecherchen grundsätzlich unter den Schutz des § 53 Abs. 1 Nr. 5 StPO gestellt werden sollten, Ausnahmen aber bei schweren Straftaten gemacht werden sollten[461].

Die Bundesregierung sah trotz der Vielzahl von Vorstößen weiter kein Bedürfnis für eine Neuregelung.

Dennoch hat der Bundesrat zuletzt im Jahre 1995 einen erneuten Vorstoß gewagt, das Zeugnisverweigerungsrecht des § 53 Abs. 1 Nr. 5 StPO auf den „Inhalt selbst erarbeiteter Unterlagen" zu erweitern[462]. Wieder beinhaltete der Vorschlag Einschränkungen, wenn es um die Aufklärung schwerer Straftaten

---

457 Referentenentwurf eines Strafverfahrensänderungsgesetzes 1983 (StVÄG 1983), S. 29.
458 *BVerfGE* 77, 65, 81.
459 BT-Drs. 11/2000.
460 BT-Drs. 11/5377.
461 BT-Drs. 11/7031.
462 BT-Drs. 13/195.

geht. In einem solchen Fall sollte ausnahmsweise der Strafrechtspflege Vorrang gebühren[463].

Auch die Fraktion BÜNDNIS 90/DIE GRÜNEN legte am 15.07.1996 einen neuen Gesetzentwurf vor[464]. Wie im Entwurf von 1988 sollte das Zeugnisverweigerungsrecht der Pressemitarbeiter bei den Zeugnisverweigerungsberechtigten der Nummern 1-3b des § 53 Abs. 1 Nr. 5 StPO erweitert werden auf „das, was ihnen im Rahmen dieser Tätigkeit anvertraut oder bekanntgeworden ist"[465]. Anders als der Entwurf des Bundesrates von 1975 sah dieser Entwurf wieder keine Ausnahmen bei der Verfolgung schwerer Straftaten vor.

Die Fraktion Der F.D.P. hat am 15.09.1999 den „Entwurf eines Gesetzes zur Sicherung der Pressefreiheit" in den Bundestag eingebracht. Der Entwurf sieht eine Einbeziehung selbst erarbeiteten Materials verbunden mit einem Ausschlusstatbestand bei bestimmten Delikten vor[466].

Auch die Bundesregierung arbeitet an einem Entwurf zur Änderung der Strafprozessordnung, der eine Einbeziehung selbst erarbeiteten Materials vorsieht. Die Ausnahmeregelungen sind aber weit weniger differenziert als die des F.D.P.-Entwurfs.

bb. Stellungnahme

Die immer wieder aufflammende Diskussion um eine Erneuerung des journalistischen Zeugnisverweigerungsrechts im Zusammenhang mit selbst recherchiertem Material verdeutlicht die Notwendigkeit einer klaren gesetzlichen Regelung in diesem Bereich.

Die eigene Recherche ist ein unverzichtbares Mittel journalistischer Arbeit und deshalb auch im Strafverfahren zu schützen. Die Entscheidungen des *Bundesgerichtshofs* haben bereits zu einer Rechtsfortbildung in diesem Bereich geführt. Jetzt ist es Sache des Gesetzgebers, diese Rechtsprechung durch Gesetz zu vollziehen.

Bei der Änderung des Zeugnisverweigerungsrechts zugunsten selbst recherchierten Materials sollte insbesondere eine Erwägung im Vordergrund stehen: bei der Zeugnispflicht der Presse handelt es sich um eine Einschränkung der durch Art. 5 Abs. 1 S. 2 GG verbürgten Pressefreiheit. Die Zeugnispflicht stellt also grundsätzlich eine Ausnahme dar. Das Recht, das Zeugnis zu verweigern, ist dagegen der von der Verfassung aufgestellte Grundsatz, der dem Schutze der Pressefreiheit dient. Mit der Regelung des Zeugnisverweigerungsrechts über den Informanten und die gemachten

---

463 BT-Drs. 13/195, S. 4 und 6.

464 BT-Drs. 13/5285.

465 BT-Drs. 13/5285, S. 3 und 5.

466 BT-Drs. 14/1602, S. 3 und 4.

Mitteilungen bestätigt der Gesetzgeber lediglich einen Ausschnitt der grundgesetzlich geschützten Freiheit der Presse.

Unter diesem Aspekt ist es nicht nachzuvollziehen, warum nur gemachte Mitteilungen schutzwürdig sein sollen, um einen ungehinderten Informationsfluß zu gewährleisten. Der Schutz des § 53 Abs. 1 Nr. 5 StPO sollte grundsätzlich auch für selbst recherchiertes Material gelten.

Eine Änderung der Norm in diesem Bereich kann aber nicht nur ausschnittsweise erfolgen. Um das Gleichgewicht zwischen den Interessen an einer funktionstüchtigen Strafrechtspflege und dem Geheimhaltungsinteresse der Presse zu wahren, muß das Zeugnisverweigerungsrecht in seiner Reichweite insgesamt überdacht werden. Dafür sind sämtliche Zweifelsfragen, wie beispielsweise die fehlende Einbeziehung von Anzeigen[467] ebenso zu berücksichtigen wie eine Einschränkung des Zeugnisverweigerungsrechts zugunsten der Aufklärung schwerer Straftaten[468]. Eben letzteres kann einen Ausgleich für die Einbeziehung selbst recherchierten Materials schaffen. Denn ohne einen Ausnahmekatalog für die Verfolgung besonders schwerer Straftaten würden die Belange der Strafrechtspflege nicht nur unzureichend, sondern überhaupt nicht berücksichtigt werden. Trotz der durch das Bundesverfassungsgericht vorgegebenen Notwendigkeit einer erneuten Prüfung des die Pressefreiheit einschränkenden Gesetzes im Lichte der überragenden Bedeutung der Pressefreiheit muß diese hinter das Interesse an der Strafverfolgung zurücktreten, wenn es um die Aufklärung besonders schwerer Straftaten geht. Als Orientierung mag hier der Katalog des § 138 StGB dienen, der die Nichtanzeige geplanter Straftaten mit Strafe bedroht.

Sinnvoll erscheint es in diesem Zusammenhang auch, den Verdachtsgrad einer solchen Katalogstraftat hoch anzusetzen. Der einfache Verdacht, wie etwa § 81 a StPO ihn ausreichen läßt, wird angesichts der Bedeutung der Pressefreiheit, die durch eine solche Regelung eingeschränkt würde, nicht ausreichen. Wie bei anderen die Grundrechte empfindlich einschränkenden Zwangsmaßnahmen sollte hier erst ein dringender Tatverdacht, also die hohe Wahrscheinlichkeit einer späteren Verurteilung, eine Zeugnispflicht des Pressevertreters begründen.

Mit dieser Grundsatz-Ausnahme-Regelung verbunden werden sollte zudem, wie bisher auch, das Beschlagnahmeverbot des § 97 a StPO. Eine Trennung des Beschlagnahmeverbotes vom Zeugnisverweigerungsrecht, wie sie der Referentenentwurf von 1983 vorsah und beispielsweise *Achenbach*[469] sie befürwortet, ist wenig sinnvoll. Das würde bedeuten, daß das selbst recherchierte

---

467 Für eine Einbeziehung Löffler-*Achenbach*, § 23 LPG Rn. 68; *Löffler* NJW 1978, 913, 915; *Gössel*, Medienfreiheit, S. 59; *Ricker*, S. 31, 34.

468 So schon die Forderung der Fraktion BÜNDNIS 90 / DIE GRÜNEN, BT-Drs. 13/5285, S. 3 und 5.

469 Löffler-*Achenbach*, § 23 LPG Rn. 66.

Material zwar nicht beschlagnahmt werden kann, eine Vernehmung des Journalisten als Zeuge über den Inhalt des Materials aber möglich wäre.

Nach alledem wäre es wünschenswert, daß die Diskussion um die Einbeziehung selbst recherchierten Materials in den Schutz des Zeugnisverweigerungsrechts bald so weit gedeiht, daß daraus ein Gesetz wird, mit dem eine klare Handhabe im Strafverfahren geschaffen wird.

3. Aufdecken von Informationsinhalten durch die Presse selbst

a. Vollständige Weitergabe der Information an die Verfolgungsbehörden

Ähnlich wie bei der Preisgabe der Identität des Informanten muß der recherchierende Journalist auch beim Aufdecken der gemachten Mitteilungen mit einem Verlust des Zeugnisverweigerungsrechts rechnen.

Das *Bundesverfassungsgericht* hat dies insbesondere für sog. „Bekenneranrufe“ und „Bekennerschreiben“ entschieden, durch die von anonymen Informanten mitgeteilt wird, daß eine bestimmte Organisation für schwere Straftaten verantwortlich sei. Gebe die Presse auf diese Weise das erlangte Material vollständig an die Strafverfolgungsbehörde weiter, könne sich der Presseangehörige nicht mehr auf das Zeugnisverweigerungsrecht des § 53 Abs. 1 Nr. 5 StPO berufen[470].

Bei einer vollständigen Weitergabe der Informationen bestehen keine Bedenken, das Zeugnisverweigerungsrecht abzuerkennen. Die Presse hat in einem solchen Fall bewußt auf die Geheimhaltung der Informationsquelle und damit auf den Schutz des Vertrauensverhältnisses verzichtet.

b. Weitergabe von Teilen der gemachten Mitteilung

Nicht immer wird die Presse aber sämtliche Informationen an die Verfolgungsbehörden weitergeben. Daraus ergibt sich die Frage, ob eine Zeugnispflicht auch schon dann besteht, wenn die Presse nur einen Teil der gemachten Mitteilungen preisgibt und wo die Grenze zum Fortbestehen des Zeugnisverweigerungsrechts zu ziehen ist.

In der Literatur fehlen Differenzierungen in dieser Hinsicht. So verneint*Groß* ein Zeugnisverweigerungsrecht, „wenn die Presse von sich aus den Strafverfolgungsbehörden eine Informationsquelle genannt oder gar Einblick in erhaltenes oder gefertigtes Material gewährt hat[471]“. *Groß* bezieht sich zwar auf das oben genannte Urteil des *Bundesverfassungsgerichts*[472], macht aber nicht deutlich, ob dies ohne Unterschied gelten soll.

Entscheidend muß bei der Preisgabe von Informationsinhalten wie schon bei der Enttarnung des Informanten sein, ob damit bereits das durch

---

470 *BVerfG* NStZ 1982, 253 f. = AfP 1982, 100, 101.

471 *Groß* ZUM 1994, 214, 219.

472 *Groß* ZUM 1994, 214, 219 Fn. 43.

§ 53 Abs. 1 Nr. 5 StPO geschützte Vertrauensverhältnis zerstört ist[473]. Dies wird bei einer nur teilweisen Weitergabe der Unterlagen an die Strafverfolgungsbehörden schwer zu beurteilen sein. Fraglich ist deshalb, ob in einem solchen Zweifelsfall das Zeugnisverweigerungsrecht generell fortbestehen soll, grundsätzlich eine Zeugnispflicht zum Schutze der Strafrechtspflege anzunehmen oder aber doch eine Entscheidung im Einzelfall zu treffen ist.

Weder der Strafrechtspflege noch dem Geheimhaltungsinteresse der Presse wird man in jedem Fall den Vorzug geben können. Zwar ist das die Pressefreiheit einschränkende Gesetz und damit auch die Zeugnispflicht aus § 70 StPO wiederum im Lichte der besonderen Bedeutung der Pressefreiheit zu sehen. Jedoch darf auch die Verfolgung von Straftaten in ihrer Wichtigkeit nicht verkannt werden. Keines beider Institute überwiegt generell, wenn die Presse nur teilweise Mitteilungen bekannt macht. Denn in jedem Fall wird man prüfen müssen, ob durch die nur teilweise Weitergabe bereits das Vertrauensverhältnis zwischen Presse und Mitteilendem zerstört ist.

Die Preisgabe von Teilen gemachter Mitteilungen unterscheidet sich von der Preisgabe der Identität des Informanten dadurch, daß bereits durch wenige Identitätsmerkmale die Person des Informanten aufgefunden werden kann und dadurch das geschützte Vertrauensverhältnis zerstört ist. Dies gilt für die Preisgabe von Teilen der gemachten Mitteilung nicht immer. Werden Tatsachen preisgegeben, die keinen Hinweis auf ihre Herkunft enthalten und den Mitteilenden auch sonst nicht erkennen lassen, muß das besondere Vertrauensverhältnis nicht unbedingt zerstört sein. Anhaltspunkte für ein Fortbestehen der Informantenbeziehung müssen in diesem Zusammenhang objektive Kriterien sein. Zwar ist das Vertrauensverhältnis subjektiv geprägt. Ob der Informant sich durch den Vertreter der Presse verraten fühlt, kann aber kein geeignetes Merkmal sein, um das Fortbestehen des Zeugnisverweigerungsrechts zu überprüfen. Es kann nicht in das Belieben des Informanten gestelltwerden. Denn § 53 Abs. 1 Nr. 5 StPO bezweckt in erster Linie den Schutz der Presse, nicht den des Informanten.

4. Ergebnis

§ 53 Abs. 1 Nr. 5 StPO schützt gemachte Mitteilungen nur, soweit es sich dabei nicht um selbst recherchiertes Material des Journalisten handelt. Die Vorschrift ist in diesem Bereich dringend reformbedürftig. Das zeigen die zahlreichen Grenzfälle, in denen über das Bestehen des Zeugnisverweigerungsrechts Unklarheit herrscht. Grundsätzlich sollte das Zeugnisverweigerungsrecht auch selbst recherchiertes Material erfassen, nur in Ausnahmefällen sollte hier der Schutz versagt werden.

---

473 6. Abschnitt, 2. Teil, D. I.

Wie bei der Preisgabe der Identität des Informanten durch die Presse selbst erlischt das Zeugnisverweigerungsrecht, wenn der Vertreter der Presse die Information aus der gemachten Mitteilung vollständig an die Verfolgungsbehörden weitergibt. Geschieht dies nur in Teilen, ist zu prüfen, ob das Vertrauensverhältnis zwischen Pressevertreter und Informanten noch weiter besteht. Ist das der Fall, besteht auch der Schutz des Zeugnisverweigerungsrechts fort.

III. Beschränkung des Zeugnisverweigerungsrechts auf das Redaktionsgeheimnis

Eine weitere Einschränkung erfährt das Zeugnisverweigerungsrecht durch die Beschränkung auf den redaktionellen Teil des Presseprodukts. § 53 Abs. 1 Nr. 5 StPO beschränkt nach seinem Wortlaut das Zeugnisverweigerungsrecht auf Beiträge, Unterlagen und Mitteilungen, soweit sie für den redaktionellen Teil bestimmt sind. Das bedeutet, daß über den Inhalt von Unterlagen, die der Einsender einer Redaktion für den Anzeigenteil übersendet hat, das Zeugnis nicht verweigert werden darf[474]. Auch der Einsender einer chiffrierten Anzeige muß danach preisgegeben werden[475]. Für die journalistische Recherche ist der Bereich der Anzeigen nahezu bedeutungslos. Erst wenn der Inhalt einer Anzeige so interessant ist, daß sich eine redaktionelle Bearbeitung lohnt, wird sie Gegenstand der Recherche. Dann wird sie aber auch für den redaktionellen Teil bearbeitet und ist entsprechend durch das Zeugnisverweigerungsrecht geschützt.

IV. Versagung des Zeugnisverweigerungsrechts in Fällen schwerer Kriminalität?

Unabhängig von der Einbeziehung selbst recherchierten Materials in den Schutzbereich des § 53 Abs. 1 Nr. 5 StPO stellt sich die Frage, ob das Zeugnisverweigerungsrecht generell zugunsten der Aufklärung besonders schwerer Straftaten eingeschränkt werden sollte.

Bereits im Gesetzgebungsverfahren zum heute geltenden Zeugnisverweigerungsrecht war diese Frage Streitpunkt der Diskussion. Der Entwurf der CDU/CSU-Fraktion sah eine Zeugnispflicht vor, wenn eine der in § 100 a StPO genannten Straftaten Gegenstand der Ermittlungen ist und die Ermittlung des Aufenthalts des Beschuldigten auf andere Weise aussichtslos oder wesentlich erschwert wäre[476]. Dagegen enthielt der Gesetzentwurf der von der SPD/FDP-Koalition geführten Bundesregierung keine Beschränkung[477]. Der

---

474 *BVerfGE* 64, 108, 115/116.
475 Zu diesem Schluß gelangt auch *Rotsch*, S. 75.
476 BT-Drs. 7/1681.
477 BT-Drs. 7/2538, S. 4.

daraufhin angerufene Vermittlungsausschuß lehnte eine Zeugnispflicht zugunsten der Aufklärung besonders schwerer Verbrechen ebenfalls ab[478].

Auch die Vertreter der Literatur verfolgen in dieser Hinsicht keine einheitliche Linie. So befürwortet *Kunert*[479] die Begrenzung des Presseschutzes bei schwerer Kriminalität während *Groß*[480] und *Rengier*[481] eine ablehnende Haltung einnehmen. Insbesondere letzterer meint, daß für ein besonderes, ausschließlich gegen die Mitarbeiter von Presse und Rundfunk gerichtetes Mißtrauen in tatsächlicher Hinsicht kein Anlaß bestehe, die Gefahr von Mißbräuchen vielmehr auf seiten der Strafverfolgungsbehörden zu liegen scheine. Zudem sei es kaum denkbar, daß sich ein Straftäter nach der Tat einem Journalisten anvertraue. Schließlich gelte auch für Journalisten die Anzeigepflicht des § 138 StGB[482].

Rengier bleibt für seinen Vorwurf, die Mißbrauchsgefahr gehe von den Strafverfolgungsbehörden aus, einen stichhaltigen Beleg schuldig. Daß Straftäter sich nicht an die Presse wenden, ist angesichts der üblich gewordenen Höhe der Honorare für Exklusivinterviews überholt und kann kein Argument gegen die Schaffung eines Ausnahmekatalogs für besonders schwere Straftaten sein. Und letztlich unterscheidet sich das Zeugnisverweigerungsrecht von § 138 StGB gerade dadurch, daß eine Straftat bereits begangen wurde, zu der der Journalist aussagen soll. Bei § 138 StGB besteht dagegen noch die Möglichkeit, die Rechtsgutsverletzung abzuwenden. Auch der Hinweis auf § 138 StGB ist also kein geeignetes Argument gegen eine Zeugnispflicht bei der Aufklärung besonders schwerer Straftaten.

Das *Bundesverfassungsgericht* hat nicht nur der Pressefreiheit sondern auch der Aufklärung schwerer Straftaten einen hohen Rang beigemessen[483]. Eine Einschränkung des Zeugnisverweigerungsrechts dürfte also keinen grundsätzlichen verfassungsrechtlichen Bedenken unterliegen[484].

Dennoch ist eine Einschränkung des journalistischen Zeugnisverweigerungsrechts in Form einer bloßen Ergänzung des jetzigen Wortlauts tatsächlich wenig sinnvoll. Nur im Zusammenhang mit Bedeutung und Reichweite des Zeugnisverweigerungsrechts insgesamt ist an eine Begrenzung zu denken. Dabei müssen sämtliche für die Presse bestehenden Nachteile ebenso Berücksichtigung finden wie die Beschränkungen, die die Strafverfolgungsbehörden bei der Aufklärung besonders schwerer Straftaten durch das Zeugnisverweigerungsrecht erfahren. Das wurde bereits im

478 BT-Drs. 7/3777.

479 *Kunert* MDR 1975, 887 ff.

480 *Groß*, Schiedermair-FS, S. 237 ff.

481 *Rengier*, Zeugnisverweigerungsrechte, S. 217.

482 *Rengier*, Zeugnisverweigerungsrechte, S. 217.

483 Vgl. *BVerfGE* 20, 186 ff.; 33, 383.

484 So auch *Rebmann* AfP 1982, 189, 192.

Zusammenhang mit der Diskussion um den Schutz selbst recherchierten Materials erläutert. Eine Einschränkung des Zeugnisverweigerungsrecht zugunsten der Aufklärung schwerer Straftaten sollte verbunden werden mit einer Ausweitung des Zeugnisverweigerungsrechts auf selbst recherchiertes Material, möglicherweise auch die Einbeziehung nicht redaktionell bearbeiteter Unterlagen oder einer Ausdehnung des zur Zeugnisverweigerung berechtigten Personenkreises.

Als Orientierung für einen Ausnahmekatalog mögen wiederum die in § 138 StGB aufgeführten Straftaten dienen. Auch hier sollte aber auf die Voraussetzung eines dringenden Tatverdachts nicht verzichtet werden.

V. Zeugnisverweigerungsrecht bei persönlicher Gefährdung des Journalisten

Während der Recherche decken Journalisten nicht selten Sachverhalte auf, durch deren Kenntnis sie selbst in Gefahr geraten. Besteht in einer derartigen Situation kein Recht für den Journalisten, das Zeugnis zu verweigern, beispielsweise weil er selbst recherchiert hat, würde dies die persönliche Gefährdung noch erhöhen. Hier stellt sich die Frage, ob von § 53 Abs. 1 Nr. 5 StPO losgelöst ein Zeugnisverweigerungsrecht eingeführt werden sollte, das dem Journalisten zusteht, wenn er durch eine Bekanntgabe seiner Rechercheergebnisse persönlich gefährdet werden würde.

Rebmann lehnt ein Zeugnisverweigerungsrecht wegen persönlicher Gefährdung des Journalisten ab. Er begründet dies damit, daß es keinen Unterschied mache, ob der Zeuge Journalist sei oder nicht, wenn er in der öffentlichen Hauptverhandlung einen Zeugen belaste. Das geltende Recht biete einen ausreichenden Schutz, den Zeugen vor Gefahren zu schützen. Das berufsbedingte Risiko des Journalisten könne nicht zu einer erweiternden Auslegung des § 53 Abs. 1 Nr. 5 StPO führen. Das würde dem Willen des Gesetzgebers eindeutig widersprechen[485].

Die ablehnende Haltung *Rebmanns* verdient in diesem Bereich Zustimmung. Ein Zeugnisverweigerungsrecht bei persönlicher Gefährdung des Journalisten würde das anzustrebende Gleichgewicht von Pressefreiheit und Strafrechtspflege nicht herstellen können. Schon bei der Formulierung eines solchen Zeugnisverweigerungsrechts bestehen im Hinblick auf die Bestimmtheit der Norm Schwierigkeiten. Denn objektive Kriterien, wann ein bestimmter Grad der Gefährdung besteht und so ein Zeugnisverweigerungsrecht begründen kann, werden kaum allgemeingültig aufgestellt werden können. Selbst wenn dies gelingen sollte, würden diese Kriterien aber leerlaufen, da mangels Zeugnispflicht auch Tatsachen für eine Entscheidungsfindung fehlen. Zudem wird es häufig nur das subjektive Empfinden des Bedrohten sein, daß er sich in Gefahr befindet.

---

485 *Rebmann*, AfP 1982, 189, 191.

Das kann aber mangels Nachprüfbarkeit nicht entscheidend sein, um eine Ausnahme von der Zeugnispflicht zu begründen. Wäre nur das Empfinden des Bedrohten ausschlaggebend, bestünde eine einfache Möglichkeit, die Grenzen des Zeugnisverweigerungsrechts zu umgehen.

Ein Zeugnisverweigerungsrecht bei persönlicher Gefährdung des Journalisten ist damit abzulehnen.

3. Teil: Reichweite der Beschlagnahmefreiheit nach §§ 97 Abs. 5 iVm 53 I Nr. 5 StPO

A. Bedeutung der Beschlagnahmefreiheit für die Recherche

Der Schutz des Redaktionsgeheimnisses nach § 53 Abs. 1 Nr. 5 StPO wäre nahezu bedeutungslos, würde mit ihm nicht zugleich ein Beschlagnahme- und Durchsuchungsverbot einhergehen. Denn dann könnten die Ermittler sich die Informationen unter Umgehung des Zeugnisverweigerungsrechts durch Beschlagnahme des recherchierten Materials beschaffen.

Das hat in den 60-er Jahren die Durchsuchung der Redaktionsräume des Magazins „Spiegel" gezeigt. Dieser bisher größte Beschlagnahmefall bei der Presse führte dazu, daß das Bundesverfassungsgericht mit seiner sog.„*Spiegel*"-Entscheidung aus dem Jahre 1966 deutlich machte, daß es Aufgabe des Gesetzgebers sei, zwischen dem Schutz der Pressefreiheit und dem Interesse des Staates an der Strafverfolgung abzuwägen. Das Gericht rügte damit die §§ 53 Abs. 1 Nr. 5 und 97 Abs. 5 StPO a.F. Diese trugen nach Auffassung des Gerichts dem Abwägungserfordernis nur beschränkt Rechnung. Denn das Strafprozeßrecht enthielt weder ein umfassendes journalistisches Zeugnisverweigerungsrecht noch ein korrespondierendes Beschlagnahmeverbot zugunsten der Presse[486]. Eine solche Aushöhlung des Zeugnisverweigerungsrechts verhindert nun § 97 Abs. 5 StPO:

> „Soweit das Zeugnisverweigerungsrecht der in § 53 Abs. 1 Nr. 5 genannten Personen reicht, ist die Beschlagnahme von Schriftstücken, Ton-, Bild- und Datenträgern, Abbildungen und anderen Darstellungen, die sich im Gewahrsam dieser Person oder der Redaktion, des Verlages, der Druckerei oder der Rundfunkanstalt befinden, unzulässig. ..."

Die Ausrichtung des Beschlagnahmeverbots auf das Zeugnisverweigerungsrecht bedeutet, daß das oben erörterte selbst recherchierte Material nicht von der Beschlagnahme ausgenommen ist. Nur das Material, das

486 *BVerfGE* 20, 162, 187 ff.

der Mitarbeiter der Presse durch die Information von dritter Seite erhalten hat, darf danach nicht beschlagnahmt werden[487].

Soweit nach § 97 Abs. 5 StPO ein Beschlagnahmeverbot besteht, ist auch eine Durchsuchung unzulässig[488]. Zwar ist den §§ 102 ff. StPO kein ausdrückliches Durchsuchungsverbot zu entnehmen. Die Durchsuchung nach § 103 StPO setzt aber voraus, daß ein zulässiger Durchsuchungszweck vorliegt. Dafür müssen wiederum konkrete Tatsachen gegeben sein, die darauf schließen lassen, daß in den zu durchsuchenden Räumen beschlagnahmefähige Gegenstände aufgefunden werden. Soweit die Durchsuchung der Auffindung von Beweismitteln dient, ist sie daher unzulässig, wenn die Gegenstände dem Beschlagnahmeverbot des § 97 Abs. 5 StPO unterliegen[489].

Die Strafprozeßordnung unterscheidet zwischen der beweissichernden Beschlagnahme der §§ 94 ff. StPO und der vollstreckungssichernden Beschlagnahme der §§ 111 b StPO. Das Durchsuchungs- und Beschlagnahmeverbot des § 97 Abs. 5 StPO gilt lediglich für die beweissichernde Beschlagnahme, also nur für Gegenstände mit potentieller Beweisbedeutung, vgl. §§ 102, 103 StPO. Für sie verbietet § 97 Abs. 5 StPO die formlose Sicherstellung nach § 94 Abs. 1 StPO ebenso wie das Herausgabeverlangen gem. § 95 Abs. 1 StPO[490].

B. Gegenstand und Voraussetzungen der Beschlagnahmefreiheit

I. Gegenstände nach § 97 Abs. 5 StPO

Voraussetzung für die Beschlagnahmefreiheit ist, daß sich einer der in § 97 Abs. 5 StPO benannten Gegenstände im Gewahrsam des Zeugnisverweigerungsberechtigten befindet. Die Norm zählt als beschlagnahmefreie Gegenstände „Schriftstücke, Ton-, Bild-, und Datenträger, Abbildungen und andere Darstellungen“ auf.

Schriftstücke sind schriftliche Mitteilungen und Aufzeichnungen i.S.v. § 97 Abs. 1 Nr. 1 und Nr. 2 StPO sowie alle sonstigen schriftlich festgehaltenen Gedankenäußerungen[491]. Der Begriff ist weit zu verstehen. Er umfaßt nicht nur Druckwerke und Druckschriften, sondern auch alle schriftlichen Zeichen, wie Notizen[492]. § 97 Abs. 5 StPO schützt zudem Ton-, Bild- und Datenträger, die ihren Sinn erst durch besondere Wiedergabegeräte erlangen. Abbildungen sind alle Zeichen, die durch das Auge wahrgenommen werden. Der Begriff der

---

487 6. Abschnitt, 2. Teil, D. II. 2. c. bb.

488 *BGH* NJW 1973, 2035; SK-*Rudolphi*, § 102 StPO Rn. 14.

489 Vgl. auch *Dörr* AfP 1995, 378, 380.

490 SK-*Rudolphi*, § 95 StPO Rn. 6, § 97 StPO Rn. 7; AK StPO-*Amelung*, § 95 Rn. 2, § 97 Rn. 4.

491 *Kleinknecht/Meyer-Goßner*, § 97 StPO Rn. 31.

492 Vgl. Löffler-*Achenbach*, § 23 LPG Rn. 98 f. mit weiteren Beispielen.

Darstellungen ist schließlich als Oberbegriff zu verstehen, der alles von der Beschlagnahme ausnimmt, was stofflich verkörpert, sinnlich wahrnehmbar ist und einen geistigen Sinngehalt andeutet[493].

Die Formulierung „und andere Darstellungen“ macht deutlich, daß die Aufzählung lediglich beispielhaft und nicht erschöpfend ist. Vielmehr erstreckt sich das Beschlagnahmeverbot entsprechend dem Schutzzweck der Vorschrift auf alle Unterlagen, aus denen sich Schlüsse auf die Person des Informanten oder den Inhalt der gemachten Mitteilung ziehen lassen[494].

II. Gewahrsam des Zeugnisverweigerungsberechtigten

Die genannten Gegenstände sind aber nur dann von der Beschlagnahme ausgenommen, wenn sie sich im Gewahrsam der nach § 53 Abs. 1 Nr. 5 StPO zeugnisverweigerungsberechtigten Personen befinden. Gewahrsam bedeutet unter sozialer Betrachtung das tatsächliche Herrschaftsverhältnis, also die Verfügungsmacht über das Beweismittel, getragen von einem entsprechenden Herrschaftswillen. So hat der Journalist Gewahrsam an allen Unterlagen, die er bei sich führt, aber auch an denen, die im Verlagshaus in seinem verschlossenen Schreibtisch liegen. Ebenso besteht Gewahrsam an Dingen, die der Journalist in seiner Wohnung aufbewahrt, auch wenn er selbst nicht anwesend ist.

Es ist nicht erforderlich, daß der Journalist alleiniger Gewahrsamsinhaber ist. Das Beschlagnahmeverbot greift auch bei Mitgewahrsam ein[495].

Der Beschlagnahmeschutz bezieht sich nicht nur auf die Person des Zeugnisverweigerungsberechtigten, sondern auch auf die Räume von Redaktion, Verlag und Druckerei. Der Grund für diesen erweiterten Beschlagnahmeschutz ist die durch die Durchsuchung und Beschlagnahme drohende Beeinträchtigung des Gesamtbetriebs des Pressehauses. Dem soll durch die erweiterte Sicherung des Redaktionsgeheimnisses entgegengetreten werden[496]. Das Beschlagnahmeverbot gilt aber auch hier nur, wenn neben dem Zeugnisverweigerungsrecht des Pressemitarbeiters die Redaktion, der Verlag oder die Druckerei Gewahrsam an den Unterlagen hat. Bei einer juristischen Person haben die Organe den Gewahrsam. Die in § 97 Abs. 5 StPO genannten Räume müssen Geschäftsräume der Presse sein. Sie müssen dafür ständig oder für eine bestimmte Zeit zum Betrieb von Geschäften der Redaktion usw. bestimmt sein[497].

Das Beschlagnahmeverbot endet, wenn der Zeugnisverweigerungsberechtigte den Gewahrsam freiwillig aufgibt.

---

493 Löffler-*Achenbach*, § 23 LPG Rn. 99.

494 *Schäfer* in Löwe-Rosenberg, § 97 Rn. 94.

495 *BGHSt* 19, 374; Schmid, wistra 1991, 247 f. mwN.

496 *BVerfG* NJW 1966, 1603, 1615; *Löffler*, Verfassungsauftrag, S. 81.

497 *RGSt* 32, 371 f.

C. Beschlagnahmeverbot über § 97 Abs. 5 StPO hinaus?

Entsprechend den zu § 53 Abs. 1 Nr. 5 StPO entwickelten Grundsätzen ist auch das Beschlagnahmeverbot des § 97 Abs. 5 StPO nicht abschließend. Das ergibt sich neben dem Wortlaut „und anderen Darstellungen“ aus der besonderen Bedeutung der Presse. Durchsuchungen und Beschlagnahmen in Presseunternehmen stellen einen besonders schweren Eingriff dar. Eine Abwägung zwischen der Pressefreiheit und den Interessen der Strafrechtspflege ist deshalb in besonderem Maße geboten. Hier gelten wiederum die Ausnahmen, die für den Schutz selbst recherchierten Materials entwickelt wurden. Daneben kann eine Beschlagnahme insbesondere dann, über § 97 Abs. 5 StPO hinaus, unzulässig sein, wenn der Vertreter lediglich eines Bagatelldelikts verdächtig ist[498]. Das bedarf dann aber einer gesonderten Prüfung.

D. Grenzen der Beschlagnahmefreiheit

I. Der Journalist als Beschuldigter

Das Beschlagnahmeverbot findet seine Grenze dort, wo der Journalist selbst Beschuldigter ist. In einem solchen Fall kann ihm das Beschlagnahmeverbot des § 97 Abs. 5 StPO nicht mehr helfen. Diese Regelung scheint auf den ersten Blick unbefriedigend, denn die Strafverfolgungsbehörden können so durch Einleitung der Strafverfolgung das Beschlagnahmeverbot umgehen. Hierfür ist bereits ein einfacher Anfangsverdacht ausreichend, d.h. ein durch konkrete Tatsachen belegter, in kriminalistischer Erfahrung begründeter Anhalt dafür, daß eine verfolgbare Straftat vorliegt. Zur Entschärfung der Diskussion betont das Bundesverfassungsgericht aber in der „*Spiegel*-Entscheidung“ aus dem Jahre 1966, daß eine Durchsuchung nach § 102 StPO nur zur Aufklärung der Straftaten diene, die den beschuldigten Presseangehörigen selbst zur Last gelegt würden. Ein darüber hinaus gehender Zweck, insbesondere Verdachtsgründe gegen noch unbekannte Dritte zu finden, dürfe mit der Durchsuchung nicht verfolgt werden[499].

Der Schutz der Redaktionsräume durch § 97 Abs. 5 StPO ist ebenfalls davon abhängig, daß der Zeugnisverweigerungsberechtigte nicht selbst Beschuldigter ist. Schon wenn der Redaktion nur ein Beschuldigter angehört, sind die Redaktionsräume nicht mehr nach § 97 Abs. 5 StPO von der Beschlagnahme ausgenommen[500]. *Achenbach* wendet sich gegen eine derartig generalisierende Betrachtungsweise und verlangt in einem solchen Fall eine richterliche

---

498 Vgl. dazu *BVerfGE* 15, 77, 78 f.

499 *BVerfGE* 20, 162, 192.

500 *Schäfer* in Löwe-Rosenberg, § 97 StPO Rn. 99; *Kleinknecht/Meyer-Goßner*, § 97 StPO Rn. 45; *Pfeiffer*/Fischer, § 97 StPO Rn. 10.

Abwägung[501]. Erst wenn alle Redakteure Beschuldigte seien, entfalle der Schutz der Redaktionsräume im Sinne des § 97 Abs. 5 StPO[502].

Das widerspricht jedoch dem Wortlaut und dem damit verbundenen Zweck der Norm. § 97 Abs. 5 S. 2 StPO macht mit seinem ausdrücklichen Verweis auf § 97 Abs. 2 S. 3 StPO deutlich, daß das Strafverfolgungsinteresse das Geheimhaltungsinteresse der Presse überwiegt, wenn die Presse selbst in eine Straftat verstrickt ist. Dies entspricht dem sachlichen Schutzbereich des Art. 5 Abs. 1 S. 2 GG, der die rechtswidrige Erlangung von Informationen nicht umfaßt. Müßten erst sämtliche Redakteure Beschuldigte sein, so könnte der Presseangehörige, der im Verdacht steht, die Beschlagnahme immer dadurch umgehen, daß er das Material in die Redaktionsräume verbrächte. Eine solche Umgehung der Beschlagnahmevorschriften ist aber nicht mehr vom Schutz der Pressefreiheit gedeckt.

Ausreichend für eine Durchsuchung und Beschlagnahme der Redaktionsräume ist, daß nur ein Presseangehöriger Beschuldigter ist.

II. Mitgewahrsam des Pressemitarbeiters und des Beschuldigten

Grundsätzlich greift das Beschlagnahmeverbot des § 97 Abs. 5 StPO auch dann, wenn der Pressemitarbeiter nur Mitgewahrsamsinhaber ist. Das Verbot der Beschlagnahme entfällt nach Ansicht des Bundesgerichtshofs jedoch, wenn der Mitgewahrsam zwischen einer zeugnisverweigerungsberechtigten Person und dem Beschuldigten besteht[503]. *Klug* und *Achenbach* kritisieren das und verlangen eine Abwägung zwischen den Strafverfolgungsinteressen und der Pressefreiheit[504].

Ein Bedürfnis für die erneute Abwägung von Pressefreiheit und Strafverfolgungsinteresse besteht in einem solchen Fall jedoch nicht. Auch hier gilt, daß das Presseprivileg nicht dazu mißbraucht werden darf, die geltenden Beschlagnahmevorschriften zu umgehen. Jeder Beschuldigte hätte dazu die Möglichkeit, wenn er einem Zeugnisverweigerungsberechtigten Mitgewahrsam einräumen würde. Besteht zwischen dem Journalisten und einem Beschuldigten Mitgewahrsam, entfällt das Beschlagnahmeverbot.

III. Strafverstrickung des Journalisten

1. Verdacht der Teilnahme

Das Beschlagnahmeverbot des § 97 Abs. 5 StPO entfällt auch, wenn der Journalist nicht selbst Beschuldigter ist, sondern lediglich ein Verdacht der

501 Löffler-*Achenbach*, § 23 LPG Rn. 123.
502 Löffler-*Achenbach*, § 23 LPG Rn. 123.
503 *BGHSt* 19, 374 f.
504 *Klug*, Presseschutz, S. 60 f.; Löffler-*Achenbach*, § 23 LPG Rn. 103.

Strafverstrickung besteht. Das gilt nach § 97 Abs. 5 iVm § 97 Abs. 2 S. 3 StPO insbesondere, wenn der Journalist der Teilnahme an einer Straftat verdächtig ist.

Mißverständlich ist insoweit die Formulierung „Teilnahme“. Gemeint ist mit dieser Formulierung nicht nur der Verdacht der Anstiftung und Beihilfe. Die Auslegung des Begriffs erfolgt nach allgemeiner Ansicht weit, so daß auch der Verdacht der Mittäterschaft das Beschlagnahmeverbot aufhebt.

Erforderlich, aber auch ausreichend ist der einfache Anfangsverdacht einer Teilnahme, um das Beschlagnahmeverbot auszuschließen. Durchsuchung und Beschlagnahme haben für die Presseunternehmen und deren Mitarbeiter einschneidende Wirkung. Das zwingt dazu, bei der gebotenen Abwägung die Bedeutung der Pressefreiheit und das Übermaßverbot besonders zu beachten, so daß die Anforderungen an die Stärke des Verdachts erheblich strenger sein müssen, um das Beschlagnahmeverbot durchbrechen zu können[505].

2. Verdacht der Begünstigung, Strafvereitelung und Hehlerei

Auch der Verdacht der Begünstigung, Strafvereitelung oder Hehlerei lassen das Beschlagnahmeverbot entfallen. Für eine Begünstigung ist erforderlich, daß der Pressemitarbeiter dem Täter nach Begehung eines Delikts in entsprechender Absicht Hilfe leistet. Für die Begünstigung ist hier noch der Fall denkbar, daß durch einen Bericht eine falsche Spur gelegt wird. Das betrifft aber erst die Veröffentlichung. Durch die Recherche selbst ist eine Begünstigung typischerweise ebensowenig denkbar wie eine Strafvereitelung oder Hehlerei. Anderenfalls handelt es sich nicht mehr um recherchespezifische Delikte.

3. Gegenständliche Strafverstrickung

§ 97 Abs. 5 StPO regelt neben der personalen auch eine gegenständliche Strafverstrickung. Das Beschlagnahmeverbot entfällt danach für Darstellungen, die durch eine Straftat hervorgebracht oder zur Begehung einer Straftat gebraucht oder bestimmt sind oder die aus der Straftat herrühren. Ob dies für Gegenstände, die der Journalist durch seine Recherche erlangt hat, zutrifft, erscheint zweifelhaft.

Nur unmittelbar aus der Straftat resultierende Darstellungen sind „hervorgebracht“ im Sinne des § 97 Abs. 5 StPO. Mittelbar erlangte Gegenstände, wie der Erlös aus einer Darstellung, fallen daher nach wie vor unter das Beschlagnahmeverbot.

Auch Gegenstände, die „zur Begehung einer Straftat gebraucht und bestimmt sind“ wird der Journalist nur ausnahmsweise während seiner Recherche erlangen, wie z.B. das Tatwerkzeug. Nicht erforderlich ist, daß es zu der Straftat gekommen ist. Ausreichend ist die bloße Bestimmung zur Straftat, wobei diese

505 *Schmidt*, Ausnahme vom Beschlagnahmeverbot, S. 54 ff.; *Delitz* AfP 1976, 106 f.; *Kleinknecht/Meyer-Goßner*, § 97 StPO Rn. 20; KK StPO-*Nack*, § 97 Rn. 19.

konkret sein muß[506]. Anders als § 74 StGB erfaßt § 97 Abs. 2 S. 3 StPO nach zutreffender Ansicht nicht die nur zur Vorbereitung einer Straftat bestimmten Gegenstände. Diese unterliegen auch weiterhin der Beschlagnahme, wenn sie sich im Gewahrsam des zeugnisverweigerungsberechtigten Journalisten befinden[507]. Der Wortlaut der Norm ist insoweit eindeutig: die „Begehung" einer Straftat beginnt frühestens mit dem Versuch, also dem unmittelbaren Ansetzen zur Tat. Die bloße Vorbereitungshandlung ist nur ausnahmsweise mit Strafe bedroht, verdient aber nicht schon grundsätzlich die Bezeichnung „Begehung einer Straftat".

Von besonderer Bedeutung ist für den Journalisten aber die Einschränkung des Beschlagnahmeverbots für Gegenstände, die „aus einer Straftat herrühren". Nicht selten werden der Presse gerade die Dinge zugespielt, die unter Verletzung von Geheimhaltungsvorschriften erlangt wurden, wie vertrauliche Schriftstücke oder Tonbänder mit persönlichen Gesprächen. Die Einschränkung des Beschlagnahmeverbots nach § 97 Abs. 5 iVm § 97 Abs. 2 S. 3 StPO dürfte für den Journalisten gerade in diesem Bereich besonders empfindlich sein. Die Pressefreiheit muß dann aber hinter dem Interesse an einer funktionstüchtigen Strafrechtspflege zurückstehen.

IV. Weitere Verwertung für die Recherche trotz Sicherstellung?

Eine andere Frage ist, ob der Journalist die Erkenntnisse, die er bereits aus den sichergestellten Gegenständen gewonnen hat, weiter verwenden kann, um zu einem vollständigen Rechercheergebnis zu gelangen.

§ 97 Abs. 2 S. 3 StPO enthält keine ausdrückliche Beschränkung in dieser Hinsicht. Die Entstehungsgeschichte der Norm, ihr Standort im System der Beschlagnahmeregelungen und der Sinn und Zweck der Regelung geben ebenfalls keinen Hinweis auf die Auswirkungen für die Verwertung des sichergestellten Materials durch den Journalisten.

Eine Beschränkung könnte allenfalls der Gedanke einer ungehinderten Strafverfolgung ergeben, die durch eine frühzeitige Veröffentlichung von Informationsinhalten beeinträchtigt werden könnte. Auch dafür ist aber eine Grundlage, die die Freiheit der Presse einschränken könnte, nicht ersichtlich.

Dem Journalisten steht es damit frei, die bereits gewonnenen Informationen aus dem sichergestellten Material weiter für seine Recherche zu verwerten.

V. Unfreiwilliger Verlust der Rechercheergebnisse

Das Beschlagnahmeverbot des § 97 Abs. 5 StPO umfaßt lediglich Gegenstände, die sich im Gewahrsam des Zeugnisverweigerungsberechtigten oder der Redaktion befinden. Verliert der Journalist den Gewahrsam an seinen

---

506 *BGH* NJW 1956, 149, 151.

507 SK-*Rudolphi*, § 97 StPO Rn. 35; in AK StPO-Amelung, § 97 Rn. 23; aA: *Kleinknecht/Meyer-Goßner*, § 97 Rn. 22; *Schäfer* in Löwe-Rosenberg, § 97 Rn. 31.

Recherchеergebnissen unfreiwillig, stellt sich unweigerlich die Frage, ob damit auch der Beschlagnahmeschutz des § 97 Abs. 5 StPO verloren geht.

Der *BGH* versagt in einem solchen Fall den Schutz des § 97 Abs. 5 StPO[508]. Dem folgen einige Vertreter der Literatur mit der Konsequenz, daß die Beschlagnahme beim Finder oder Dieb zulässig wäre[509]. *Schäfer* begründet seine Ansicht damit, daß der Schutzzweck des § 97 StPO, nämlich nicht durch die Beschlagnahme das Zeugnisverweigerungsrecht zu umgehen, ohnehin verloren gegangen sei[510].

Diese Argumentation hat keinen Bestand, denn *Schäfer* selbst nennt als Schutzzweck des § 97 Abs. 5 StPO primär die verfassungsrechtlich verbürgte Pressefreiheit. Eben diese liefe aber leer, käme es lediglich darauf an, daß die Behörde die Beschlagnahme schneller durchführt als der Zeugnisverweigerungsberechtigte seinen Gewahrsam wieder erlangt. Die Durchsetzung der Pressefreiheit in der Form des Beschlagnahmeverbots des § 97 Abs. 5 StPO kann letztlich auch nicht davon abhängen, ob zufällig ein Dieb die beschlagnahmten Gegenstände mitnimmt. Das würde eine unzulässige Umgehung der Beschlagnahmefreiheit und des Zeugnisverweigerungsrechts der Presse bedeuten.

VI. Ergebnis

Das Beschlagnahmeverbot des § 97 Abs. 5 StPO zugunsten der Presse ist an das Zeugnisverweigerungsrecht aus § 53 Abs. 1 Nr. 5 StPO gekoppelt. Es erstreckt sich demnach auf alle Unterlagen, aus denen sich Schlüsse auf die Person des Informanten oder den Inhalt der gemachten Mitteilung ziehen lassen. Voraussetzung für ein Beschlagnahmeverbot ist, daß sich die Unterlagen im Gewahrsam eines zeugnisverweigerungsberechtigten Mitarbeiters der Presse befinden. Die Beschlagnahmefreiheit besteht aber auch fort, wenn der Journalist seine Recherchеergebnisse unfreiwillig verliert. Es erlischt nur, wenn der Mitarbeiter selbst Beschuldigter oder in eine Straftat verstrickt ist.

4. Teil: Einschränkung der journalistischen Recherche durch staatliche Überwachung

A. Die neuere Entwicklung der §§ 100 a ff. StPO

Eine empfindliche Einschränkung der journalistischen Recherchefreiheitbergen die §§ 100 a ff. StPO. Mit ihnen können die Strafverfolgungsbehörden nicht nur die Telekommunikation des Journalisten überwachen, § 100 a StPO, sondern

508 *BGH* 3 StR 432/76 vom 15.12.1976.

509 *Schäfer* in Löwe-Rosenberg, § 97 StPO Rn. 22; *Kleinknecht/Meyer-Goßner*, § 97 StPO Rn. 13.

510 *Schäfer* in Löwe-Rosenberg, § 97 StPO Rn. 22.

darüber hinaus ohne Wissen des Journalisten technische Mittel einsetzen, die der Erforschung des strafrechtlichen Sachverhalts oder der Auffindung des Täters dienen, § 100 c Abs. 1 Nr. 1, 2 StPO.

Die §§ 100 a ff. StPO erhielten ihre aktuelle Form nach einer heftigen Diskussion um den sog. „Großen Lauschangriff" durch das Gesetz zur Verbesserung der Bekämpfung der Organisierten Kriminalität vom 4. Mai 1998[511].

Der „Lauschangriff[512]" umfaßt das Abhören und Aufzeichnen des nicht öffentlich gesprochenen Wortes innerhalb von Wohnungen durch die Strafverfolgungsbehörden[513]. Während der „Kleine Lauschangriff" das Aufnehmen und Abhören von Lebensvorgängen in Wohnungen im Beisein eines Verdeckten Ermittlers bezeichnet, erfolgt der „Große Lauschangriff" ohne Beisein eines Verdeckten Ermittlers. Zweck des „Lauschangriffs" war die Bekämpfung der „Organisierten Kriminalität".

Beide Varianten berührten die Unverletzlichkeit der Wohnung aus Art. 13 GG. Um dem „Lauschangriff" den Weg zubereiten, änderte der Gesetzgeber mit der erforderlichen Mehrheit die Verfassung[514]. Art. 13 GG läßt nun mit den Absätzen 3 bis 5 den Einsatz technischer Mittel zur Verbrechensbekämpfung zu. Mit der Änderung des Grundgesetzes war auch der Weg frei für eine entsprechende Änderung der Strafprozeßordnung. Durch das „Gesetz zur Verbesserung der Bekämpfung der Organisierten Kriminalität" vom 4.5.1998 wurde der „Große Lauschangriff" Gesetz[515]. Für den recherchierenden Journalisten haben die §§ 100 a ff. StPO zum Teil einschneidende Bedeutung.

B. Überwachung der Telekommunikation des Journalisten, §§ 100 a, b StPO

I. Bedeutung der §§ 100 a, b StPO für die Recherche des Journalisten

§ 100 a StPO eröffnet den Strafverfolgungsbehörden die Möglichkeit, die Telekommunikation überwachen und aufzeichnen zu lassen, wenn der Verdacht einer der in § 100 a Nr. 1 – 5 StPO aufgezählten Straftaten besteht und wenn die Erforschung des Sachverhalts oder die Ermittlung des Aufenthaltsorts des Beschuldigten auf andere Weise aussichtslos oder wesentlich erschwert wäre.

Die §§ 100 a, b StPO bieten den Strafverfolgungsbehörden die von der Verfassung geforderte Grundlage für Eingriffe der öffentlichen Gewalt in das durch Art. 10 Abs. 1, 2 GG geschützte Brief- Post- und Fernmeldegeheimnis.

---

511 BGBl. I, 845.

512 Der Begriff entstammt ursprünglich dem Sprachgebrauch der Geheimdienste, vgl. *Frister* StV 1996, 454, 454, Fn. 6.

513 *Bockemühl* JA 1996, 695, 697.

514 Gesetz zur Änderung des Grundgesetzes vom 26.3.1998, BGBl. I, 610.

515 BGBl. I, 845.

Art. 10 GG schützt gegen Eingriffe der öffentlichen Gewalt in den gesamten Fernmeldeverkehr, namentlich den Fernsprechverkehr und damit vor allem Telefongespräche[516]. Mit dem Schutz von Kommunikationsvorgängen und Kommunikationsinhalten soll die Geheimhaltung gewährleistet, die Vertraulichkeit verbürgt und insoweit die Privatsphäre der Beteiligten nach außen abgeschirmt werden[517].

In Anlehnung an das durch Art. 10 Abs. 1 GG geschützte Fernmeldegeheimnis erfaßt der Begriff der Telekommunikation alle Formen der Nachrichtenübermittlung unter Raumüberwindung in nicht-körperlicher Weise mittels technischer Einrichtungen, auch von Maschine zu Maschine[518]. Gemeint ist damit der Inhalt der Telekommunikation, d.h. die übermittelte Nachricht, sowie ihre näheren Umstände, also die Verbindungsdaten, vgl. § 85 Abs. 1 TKG. § 3 TKG bietet für die weitere Ausgestaltung des Begriffs der Telekommunikation eine Legaldefinition, und kann zur Begriffsbestimmung in § 100 a StPO herangezogen werden[519]. Danach ist Telekommunikation der technische Vorgang des Aussendens, Übermittelns und Empfangens von Nachrichten jeglicher Art in der Form von Zeichen, Sprache, Bildern oder Tönen mittels Telekommunikationsanlagen, § 3 Nr. 18 TKG.

§ 100 a StPO erlaubt Eingriffe in den Kommunikationsvorgang selbst, also letztlich in die Geheimsphäre des Netzbetreibers. Die Nachrichtenübermittlung endet am Endgerät des Teilnehmers, so daß beispielsweise das angekommene Fax nicht mehr Gegenstand einer Maßnahme nach § 100 a StPO sein kann[520].

Die Maßnahmen des § 100 a StPO richten sich zwar in erster Linie gegen den Beschuldigten, vgl. § 100 a S. 2, 1. Alt. StPO. § 100 a StPO erlaubt aber auch Maßnahmen gegen Nichtverdächtige, wenn sie als sog. Nachrichtenmittler fungieren oder der Beschuldigte ihren Anschluß benutzt. Letzteres bedeutet, daß die Ermittler ein Gespräch schon dann überwachen und aufzeichnen können, wenn ein Beschuldigter einen Journalisten anruft. Ebenso verhält es sich, wenn der Journalist als Nachrichtenmittler fungiert. Das ist der Fall, wenn aufgrund bestimmter Tatsachen anzunehmen ist, daß der Journalist Nachrichten, die an den Beschuldigten gerichtet sind oder von ihm unmittelbar oder mittelbar ausgegangen sind, entgegennimmt oder weiterleitet[521], vgl. § 100 a S. 2, 2. Alt. StPO. Denkbar ist insbesondere die Entgegennahme von Informationen durch den Reporter. Eben das macht die Recherche aus. Die Möglichkeit der Überwachung und Aufzeichnung trifft den Journalisten in seiner Recherchefreiheit hier also empfindlich.

---

516 *BGHSt* 39, 335, 338.

517 *BVerfGE* 85, 386, 395 ff.

518 *BGH* CuR 1996, 488.

519 Vgl. *Eisenberg/Nischan* JZ 1997, 74, 77.

520 KK StPO-*Nack*, § 100 a Rn. 5.

521 *BGH* NJW 1994, 2904, 2907.

II. Eingriffe in die Telekommunikation des Journalisten im einzelnen

§§ 100 a, b StPO eröffnen den Verfolgungsbehörden unterschiedliche Möglichkeiten des Überwachens und Aufzeichnens der Telekommunikation des Journalisten. Das Gesetz läßt offen, welche konkreten Maßnahmen solche des Überwachens und Aufzeichnens sind. Das ergibt sich aber tatsächlich aus den unterschiedlichen Formen der Telekommunikation.

Die wohl naheliegendste Form einer Maßnahme nach § 100 a StPO ist die Überwachung und Aufzeichnung der Kommunikation per Telefon. Dabei ist es unerheblich, ob die Kommunikation via Festnetz oder per Mobilfunk stattfindet. In beiden Fällen richtet sich die Zulässigkeit der Überwachung nach §§ 100 a, b StPO.

Für die Strafverfolgungsbehörden wird sich kaum die Gelegenheit ergeben, ein Gespräch unmittelbar am Telefonhörer mitzuhören, so daß offen bleiben kann, ob es sich dabei überhaupt um eine Maßnahme nach § 100 a StPO handelt. Die Ermittler werden in der Regel darauf angewiesen sein, daß der Netzbetreiber die Voraussetzungen für eine Überwachung schafft. In einem solchen Fall stellt dann bereits das bloße Mithören eines Telefongesprächs eine Maßnahme nach § 100 a StPO dar[522]. Das ergibt sich bereits aus § 100 b Abs. 3 S. 1 StPO. Danach müssen die Netzbetreiber eine Überwachung und Aufzeichnung ermöglichen. Gleiches gilt für die Überwachung eines Telefongesprächs mittels Scanner, vgl. § 86 TKG. Hier finden die §§ 100 a, b StPO entsprechende Anwendung.

§§ 100 a, b StPO erfassen darüber hinaus die Einrichtung einer Fangschaltung, mit der der Anrufer ermittelt werden kann. Kommt der Journalist als Nachrichtenmittler in Betracht, ermöglicht § 100 a StPO damit die Einrichtung einer Fangschaltung an seinem Anschluß. Die Norm erlaubt daneben Installation einer Zählervergleichseinrichtung, die am Anschluß des Verdächtigen angebracht wird und es ermöglicht, alle von diesem Anschluß abgehenden Telefonate nach Datum, Zeitpunkt des Beginns und des Endes des Gesprächs sowie des angewählten Anschlusses zu registrieren. Ruft ein Verdächtiger den Journalisten an, ist dieser mit einer solchen Zählervergleichseinrichtung miterfaßt.

Mit dem weiten Begriff der Telekommunikation eröffnet § 100 a StPO den Ermittlern auch Nachrichtenübermittlung per Fax, Telex und mit Online-Diensten überwachen und aufzeichnen zu lassen. Die Strafverfolgungsbehörden haben so die Möglichkeit, die Versendung einer e-mail vom Computer des Journalisten zu dem des Informanten und umgekehrt überwachen und aufzeichnen zu lassen.

Von besonderem Interesse war in der jüngeren Vergangenheit auch der Zugriff auf den Datenverkehr, der durch die Nutzung von Mailboxen entsteht.

---

522 Vgl. *Roxin*, Strafverfahrensrecht, § 34 Rn. 30.

Auch hier richtet sich der Zugriff auf die Mailbox nach § 100 a StPO. Entgegen *Nack* macht es keinen Unterschied, in welcher Phase ein Zugriff erfolgt, denn auch das Ruhen der Nachricht im Speicher des Mailbox-Betreibers stellt einen technischen Vorgang dar, der zum Vorgang des Übermittelns einer Nachricht als notwendiges Stadium gehört. Ein Zugriff auf die Mailbox des Journalisten ist damit zugleich ein Eingriff in das Fernmeldegeheimnis, der an den Voraussetzungen der §§ 100 a, b StPO zu messen ist[523].

III. Voraussetzung für die Überwachung der Telekommunikation des Journalisten

Maßnahmen nach § 100 a StPO sind nur zulässig in Verfahren, die bestimmte im Gesetz abschließend aufgezählte Straftaten zum Gegenstand haben. § 100 a StPO ist insoweit abschließend[524]. Voraussetzung für die Überwachung und Aufzeichnung des Fernmeldeverkehrs des Journalisten ist weiter, daß er entweder selbst verdächtig ist oder als Nachrichtenmittler in Frage kommt. § 100 a StPO verlangt dafür keinen dringenden Tatverdacht, setzt aber voraus, daß der Verdacht einer Katalogstraftat durch bestimmte Tatsachen belegt ist. Dafür müssen Umstände vorliegen, die nach der Lebenserfahrung in erheblichem Maß darauf hindeuten, daß jemand als Täter oder Teilnehmer einer Straftat eine Katalogtat begangen hat[525].

Weiter darf eine Maßnahme nach § 100 a StPO nur angeordnet werden, wenn sie unentbehrlich ist, d.h. wenn die Erforschung des Sachverhalts oder die Ermittlung des Aufenthaltsortes des Beschuldigten auf andere Weise aussichtslos oder wesentlich erschwert wäre (Subsidiaritätsklausel).

Schließlich darf die Maßnahme auch sonst nicht unverhältnismäßig sein. Das Übermaßverbot verbietet insbesondere Maßnahmen, die in keinem Verhältnis zur Schuld des Beschuldigten stehen.

IV. Journalistisches Zeugnisverweigerungsrecht und Überwachung nach § 100 a StPO

Liegen die Voraussetzungen des § 100 a StPO vor, stellt sich angesichts des Zeugnisverweigerungsrechts der Mitarbeiter der Presse die Frage, ob aus diesem Grunde eine weitere Einschränkung der Überwachungsmöglichkeit nach § 100 a StPO angezeigt ist. Das Gesetz selbst sieht eine solche nicht vor. Lediglich der Verteidiger des Beschuldigten darf im Hinblick auf § 148 StPO nicht überwacht werden, wenn er nicht selbst einer Straftat nach § 100 a Nr. 1 bis 5 StPO verdächtig ist. Für die weiteren Berufsgruppen des § 53 Abs. 1 StPO und damit auch für die Mitarbeiter der Presse gibt es eine solche ausdrückliche Einschränkung nicht.

---

523 Im Ergebnis ebenso *BGH* -Ermittlungsrichter - CuR 1996, 488.

524 SK-*Rudolphi*, § 100 a StPO Rn. 10.

525 *Kleinknecht/Meyer-Goßner*, § 100 a StPO Rn. 6.

Daraus ergibt sich für den recherchierenden Journalisten, daß er zwar den Inhalt eines Telefongespräches wegen des Zeugnisverweigerungsrechts nicht offenbaren muß, dasselbe Telefongespräch aber abgehört und verwertet werden darf. Die Frage ist, ob das nicht eine unzulässige Umgehung des Zeugnisverweigerungsrechts darstellt.

Der Wortlaut der Norm bietet keinen Anhaltspunkt für ein Verbot der Überwachung bei Personen, die berechtigt sind, das Zeugnis zu verweigern. Auch aus anderen Gesichtspunkten scheint eine Einschränkung der Überwachungsmöglichkeit nicht angezeigt. § 100 a StPO bezweckt in erster Linie den Schutz des Fernmeldegeheimnisses und so nur mittelbar die für die freie Presse erforderliche Informationsbeziehung zwischen Journalisten und Mandanten. Gleichwohl hat der Gesetzgeber auch die „mittelbaren" Belange ausreichend berücksichtigt, indem nur bei einer Katalogstraftat und nur unter Beachtung der Subsidiaritätsklausel die Strafverfolgungsinteressen dem Geheimhaltungsinteresse der Presse vorgehen. Im übrigen muß auch bei Maßnahmen, die einen in § 53 Abs. 1 StPO genannten Berufsangehörigen betreffen, die Verhältnismäßigkeit der Maßnahme im übrigen besonders beachtet werden[526].

Diese hohen Anforderungen an eine Maßnahme nach § 100 a StPO erlauben es, auch bei einem Journalisten eine Überwachung und Aufzeichnung der Telekommunikation anzuordnen.

C. Eingriff in die Recherchefreiheit durch Einsatz technischer Mittel, § 100 c StPO

I. Keine Überwachung des Journalisten in Wohnungen

Noch weiter als bereits durch § 100 a StPO können die Strafverfolgungsbehörden auf der Grundlage von § 100 c StPO in den persönlichen Bereich eindringen. Die Norm erlaubt den Ermittlern, mit Hilfe technischer Mittel bis in die Wohnung einzudringen. Das wurde erst durch Änderung des Art. 13 GG möglich.

Eine der rechtspolitisch umstrittensten Regelungen ist die Einschränkung des Einsatzes technischer Mittel nach § 100 c Abs. Nr. 3 StPO durch § 100 d Abs. 3 S. 1 StPO. Danach besteht ein Abhör- und Aufzeichnungsverbot gegenüber allen nach § 53 Abs. 1 StPO Zeugnisverweigerungsberechtigten. Im einzelnen bedeutet das für die journalistische Recherche, daß das in einer Wohnung nicht öffentlich gesprochene Wort des Beschuldigten selbst dann nicht abgehört und aufgezeichnet werden darf, wenn der Verdacht einer Katalogstraftat nach § 100 c Abs. 1 Nr. 3 StPO besteht und die Erforschung des Sachverhalts und des Aufenthalts des Täters erheblich erschwert ist. Das Abhör-

526 *Joecks* JA 1983, 59, 60.

und Aufzeichnungsverbot besteht außerdem unabhängig davon, ob das Gespräch in der Wohnung des Beschuldigten oder des Journalisten oder einer gänzlich anderen Person stattgefunden hat, vgl. § 100 c Abs. 2 S. 5 StPO.

II. Überwachung des Journalisten außerhalb von Wohnungen

Trotz der beschriebenen Privilegierung birgt § 100 c Abs. 1 StPO für den Journalisten eine Reihe von Einschränkungen, soweit es um Maßnahmen geht, mit denen die Strafverfolgungsbehörden nicht in den Bereich einer Wohnung eindringen.

§ 100 c Abs. 1 Nr. 1 a StPO erlaubt die Herstellung von Lichtbildern und Bildaufzeichnungen. Zwar richten sich die Maßnahmen wieder grundsätzlich gegen Beschuldigte. § 100 c Abs. 2 S. 2 StPO eröffnet aber die Maßnahmen auch gegen andere Personen und damit auch gegen den recherchierenden Journalisten, wenn die Ermittlung des Sachverhalts oder des Aufenthalts des Täters auf andere Weise erheblich weniger erfolgversprechend oder wesentlich erschwert wäre. Ebenso gestattet § 100 c Abs. 2 S. 3 StPO die Verwendung sonstiger für Observationszwecke bestimmte technische Mittel nach § 100 c Abs. 1 Nr. 1 b StPO und das Abhören des nichtöffentlich gesprochenen Wortes nach § 100 c Abs. 1 Nr. 2 StPO ebenso bei anderen Personen als beim Beschuldigten, wenn anzunehmen ist, daß sie mit dem Beschuldigten in Verbindung stehen oder treten, daß die Maßnahme zur Ermittlung des Sachverhalts oder des Aufenthalts des Täters führen wird und dies auf andere Weise aussichtslos oder wesentlich erschwert wäre.

Schließlich ermöglicht § 100 c Abs. 3 StPO Maßnahmen nach § 100 c Abs. 1 Nr. 1, 2 StPO, wenn der Journalist als Dritter unvermeidbar betroffen ist. Richten sich die Maßnahmen nämlich gegen Beschuldigte und werden dadurch aber zugleich Kontaktpersonen betroffen, dann sind diese Dritte im Sinne des § 100 c Abs. 3 StPO, für die die grundsätzlichen Beschränkungen des § 100 c Abs. 2 S. 2 bis 5 StPO nicht gelten, so daß der Einsatz technischer Mittel außerhalb einer Wohnung unter den Voraussetzungen von § 100 c Abs. 1 Nr. 1 a, b und 2 StPO möglich ist.

III. Beschränkung des Presseprivilegs aus § 100 d Abs. 3 S. 1 StPO?

Trotz der Möglichkeiten, die die Strafverfolgungsbehörden nun haben, um in die Recherche des Journalisten einzugreifen, äußern einige Vertreter der Literatur Bedenken hinsichtlich der Weite des durch § 100 d Abs. 3 S. 1 StPO geschützten Personenkreises[527].

Ob die Bedenken im Hinblick auf die Vertreter der Presse zutreffen, ist fraglich. Bedenken können allenfalls dann angemeldet werden, wenn die Regelung des § 100 d Abs. 3 S. 1 StPO eine gegenüber dem Zeugnisverweigerungsrecht aus § 53 Abs. 1 Nr. 5 StPO unzulässige

---

527 *Vahle*, Kriminalistik 1998, 378 ff.; *Dittrich* NStZ 1998, 336ff.

Privilegierung bringen würde. Tatsächlich birgt die Regelung aber schon keine Privilegierung. Denn mit § 100 d Abs. 3 S. 1 StPO hat der Gesetzgeber eine Grundlage geschaffen, um Informationen, die eigentlich das Zeugnisverweigerungsrecht schützt, in die Beweiserhebung und-verwertung mit einzubeziehen. Von einem zu weiten Schutz durch § 100 d Abs. 3 S. 1 StPO kann also nicht die Rede sein.

IV. Ergebnis

Die §§ 100 a ff. StPO erlauben es den Ermittlungsbehörden den Journalisten zu überwachen. Das gilt unter den Voraussetzungen der §§ 100 a, b StPO für die Telekommunikation des Journalisten. Das journalistische Zeugnisverweigerungsrecht kann die Überwachung nicht einschränken.

Der Einsatz technischer Mittel ist dagegen gem. §§ 100 c, d StPO wegen des Verweigerungsrechts aus § 53 Abs. 1 Nr. 5 StPO nur außerhalb der Wohnung des Journalisten zulässig.

Zusammenfassung

Die journalistische Recherche erfährt umfassenden Schutz durch die Presse- und Informationsfreiheit aus Art. 5 GG. Der Schutz richtet sich in erster Linie gegen staatliche Eingriffe, gegen den Einfluß nichtstaatlicher Kräfte nur dann, wenn die Pressefreiheit insgesamt bedroht ist.

Außer den Journalisten schützt Art. 5 GG auch diejenigen, die nur unterstützend an der Recherche mitwirken. Voraussetzung ist jedoch, daß ein hinreichender Bezug zur freien Meinungsbildung besteht.

Die Presse- und die Informationsfreiheit sind für den Journalisten nur Abwehrrechte. Einen Anspruch auf Information kann er daraus nicht ableiten. Hier ist er auf die einfachgesetzlichen Regelungen in den Landespressegesetzen angewiesen.

Art. 5 Abs. 1 S. 2, 1. Alt. GG schützt den Journalisten zudem nicht gegen Weisungen, die ihm der Redakteur oder Verleger erteilt. Es gibt keine grundgesetzlich verankerte innere Pressefreiheit.

Die Grenzen der Recherchefreiheit haben ihren Ausgangspunkt im Grundrecht des Art. 5 GG selbst. Art. 5 Abs. 2 GG eröffnet dem Gesetzgeber die Möglichkeit, die Pressefreiheit durch allgemeine Gesetze einzuschränken. Die Vorschriften des Strafrechts und des Strafverfahrensrechts sind solche allgemeinen Gesetze. Damit stehen die Grenzen aber nicht fest. Die Beziehung zwischen dem Grundrecht des Art. 5 Abs. 1 GG und den allgemeinen Gesetzen aus Art. 5 Abs. 2 GG ist wegen der überragenden Bedeutung des Art. 5 Abs. 1 GG nicht als einseitige Beschränkung der Geltungskraft des Grundrechts durch die allgemeinen Gesetze zu verstehen. Zwischen dem Grundrecht und seiner Schranke findet vielmehr eine Wechselwirkung statt, so daß die allgemeinen Gesetze ihrerseits aber aus der wertsetzenden Bedeutung des Art. 5 Abs. 1 GG ausgelegt und so in ihrer das Grundrecht begrenzenden Weise selbst wieder eingeschränkt werden müssen. Das gilt auch für die Strafvorschriften.

Den Schwerpunkt materiellrechtlicher Grenzen für die journalistische Recherche bilden neben § 123 StGB die §§ 201 ff. StGB.

Eine Recherche in privaten Räumen ist grundsätzlich unzulässig und verstößt gegen § 123 StGB. Auch die Recherche in öffentlichen Gebäuden ist nur insoweit zulässig wie die Zweckbestimmung des Gebäudes eine solche vorsieht. Lediglich bei öffentlichen Versammlungen im Freien gilt die Freiheit der Recherche wegen § 6 Abs. 2 VersG unbeschränkt.

Ebenso wie das Hausrecht kann die Recherche den übrigen persönlichen Lebens- und Geheimbereich des Einzelnen empfindlich treffen. Grenzen erwachsen hier aus den §§ 201 ff. StGB, wenn der Journalist die Vertraulichkeit des Wortes oder das Briefgeheimnis verletzt oder Daten ausspäht.

Eine Rechtfertigung des Journalisten für die Verletzung des Hausrechts oder die des persönlichen Lebens- und Geheimbereiches ist nur unter den engen Voraussetzungen der allgemeinen Rechtfertigungsgründe, wie § 32 oder § 34 StGB möglich. Eine Erweiterung der Rechtfertigungsmöglichkeiten zugunsten des Journalisten in Form einer Rechtfertigung unmittelbar aus Art. 5 Abs. 1 S. 2, 1. Alt. GG oder eine Ausdehnung des Anwendungsbereichs von § 193 StGB ist nicht zulässig. Auch eine Rechtfertigung nach dem Grundsatz der Interessenabwägung oder der Sozialadäquanz ist abzulehnen. Eine Abwägung ist im Strafrecht nur dort möglich, wo das Gesetz selbst eine Abwägung vorsieht, wie bei § 34 StGB.

Die Beschränkung der Rechtfertigungsmöglichkeiten für den recherchierenden Journalisten gelten überdies nicht nur für § 123 StGB oder die §§ 201 ff. StGB. Der Journalist kann auch bei der Verletzung anderer durch das Strafrecht geschützter Rechtsgüter nur nach den allgemeinen Regeln gerechtfertigt sein.

Nicht nur der recherchierende Journalist kann strafrechtlich zur Verantwortung gezogen werden. Auch der Verleger oder der Redakteur können für die Überschreitung der strafrechtlichen Grenzen während der Recherche haftbar gemacht werden. Denkbar sind hier nicht nur Anstiftung oder Beihilfe zur Tat des Journalisten. Überdies ist mit Hilfe der Figur des „Täters hinter dem Täter“ eine mittelbare Täterschaft von Redakteur und Verleger möglich geworden.

Das Strafverfahrensrecht begrenzt die journalistische Recherchefreiheit dort, wo das Strafverfolgungsinteresse des Staates die Pressefreiheit überwiegt. Im einzelnen bestehen diese Grenzen in Form von Nachrichtensperren, im Rahmen des journalistischen Zeugnisverweigerungsrechts und der Beschlagnahmefreiheit sowie durch staatliche Überwachung.

Nachrichtensperren begrenzen die Freiheit der Recherche jedoch nur, soweit die Presse selbst bereit ist daran mitzuwirken. Eine zwangsweise Durchsetzung ist nicht möglich. Es fehlen ausdrückliche gesetzliche Regelungen.Kommt es zu einer Nachrichtensperre, ist zu ihrer Legitimation ein Rückgriff auf die Auskunftsverweigerungsgründe aus § 4 Abs. 2 LPG erforderlich.

Das journalistische Zeugnisverweigerungsrecht, das in erster Linie die Unterstützung einer freien Recherche bezweckt, erweist sich in einigen Bereichen als Hemmschuh für den Journalisten. Es gilt nur für solches Material, das der Journalist nicht selbst recherchiert hat. Die Beschränkung ist angesichts der Bedeutung der Pressefreiheit unverständlich. Hier besteht dringender Reformbedarf. Das Zeugnisverweigerungsrecht gilt weiter nur so lange, wie der Journalist nicht selbst die Identität seines Informanten preisgibt oder eine gemachte Mitteilung an die Ermittlungsbehörden weiterleitet. Nur ausnahmsweise lebt das Verweigerungsrecht wieder auf, wenn das Informationsinteresse der Öffentlichkeit überragend ist oder durch die Preisgabe das Vertrauensverhältnis nicht zerstört wurde.

Das zugunsten des Journalisten bestehende Beschlagnahmeverbot des § 97 Abs. 5 StPO ist an das Zeugnisverweigerungsrecht aus § 53 Abs. 1 Nr. 5 StPO gekoppelt. Es erstreckt sich demnach auf alle Unterlagen, aus denen sich Schlüsse auf die Person des Informanten oder den Inhalt der gemachten Mitteilung ziehen lassen. Voraussetzung für ein Beschlagnahmeverbot ist, daß sich die Unterlagen im Gewahrsam eines zeugnisverweigerungsberechtigten Mitarbeiters der Presse befinden. Die Beschlagnahmefreiheit besteht aber auch fort, wenn der Journalist seine Rechercheergebnisse unfreiwillig verliert. Es erlischt nur, wenn der Mitarbeiter selbst Beschuldigter oder in eine Straftat verstrickt ist.

Eine letzte aber empfindliche Grenze der Freiheit der journalistischen Recherche beinhalten die §§ 100 a ff. StPO. Sie erlauben es den Ermittlungsbehörden den Journalisten zu überwachen. Das gilt unter den Voraussetzungen der §§ 100 a, b StPO für die Telekommunikation des Journalisten. Das journalistische Zeugnisverweigerungsrecht kann die Überwachung nicht einschränken.

Der Einsatz technischer Mittel ist dagegen gem. §§ 100 c, d StPO wegen des Verweigerungsrechts aus § 53 Abs. 1 Nr. 5 StPO nur außerhalb der Wohnung des Journalisten zulässig.

Schlußbetrachtung

Die Freiheit der Presse ist für den freiheitlich demokratischen Staat schlechthin konstituierend[528]. So bedeutsam diese Bewertung durch das Bundesverfassungsgericht auch sein mag, die Pressefreiheit und damit die journalistische Recherche finden ihre Grenzen in den Normen des materiellen Strafrechts und des Strafverfahrensrechts.

Die Erörterung hat gezeigt, daß im materiellen und im formellen Strafrecht Diskussionsbedarf über Reichweite und Anwendung der einschränkenden Normen besteht. Insgesamt läßt sich die Diskussion auf die Frage reduzieren, wie weit der Gesetzgeber die Pressefreiheit zugunsten des Individualrechtsschutzes und des staatlichen Strafverfolgungsanspruchs einschränken darf.

Für jede einschränkende Regelung muß der Gesetzgeber an den Anfang zurück gehen und die Vorgaben des Grundgesetzes beachten: die Freiheit der Presse aus Art. 5 Abs. 1 S. 2 GG, die u.a. die journalistische Recherche umfaßt. Eine Einschränkung dieser Freiheit eröffnet zwar Art. 5 Abs. 2 GG durch die Schaffung allgemeiner Gesetze, wie die des Strafrechts. Das *Bundesverfassungsgericht* hat aber deutlich gemacht, daß wegen der besonderen Bedeutung der Pressefreiheit das einschränkende Gesetz wiederum im Lichte der besonderen Bedeutung des Grundrechts gesehen werden muß[529].

Während das materielle Strafrecht dieser besonderen Bedeutung im wesentlichen gerecht wird, läßt es das Strafverfahrensrecht an ausgewogenen Regelungen fehlen. Immer wieder wurde deutlich, daß insbesondere die zentrale Regelung des presserechtlichen Zeugnisverweigerungsrechts dringend reformbedürftig ist. Eine ausgewogenere Regelung kann hier durch Angleichung des Verfahrensrechts an die Normen des Strafgesetzbuchs erfolgen, z.B. durch eine grundsätzliche Einbeziehung selbst recherchierten Materials in den Schutzbereich des § 53 Abs. 1 Nr. 5 StPO mit einer Ausnahmeregelung in Fällen besonders schwerer Delikte, ähnlich wie § 138 StGB sie vorsieht.

Eine Angleichung sollte darüber hinaus nicht nur zwischen dem Strafgesetzbuch und der Strafprozeßordnung erfolgen. Auch eine Harmonisierung mit dem Nebenstrafrecht sollte angestrebt werden. Selbst wenn dieses bei der Erörterung nur ansatzweise Berücksichtigung finden konnte, soll beispielhaft das Telekommunikationsgesetz erwähnt werden. Es trägt zur Uneinheitlichkeit der Rechtsordnung bei, wenn es mit §§ 86 und 95 TKG das Abhören von Nachrichten verbietet, die für die Funkanlage nicht bestimmt sind. Der Schutz des § 201 StGB greift nach allgemeiner Ansicht dagegen nicht.

528 *BVerfGE* 10, 118, 121.
529 *BVerfGE* 7, 198, 208/209.

Ausgewogene Regelungen, die zugunsten von Individualrechtsgütern und staatlichen Strafverfolgungsinteressen die Pressefreiheit einschränken, können nur durch eine Harmonisierung der strafrechtlichen Vorschriften insgesamt erreicht werden. In vielen Bereichen hat der Gesetzgeber das Bedürfnis einer Neuregelung bereits erkannt. Es bleibt zu hoffen, daß die zahlreichen Diskussionsbeiträge in einer Gesamtschau hinreichend berücksichtigt werden und so eine ausgewogene gesetzliche Regelung zur Kollision von Pressefreiheit und Strafrecht entsteht.

Literatur

Alternativkommentar zur Strafprozessordnung, Band 2, Teilband 1, §§ 94-212 b Neuwied 1992

Arzt, Gunther, Der strafrechtliche Ehrenschutz - Theorie und praktische Bedeutung, JuS 1982, 717 ff.

Baisch, Gerhard, Anmerkung zum Urteil des LG Bremen 11 QS 735/79 vom 30.10.1979, StV 1981, 15 ff.

Bauer, Fritz, Grundgesetz und „Schmutz- und Schund-Gesetz", JZ 1965, 44 ff.

Baumeister, Klaus, Informationsquelle Funkverkehr: Strafbarkeitsrisiken erläutert am Beispiel Polizeifunk und unter besonderer Berücksichtigung von Art. 5 Abs. 1 GG, ZUM 2000, 114.

Berg, Wilfried, Zum presserechtlichen Informationsanspruch – OVG Münster, NVwZ-RR 1998, 311 –, JuS 1998, 997 ff.

Blei, Hermann, Strafrecht II, Besonderer Teil, 12. Auflage, München 1983

Bockemühl, Jan, Zur Verwertbarkeit von präventiv-polizeilichen Erkenntnissen aus „Lauschangriffen" im Strafverfahren, JA 1996, 695 ff.

Bonner Kommentar, Kommentar zum Grundgesetz Stand August 1999

Bullinger, Martin, Genetische Belastung der „öffentlichen Aufgabe" der Presse, AfP 1995, 644 ff.

Delitz, Manfred, Zeugnisverweigerungsrecht und Beschlagnahmeprivilieg der Presse unter besonderer Berücksichtigung des anglo-amerikanischen Rechts, Dissertation München 1976.

Delitz, Manfred, Zweifelsfragen zum neuen strafprozessualen Zeugnisverweigerungsrecht der Presse, AfP 1976, 106 ff.

Delp, Udo Albert, Das gesamte Recht der Publizistik, Loseblattausgabe, München 1993 ff.

Deutscher Presserat (Hrsg.), Publizistische Grundsätze („Pressekodex“), Jahrbuch 1978, S. 85 ff.

Dittrich, Joachim, Der „große Lauschangriff“ diesseits und jenseits der Verfassung, NStZ 1998, 336 ff.

Dörr, Dieter, Durchsuchungen und Beschlagnahme bei Medienunternehmen, AfP 1995, 378 ff.

Dunkhase, Dirk, Das Pressegeheimnis: Wandel und Perspektiven gesetzlicher Sicherungen der Pressefreiheit gegen strafprozessuale Zwangsmaßnahmen, Dissertation Göttingen 1997

Eisenberg, Ulrich , Beweisrecht der StPO, 3. Auflage, München 1999

Erichsen, Hans-Uwe, Allgemeines Verwaltungsrecht, 9. Auflage, Berlin 1992

Eisenberg, Ulrich / Nischan, Anet, Strafprozessualer Zugriff auf digitale multimediale Videodienste, JZ 1997, 74 ff.

Eser, Albin, Wahrnehmung berechtigter Interessen als allgemeiner Rechtfertigungsgrund, Bad Homburg, 1969

Fezer, Gerhard, Anmerkung zu Bundverfassungsgericht 1 BVR 385/81, Beschluß vom 10.5.1983, JZ 1983, 795 ff.

Forsthoff, Ernst, Der Verfassungsschutz der Zeitungspresse, Frankfurt/M. 1969

Frister, Helmut, Das Gesetzesvorhaben der Bundesregierung zur Einführung des großen Lauschangriffs, StV 1996, 454 ff.

Geppert, Klaus, Straftaten gegen die Ehre (§§ 185 ff. StGB), Jura 1983, 580 ff.

Geppert, Klaus, Zu einigen immer wiederkehrenden Streitfragen im Rahmen des Hausfriedensbruchs (§ 123 StGB), Jura 1989, 378 ff.

Maurach, Reinhart / Schroeder, Friedrich-Christian / Maiwald, Manfred, Strafrecht Besonderer Teil, Teilband 1, Straftaten gegen Persönlichkeits- und Vermögenswerte, 8. Auflage, Heidelberg 1995

Gössel, Karl Heinz, Der Schutz der Medienfreiheit im Strafverfahren, in: Medienfreiheit und Strafverfolgung, Schriftenreihe des Instituts für Rundfunkrecht an der Universität zu Köln, S. 49ff.

Götz, Volkmar, Allgemeines Polizei- und Ordnungsrecht, 12. Auflage, Göttingen 1995

Groß, Rolf, Zum journalistischen Zeugnisverweigerungsrecht, ZUM 1994, 214 ff.

Groß, Rolf, Neuregelung des journalistischen Zeugnisverweigerungsrechts, NJW 1975, 1763 ff.

Groß, Rolf, Zum Zeugnisverweigerungsrecht der Mitarbeiter von Presse und Rundfunk, Festschrift für Gerhard Schiedermair, München 1976, S. 223 ff.

Groß, Rolf, Presserecht, Einführung in Grundzüge und Schwerpunkte des deutschen Presserechts, 2. Auflage, Wiesbaden, 1987

Helle, Jürgen, Besondere Persönlichkeitsrechte im Privatrecht: Das Recht am eigenen Bild, das Recht am gesprochenen Wort und der Schutz des geschriebenen Wortes, Tübingen 1991

Hennemann, Ludwig, Pressefreiheit und Zeugnisverweigerungsrecht, Dissertation Berlin 1978

Herzberg, Rolf-Dietrich, Anstiftung zur unbestimmten Haupttat-BGHSt 34, 63-, JuS 1987, 617 ff.

Hirsch, Joachim, Soziale Adäquanz und Unrechtslehre, ZStW 74 (1962), 78ff.

Holtmeier, Gerhard Friedrich, Presse- und Rundfunkfreiheit: Zeugnisverweigerungsrecht, Beschlagnahme- und Durchsuchungsfreiheit bei selbstrecherchiertem Material?, Dissertation Freiburg (Breisgau), 1991

Jakobs, Günther, Strafrecht Allgemeiner Teil, 2. Auflage, Berlin 1993

Jarass, Hans-Dieter, Die Freiheit der Massenmedien: Zur staatlichen Einwirkung auf die Presse, Rundfunk, Film und andere Medien Baden-Baden 1978

Jarass, Hans-Dieter, Konflikte zwischen Polizei und Presse bei Demonstrationen, JZ 1983, 280 ff.

Jarass, Hans-Dieter, Nachrichtensperre und Grundgesetz, AfP 1979, 228 ff.

Jarass, Hans-Dieter / Pieroth, Bodo, Grundgesetz für die Bundesrepublik Deutschland, Kommentar, 4. Auflage, München 1997

Jellinek, Georg, System der subjektiven öffentlichen Rechte, 2. Auflage, Tübingen 1905, 2. unveränderter Nachdruck, Darmstadt 1963

Jescheck, Hans-Heinrich / Weigend, Thomas, Lehrbuch des Strafrechts Allgemeiner Teil, 5. Auflage, Berlin 1996

Joecks, Wolfgang, Die strafprozessuale Telefonüberwachung, JA 1983, 59 ff.

Karlsruher Kommentar, Kommentar zur Strafprozessordnung, bearbeitet von 3. Auflage, München 1993

Kern, Eduard, Die Äußerungsdelikte, München 1919

Kleinknecht, Theodor / Meyer-Goßner, Lutz, Strafprozeßordnung, Kommentar, 44. Auflage, München 1999

Klug, Ulrich, Presseschutz im Strafprozeß: ein Rechtsgutachten im „Spiegel"-Verfahren, Berlin 1965

Klug, Ulrich, Konfliktlösungsvorschläge bei heimlichen Tonbandaufnahmen zur Abwehr krimineller Anrufe - Überlegungen zur Auslegung des § 201 StGB, Festschrift für Werner Sarstedt, S. 101 ff.

Klug, Ulrich, Das Grundrecht der Fernsehfreiheit im Spannungsfeld der Interessen- und Rechtsgüterabwägung nach § 34 StGB bei Kollisionen mit § 201 StGB, Festschrift für Dietrich Oehler, München 1985

Kohlhaas, Max, Das Mitschneiden von Telefongesprächen im Verhältnis zum Abhörverbot (§ 298 StGB), NJW 1972, 238 ff.

Koszyk, Kurt, Deutsche Presse im 19. Jahrhundert, Berlin 1966

Kramer, Bernhard, Heimliche Tonbandaufnahmen im Strafprozeß, NJW 1990, 1760 ff.

Kretschmer, Petra, Strafrechtlicher Ehrenschutz und Meinungs- und Pressefreiheit im Recht der Bundesrepublik Deutschland und der Vereinigten Staaten von Amerika, Dissertation Freiburg 1993

Krey, Volker, Strafrecht, Besonderer Teil, Band 1, 11. Auflage Stuttgart 1998

Krieger, Kai, Das Recht des Bürgers auf behördliche Auskunft, Berlin 1972

Kühl, Kristian, Strafrecht Allgemeiner Teil, 2. Auflage, München 1997

Kull, Edgar, Redaktionsstatut und Pressefreiheit, AfP 1970, 906 ff.

Kunert, Karl Heinz, Das Gesetz über das Zeugnisverweigerungsrecht der Mitarbeiter von Presse und Rundfunk, MDR 1975, 887 ff.

Kunig, Philip, Die Pressefreiheit, Jura 1995, 589 ff.

Lackner, Karl / Kühl, Kristian, Strafgesetzbuch, Kommentar, 23. Auflage, München 1999

Leipziger Kommentar, Großkommentar zum Strafgesetzbuch
§§ 25 - 27 StGB, 11. Auflage, Berlin 1993,
§§ 32, 33 StGB, 11. Auflage, Berlin 1992,
§§ 80 - 184 c StGB (4. Band), 10. Auflage, Berlin 1988,
§§ 185 - 262 StGB (5. Band), 10. Auflage, Berlin 1988,
zitiert: LK-Bearbeiter

Lenckner, Theodor, Zur Verletzung der Vertraulichkeit des Wortes: § 201 StGB nach dem 25. Strafrechtsänderungsgesetz, Festschrift für Jürgen Baumann, Bielefeld 1992, S. 135 ff.

Lenckner, Theodor, Das Merkmal der „Nichtanders-Abwendbarkeit“ der Gefahr in den §§ 34, 35 StGB, Festschrift für Karl Lackner, Berlin 1987, S. 95 ff.

Lenckner, Theodor, Der rechtfertigende Notstand, Tübingen 1965

Lenckner, Theodor, Strafrecht und ziviler Ungehorsam, JuS 1988, 349 ff.

Lenckner, Theodor, Die Wahrnehmung berechtigter Interessen, ein „übergesetzlicher“ Rechtfertigungsgrund?, Gedächtnisschrift für Peter Noll, Herausgeber Robert Hauser, Jörg Rehberg, Günter Stratenwerth, Zürich 1984, S. 243 ff.

Liesegang, Helmuth, C.F., Verfassungsrechtliche Fragen der inneren Pressefreiheit, JuS 1975, 215 ff.

Löffler, Martin, Lücken und Mängel im neuen Zeugnisverweigerungs- und Beschlagnahmerecht von Presse und Rundfunk, NJW 1978, 913 ff.

Löffler, Martin, Die Gesetzgebungskompetenz von Bund und Ländern auf dem Gebiet des Presserechts, NJW 1972, 1313ff.

Löffler, Martin, Presserecht, Kommentar zu den Landespressegesetzen der Bundesrepublik Deutschland, 4. Auflage, München, 1997

Löffler, Martin, Presserecht, Kommentar zu den Landespressegesetzen der Bundesrepublik Deutschland, 3. Auflage, München 1983

Löffler, Martin, Der Verfassungsauftrag der Presse, Modellfall „Spiegel“, Karlsruhe 1963

Löffler, Martin / Ricker, Reinhart, Handbuch des Presserechts, 3. Auflage, München 1994, zitiert: Löffler/Ricker

Löwe, Ewald/Rosenberg, Werner, Die Strafprozeßordnung und das Gerichtsverfassungsgesetz, Band 1 (Einleitung; § 1 - 71 StPO), 25. Auflage, Berlin 1999

Maunz, Theodor / Dürig, Günter, Grundgesetz, Kommentar
Band 1: Art. 1 - 11, Stand Februar 1999
Band 2: Art. 12 - 21, Stand Februar 1999

Maurach, Reinhart / Gössel, Karl Heinz / Zipf, Heinz, Strafrecht Allgemeiner Teil, Teilband 2, 7. Auflage, Heidelberg 1989

Mayer-Maly, Theo, Die innere Pressefreiheit und das Arbeitsrecht, DB 1971, 335ff.

Meyer, Dieter, Anmerkung zu Widmair: Der mißverständliche Bestechungsversuch, JuS 1970, 529 ff.

Meyer, Jürgen, Zur presserechtlichen Problematik des V-Mannes, ZStW 95 (1983), 834 ff.

Murmann, Uwe, Tatherrschaft durch Weisungsmacht, GA 143 (1996), 269 ff.

Noll, Peter, Die Rechtfertigungsgründe im Gesetz und in der Rechtsprechung, ZStR 80 (1964), 160 ff.

Noll, Peter, Übergesetzliche Milderungsgründe aus vermindertem Unrecht, ZStW 68 (1956), 181 ff.

Noll, Peter, Tatbestand und Rechtswidrigkeit: Die Wertabwägung als Prinzip der Rechtfertigung, ZStW 77 (1965), 1ff.

Ollendorff, Martin, Der Schutz der Recherche im strafprozessualen Zeugnisverweigerungsrecht der Medienschaffenden in der Bundesrepublik Deutschland, Dissertation Freiburg 1990, Frankfurt am Main 1991.

Otto, Harro, Anstiftung und Beihilfe, JuS 1982, 557 ff.

Otto, Harro, Grundkurs Strafrecht, Die einzelnen Delikte, 5. Auflage, Berlin 1998

Peters, Karl, Strafprozeß, 4. Auflage, Heidelberg 1985

Pfeiffer, Gerd, Strafprozeßordnung und Gerichtsverfassungsgesetz, Kommentar, 2. Auflage, München 1999

Pieroth, Bodo / Schlink, Bernhard, Grundrechte, 15. Auflage, Heidelberg 1999

Prinz, Matthias, Geldentschädigung bei Persönlichkeitsrechtsverletzungen durch Medien, NJW 1996, 953 ff.

Puppe, Ingeborg, Der Erfolg und seine kausale Erklärung im Strafrecht, ZStW 92 (1980), 887 ff.

Rebmann, Kurt / Ott, Martin / Storz, Werner, Das baden-württembergische Gesetz über die Presse, Stuttgart 1964

Rebmann, Kurt, Aktuelle Probleme des Zeugnisverweigerungsrechts von Presse und Rundfunk und des Verhältnisses von Presse und Polizei bei Demonstrationen, AfP 1982, 189 ff.

Rengier, Rudolf, Die Reichweite des § 53 Abs. 1 Nr. 5 StPO zum Schutze des namentlich preisgegebenen, aber unauffindbaren Informanten, JZ 1979, 797 ff.

Rengier, Rudolf, Die Zeugnisverweigerungsrechte im geltenden und künftigen Strafverfahrensrecht, Dissertation, Paderborn 1979, zitiert: Rengier, Zeugnisverweigerungsrechte

Ricker, Reinhart, Anzeigenwesen und Pressefreiheit, München 1973

Rogall, Klaus, Anm. zu BayObLG, Beschl. v. 25.4.1980 = NJW 1980, 1969, NStZ 1981, 102ff.

Roggemann, Herwig, Das Tonband im Verfahrensrecht, Göttingen 1962

Rotta, Christian, Nachrichtensperre und Recht auf Information, Dissertation, Stuttgart 1986

Roxin, Claus, Strafprozeß und Medien, Festschrift zum 30-jährigen Bestehen der Münchner juristischen Gesellschaft - Einheit und Vielfalt der Rechtsordnung, München 1996, S. 97 ff.

Roxin, Claus, Strafrecht Allgemeiner Teil, Band 1, 3. Auflage, München 1997

Roxin, Claus, Straftaten im Rahmen organisierter Machtapparate, GA 1963, 193 ff.

Roxin, Claus, Strafverfahrensrecht, 25. Auflage, München 1998

Rotsch, Friederike, Der Schutz der journalistischen Recherche im Strafprozeßrecht, Dissertation, Passau 2000

Rudolphi, Hans-Joachim, Grenzen der Überwachung des Fernmeldeverkehrs nach den §§ 100 a, b StPO, Festschrift für Friedrich Schaffstein, Göttingen 1975, S. 433 ff.

Schiwy, Peter / Schütz, Walter J. (Hrsg.), Medienrecht, 3. Auflage, Neuwied 1994

Schmidbauer, Wilhelm, Presseberichte der Polizei zwischen Informationsanspruch und Recht auf Anonymität, BayVBl. 1988, 257 ff.

Schmidhäuser, Eberhard, Strafrecht, Allgemeiner Teil, 2. Auflage, Tübingen 1975

Schmidt, Rolf, Die Beschlagnahme von Geschäftsunterlagen beim Zeugnisverweigerungsberechtigten, wistra 1991, 245 ff.

Schmidt, Rolf, Die Ausnahme vom Beschlagnahmeverbot gem. § 97 Abs. 2 S. 3 1. HS. StPO, Dissertation, Frankfurt/M. 1989

Schmitt, Petra, Die Berücksichtigung der Zeugnisverweigerungsrechte nach §§ 52, 53 StPO bei den auf Beweisgewinnung gerichteten Zwangsmaßnahmen, Dissertation Berlin 1992

Schmitz, Roland, Verletzung der Vertraulichkeit des Wortes, JA 1995, 118 ff.

Schönke, Adolf / Schröder, Horst, Strafgesetzbuch, Kommentar, 25. Auflage, München 1997

Schönke, Adolf / Schröder, Horst, Strafgesetzbuch, Kommentar, 17. Auflage, München 1974

Schreiner, Niklas, Pressestrafrecht und elektronische Publikationen, Dissertation, Tübingen 1998.

Schroeder, Friedrich-Christian, Der Täter hinter dem Täter, Dissertation, München 1964

Schroeder, Friedrich-Christian, Notstandslage bei Dauergefahr - BGH, NJW 1979, 2053, JuS 1980, 336 ff.

Schröer-Schallenberg, Sabine, Informationsansprüche der Presse gegenüber Behörden, Dissertation, Bochum 1987

Schulz, Joachim, Anstiftung oder Beihilfe, JuS 1986, 933 ff.

Smend, Rudolf, Staatsrechtliche Abhandlungen und andere Aufsätze, 3.Auflage, Berlin 1994

Sobotta, Joachim, Das Informationsrecht der Presse. Eine Untersuchung zu Art. 5 Abs. 1 GG und den Pressegesetzen der Bundesländer, Dissertation, Bonn 1972

Soehring, Jörg, Presserecht, Recherche, Berichterstattung, Ansprüche im Recht der Presse und des Rundfunks, 2. Auflage, Stuttgart 1995

Staggat, Werner, Zur Rechtsgrundlage des Informationsanspruchs der Presse, Dissertation Münster 1970

Starck, Christian, Informationsfreiheit und Nachrichtensperre, AfP 1978, 171 ff.

Sternberg-Lieben, Detlev, Die „Hörfalle" - Eine Falle für die rechtsstaatliche Strafverfolgung?, Jura 1995, 299 ff.

Suppert, Hartmut, Studien zur Notwehr und zur „notwehrähnlichen Lage", Dissertation Bonn 1971

Systematischer Kommentar zum Strafgesetzbuch,
Band 1, Allgemeiner Teil (§§ 1 – 79 b), 7. Auflage, Stand Mai 1999
Band 2, Besonderer Teil (§§ 80 - 358), 5. bzw. 6. Auflage, Stand Februar 1999

Systematischer Kommentar zur Strafprozeßordnung, Band 1 (vor § 1 –136 a), Stand Oktober 1998

Tenckhoff, Jörg, Anmerkung zu KG JR 1981, 254, JR 1981, 255 f.

Treffer, Gerd, Zur Auskunftspflicht kommunaler Pressestellen gegenüber der Presse in Umweltfragen im Spannungsfeld der strafrechtlichen Haftung nach § 203 StGB, ZUM 1990, 507 ff.

Tröndle, Herbert / Fischer, Thomas, Strafgesetzbuch, Kommentar, 49. Auflage, München 1999

Vahle, Jürgen, Ein Koloß auf tönernen Füßen - Anmerkungen zur (Neu-) Regelung des sogenannten großen Lauschangriffs, Kriminalistik 1998, 378 ff.

von Mangoldt, Hermann / Klein, Friedrich / Starck, Christian, Das Bonner Grundgesetz, Band I, 4. Auflage, München 1999 *von Münch, Ingo / Kunig, Philip,* Grundgesetz-Kommentar, Band 1, 3. Auflage, München 1985

von Münch, Ingo / Kunig, Philip, Grundgesetz-Kommentar, Band 1, 5. Auflage, München 2000

Wagner, Heinz, Individualistische und überindividualistische Notwehrbegründung, Berlin 1984

Weber, Werner, Innere Pressefreiheit als Verfassungsproblem, Berlin 1973

Welzel, Hans, Studien zum System des Strafrechts, ZStW 58 (1939), 491 ff.

Welzel, Hans, Das deutsche Strafrecht, 11. Auflage, Berlin 1969

Wente, Jürgen K., Das Recht der journalistischen Recherche, Dissertation Bonn 1987

Widmaier, Gunter, Der mißverständliche Bestechungsversuch, JuS 1970, 241 ff.

Windsheimer, Hans, Die „Information" als Interpretationsgrundlage für die subjektiven öffentlichen Rechte des Art. 5 Abs. 1 GG, Berlin 1968

Ziegler, Hansvolker, Zur inneren Pressefreiheit, DÖV 1971, 654 ff.

SCHRIFTEN ZUM STRAFRECHT UND STRAFPROZESSRECHT

Herausgegeben von Manfred Maiwald

Band 1 Christian-Peter Frees: Die steuerrechtliche Selbstanzeige. Zur kriminalpolitischen Zweckmäßigkeit des § 371 AO. 1991.

Band 2 Norbert Joachim: Der Hörensagenbeweis im Strafverfahren. 1991.

Band 3 Alfred A. Göbel: Die Einwilligung im Strafrecht als Ausprägung des Selbstbestimmungsrechts. 1991.

Band 4 Karl-Heinz Vehling: Die Abgrenzung von Vorbereitung und Versuch. 1991.

Band 5 Heiko Hartmut Lesch: Das Problem der sukzessiven Beihilfe. 1992.

Band 6 Dirk Schwerdtfeger: Besondere persönliche Unrechtsmerkmale. 1992.

Band 7 Stefan Göhring: Polizeiliche Kontrollstellen und Datenverarbeitung. § 163 d StPO und novellierte Polizeigesetze der Länder zwischen Strafverfolgung, Gefahrenabwehr und vorbeugender Straftatenbekämpfung. 1992.

Band 8 Werner Kemper: Horizontale Teilrechtskraft des Schuldspruchs und Bindungswirkung im tatrichterlichen Verfahren nach der Zurückverweisung. §§ 353, 354 Abs. 2 StPO. 1993.

Band 9 Ovvadias Namias: Die Zurechnung von Folgeschäden im Strafrecht. 1993.

Band 10 Jan Zopfs: Unfallflucht bei eindeutiger Haftungslage? Unverzüglichkeitsgebot und Wahlmöglichkeit in § 142 Abs. 2 und 3 StGB. 1993.

Band 11 Stefan Hiebl: Ausgewählte Probleme des Akteneinsichtsrechts nach § 147 StPO. 1994.

Band 12 Ralf Krack: List als Straftatbestandsmerkmal. Zugleich ein Beitrag zu Täuschung und Irrtum beim Betrug. 1994.

Band 13 Henning Radtke: Zur Systematik des Strafklageverbrauchs verfahrenserledigender Entscheidungen im Strafprozeß. 1994.

Band 14 Bernd J. A. Müssig: Schutz abstrakter Rechtsgüter und abstrakter Rechtsgüterschutz. Zu den materiellen Konstitutionskriterien sog. Universalrechtsgüter und deren normentheoretischem Fundament – am Beispiel der Rechtsgutsbestimmung für die §§ 129, 129a und 324 StGB. 1994.

Band 15 Heinz Koriath: Über Beweisverbote im Strafprozeß. 1994.

Band 16 Burkhard Niepoth: Der untaugliche Versuch beim unechten Unterlassungsdelikt. 1994.

Band 17 Karsten Altenhain: Die Strafbarkeit des Teilnehmers beim Exzeß. 1994.

Band 18 Ina Walbaum: Schuldspruch in der Revisionsinstanz nach freisprechendem Urteil des Tatgerichts. 1996.

Band 19 Birgit Dalbkermeyer: Der Schutz des Beschuldigten vor identifizierenden und tendenziösen Pressemitteilungen der Ermittlungsbehörden. 1994.

Band 20 Thomas Hackner: Der befangene Staatsanwalt im deutschen Strafverfahrensrecht. 1995.

Band 21 Hartmut Loritz: Kritische Betrachtungen zum Wert des strafprozessualen Zwischenverfahrens. 1996.

Band 22 Heinz-Hermann Berghof: Therapie und Strafe im Betäubungsmittelrecht. Recht und Wirklichkeit der Behandlung Drogenabhängiger unter besonderer Berücksichtigung der §§ 35 ff BtMG. 1995.

Band 23 Oliver Mertens: Strafprozessuale Grundrechtseingriffe und Bindung an den Wortsinn der ermächtigenden Norm. 1996.

Band 24 Sönke Bahnsen: Das Akteneinsichtsrecht der Verteidigung im Strafverfahren. Dogmatische Grundlagen und Einzelprobleme im Lichte einer rechtsstaatlichen Verfahrensgestaltung. 1996.

Band 25 Dirk Schwieger: Der Vorteilsbegriff in den Bestechungsdelikten des StGB. 1996.

Band 26 Stephanie Meinecke: Die Auswirkungen von Verfahrensfehlern auf die Strafbarkeit nach den Aussagedelikten. 1996.

Band 27 Ute Lambrecht: Strafrecht und Disziplinarrecht. Abhängigkeiten und Überschneidungen. 1997.

Band 28 Carsten Momsen: Verfahrensfehler und Rügeberechtigung im Strafprozeß. Die Strukturen der Revisionsberechtigung unter besonderer Berücksichtigung des Begriffs "Rechtsnormen, die lediglich zugunsten des Angeklagten gegeben sind" in § 339 StPO. 1997.

Band 29 Ursula Epp: Die Abgeordnetenbestechung – § 108 e StGB. 1997.

Band 30 Bernd Scheiff: Wann beginnt der Strafrechtsschutz gegen kriminelle Vereinigungen (§ 129 StGB)? 1997.

Band 31 Ulrike Fontaine: Max Grünhut (1893-1964). Leben und wissenschaftliches Wirken eines deutschen Strafrechtlers jüdischer Herkunft. 1998.

Band 32 Claudia Keiser: Das Kindeswohl im Strafverfahren. Zur Notwendigkeit eines am Kindeswohl orientierten Umgangs mit minderjährigen Opfern und Zeugen, den Möglichkeiten de lege lata und den Erfordernissen de lege ferenda. 1998.

Band 33 Wiebke Schürer-Mohr: Erlaubte Risiken. Grundfragen des "erlaubten Risikos" im Bereich der Fahrlässigkeitsdogmatik. 1998.

Band 34 Stephan Voigtel: Zum Freibeweis bei Entscheidungen der Strafvollstreckungskammer. Eine Untersuchung zu ausgewählten Fragen des Beweisrechts im gerichtlichen Verfahren in Strafvollstreckungs- und Strafvollzugssachen. 1998.

Band 35 Volkmar Wißgott: Das Beweisantragsrecht im Strafverfahren als Kompensation der richterlichen Inquisitionsmaxime. Die Judikatur des Reichsgerichts zum strafprozessualen Beweisrecht. 1998.

Band 36 Susanne Merz: Strafrechtlicher Ehrenschutz und Meinungsfreiheit. 1998.

Band 37 Uwe Schlömer: Der elektronisch überwachte Hausarrest. Eine Untersuchung der ausländischen Erfahrungen und der Anwendbarkeit in der Bundesrepublik Deutschland. 1998.

Band 38 Michael Liedke: Die Vermögensstrafe gemäß § 43a StGB in ihrer kriminalpolitischen Bedeutung. 1999.

Band 39 Danja Domeier: Gesundheitsschutz und Lebensmittelstrafrecht. Zur Konkretisierung der Verkehrspflichten und ihrer Strafbewehrung, insbesondere mit Blick auf §§ 8 ff. LMBG. 1999.

Band 40 Ritva Westendorf: Die Pflicht zur Verhinderung geplanter Straftaten durch Anzeige. Eine kritische Betrachtung der §§ 138, 139 StGB im Kontext der Unterlassungsdelikte. 1999.

Band 41 Hans Theile: Tatkonkretisierung und Gehilfenvorsatz. 1999.

Band 42 Nicole Lange: Vorermittlungen. Die Behandlung des staatsanwaltschaftlichen Vorermittlungsverfahrens unter besonderer Berücksichtigung von Abgeordneten, Politikern und Prominenten. 1999.

Band 43 Tanja Gunder: Der Umgang mit Kindern im Strafverfahren. Eine empirische Untersuchung zur Strafverfolgung bei Sexualdelinquenz. 1999.

Band 44 Sven-Markus Thiel: Die Konkurrenz von Rechtfertigungsgründen. 2000.

Band 45 Jan Schlüter: Die Strafbarkeit von Unternehmen in einer prozessualen Betrachtung nach dem geltenden Strafprozeßrecht. 2000.

Band 46 Detlef Heise: Der Insiderhandel an der Börse und dessen strafrechtliche Bedeutung. Eine Untersuchung des neuen deutschen Insiderrechts speziell unter Bezugnahme auf die strafrechtstheoretischen und strafrechtsdogmatischen Grundlagen. 2000.

Band 47 Hermann Wichmann: Das Berufsgeheimnis als Grenze des Zeugenbeweises. Ein Beitrag zur Lehre von den Beweisverboten. 2000.

Band 48 Rainer T. Cherkeh: Betrug (§ 263 StGB), verübt durch Doping im Sport. 2000.

Band 49 Kristian Hohn: Die Zulässigkeit materieller Beweiserleichterungen im Strafrecht. Eine Untersuchung über Erscheinungsformen und Grenzen der Lösung beweisrechtlicher Probleme im materiellen Strafrecht. 2000.

Band 50 Malte Rabe von Kühlewein: Der Richtervorbehalt im Polizei- und Strafprozeßrecht. 2001.

Band 51 Donata Meinecke: Die Gesetzgebungssystematik der Versuchsstrafbarkeit von Verbrechen und Vergehen im StGB. 2001.

Band 52 Joachim Bock: Begriff, Inhalt und Zulässigkeit der Beweislastumkehr im materiellen Strafrecht. 2001.

Band 53 Gabriele Rose: Grenzen der journalistischen Recherche im Strafrecht und Strafverfahrensrecht. 2001.

Kurt Seelmann (Hrsg.)

Aktuelle Fragen der Rechtsphilosophie

Frankfurt/M., Berlin, Bern, Bruxelles, New York, Oxford, Wien, 2000. 143 S.
ISBN 3-631-36193-9 · br. DM 48.–*

Viele der heute in der Öffentlichkeit erörterten Fragen haben eine zentrale rechtsphilosophische Komponente. Ob Schwangerschaftsabbruch, Umweltschutz, Strafbarkeit von „Mauerschützen", Nationalismus, mitmenschliche Solidarität, Ordnung des Arbeitslebens, Menschenrechtsschutz und Achtung staatlicher Souveränität sowie Sterbehilfe – überall geht es um die Möglichkeit einer rationalen Begründung nichtpositiver Richtigkeitskriterien und um die Bestimmung einer sinnvollen Begrenzung rechtlicher Regelungen. Didaktisch besonders anregende Beiträge aus den *Rechtsphilosophischen Heften* sind hier zu einem Reader zusammengefaßt.

Aus dem Inhalt: Schutz des Lebens · Grenzen des positiven Rechts · Verteilungsgerechtigkeit · Nationalismus · Solidarität · Philosophie des Arbeitsrechts · Menschenrechtsschutz · Sterbehilfe

FSC
www.fsc.org
MIX
Papier | Fördert gute Waldnutzung
FSC® C083411

Kolibri 360 GmbH
Ferdinand-Jühlke-Straße 7
99095 Erfurt, Deutschland
produktsicherheit@kolibri360.de

Druck:
CPI Druckdienstleistungen GmbH
im Auftrag der
Kolibri 360 GmbH
Ferdinand-Jühlke-Str. 7
99095 Erfurt